JN271671

# 労働金庫
LABOUR BANK

勤労者自主福祉金融の
歴史・理念・未来

三村 聡 [著]

一般社団法人 金融財政事情研究会

# はしがき

　本書の目的は、1950年に勤労者自主福祉金融機関として設立された労働金庫が、60年にわたる長い歳月のなかで果たしてきた社会的使命と協同組織金融機関としての経営実態を明らかにすることにより、今日的な意義と勤労者自主福祉金融のあり方を提起するとともに、将来の労働金庫の歩むべき道を示すことである。その背景には著者が長年抱いてきた二つの視覚がある。
　一つは、多くの勤労者や市民を苦しめ、社会問題化した多重債務問題と自己破産者の増大をいかに減らすことができるか、というテーマである。法改正が行われた「貸金業法」をふまえ、健全な消費金融を育成するためにいかなる処方箋を見出すことができるか、そのために、勤労者自主福祉金融機関を標榜する労働金庫の運動を通して、勤労者の暮らしと消費金融の因果関係を探ることが有効かつ必要であると考えた。
　二つ目が、バブル崩壊以降、常に問われ続けてきた「金融機関は誰のためのものか」という、その公共性にも重きを置いたガバナンスのあるべき姿を、労働金庫の歩みを通して明らかにすることである。具体的には、①勤労者の暮らしとファイナンシャルサービスの関係を起点に置くと、労働金庫にとって会員との間に新しいリレーションシップが求められているのではないか、②個人金融部門における金融自由化や規制緩和の着地点の一つを「利用者利便の最大化」と定義づけた場合、協同組織金融セクターとしての労働金庫はその成果をあげることができているか、③不確実な時代において、労働金庫の「理念」に立脚した個人金融部門における協同組織金融の存在意義が、ますます重要な意味をもつ時代になっているのではないか、という仮説を立て、それを検証するための研究と分析を行った。
　先行研究に対する本書の独自性は次のとおりである。
　① 　労働金庫成立プロセス
　従来、労働金庫の成立を分析した先行研究は、いずれも、労働組合運動や

生活協同組合運動の視点から労働金庫の設立や存在を明らかにしようとするものであった。本書では、協同組織金融の萌芽期から労働金庫法の成立までのプロセスを、銀行法や日本銀行法など金融関連法や金融制度を重視しながらたどり、金融業・協同金融機関としての労働金庫を研究した。

② 金融システム改革と協同組織性

勤労者は、自らの勤労で得た賃金を糧に生活や家庭を形成する。その活動で得た資金の一部を、将来の生活イベントに備えて貯蓄に回す。すなわち、ライフイベントとしての子供の教育、住宅の購入、老後の生活資金など、自己実現や家族の幸せを実現するための行動である。また、手持ちの資金で足りない住宅や車など高額消費財の購入、習いごとや子供の進学、そして余暇やレジャーなど一時的な資金不足を補うための消費金融の活用など融資を上手に利用したいというニーズをもっている。こうした勤労者の資金ニーズを支えてきたのが労働金庫であり、生活面から支えてきたのが生活協同組合である。労働金庫と生活協同組合は両者ともに協同組織という同一の立場から、生い立ちから深くかかわりをもち今日を迎えている。こうした足跡をたどりながら、協同組織金融機関としての労働金庫の今日的な意義を検証し、協同組織性に基づく新たなビジネスモデルを提起した。

③ 時系列財務分析による検証

「労働金庫経営分析表」を用いて、会員の状況、預金、貸出、財務分析を行った。その前提として、金融の自由化による業務規制の緩和や商品サービスの自由化の進展、その過程で発生したバブル経済と崩壊による影響をたどった。この間、金融工学への過度の依存に起因する脆さを露呈したサブプライムショック以降の新たな金融危機の到来、長引くデフレへの対応策としての量的緩和政策などをふまえながら、労働金庫経営の課題を抽出し、その解決策をあわせて示した。また、労働金庫が今日まで一貫して不良債権比率を低位に抑制し安定経営を継続してこられた最大の要因が「経営理念に協同組織性が貫徹しているため」という結論を導き、公共性に重きを置いたガバナンスのあるべき姿を提起した。

本書は六つの章で構成されている。

第1章では、まず社会的弱者である中小零細企業や勤労者に対するファイナンスの必要性により必然的に協同金融が生まれた背景を確認する。その目的は、労働金庫誕生に至る設立理念を考察することにより、協同金融の本源的な存在意義を明らかにすることにある。

そこで明治から終戦直後までの、いわば協同組織金融の萌芽期を振り返り、その発生と労働金庫法の成立による「労働金庫」の誕生までの歴史的な歩みを明らかにした。この歴史的背景をふまえて労働金庫がもつ協同組織性に立脚する独自性と理念を考察し、今日的な存在意義を考えるうえでの手がかりとした。

第2章では、1980年代における金融の自由化以降、今日に至る金融機関を取り巻く環境の変化と労働金庫経営への影響、組織の課題、金融制度改革の進展に合わせた新たなビジネスモデルについて検討した。具体的には、地域・中小金融機関で取組みが進められてきた中小企業向けリレーションシップバンキングの考え方を個人取引に応用・展開できるのではないか、との新たな仮説を立て、金融サービス利用者が適正な利益を得るために求められる行動指針の提供を「個人取引におけるリレーションシップバンキングの必要性」として位置づけ、「労働金庫版リレーションシップバンキング」を提案した。

第3章では、「全国労働金庫経営分析表」を用いて労働金庫の経営指標の推移を考察することにより、金融の自由化の進展期、バブル経済期とその崩壊期、サブプライムショックの前後期に分け金融経済環境を概観した。これにより金融制度改革の進展を受けて、労働金庫に求められる経営行動に関する課題を整理したうえで、具体的な解決策を講ずるための考え方や手法について検討した。

第4章と第5章では、第1章から3章までの考察結果に基づき、体質改善に向けた道筋の一つとして労働金庫におけるマーケティング戦略について論じた。また、それを実現するためには、平成26（2014）年1月に稼働した労

働金庫次世代システムについて、労働金庫の業務特性と独自性を念頭に置きながら、実際の業務に即してさらなるシステム開発が必要である点を指摘した。あわせて、金融の自由化の影響をふまえた労働金庫の今日における協同組織性を再確認しながら、求められる業務展開のあり方と存在意義を提起した。

　最終章となる第6章では、今後の労働金庫に求められる時代に適合した協同組織性をふまえた、新たなビジネスモデルの構築を提案した。そのテーマは、新たな会員制度の構築、超高齢社会における生活協同組合などと連携した地域性取引の必要性、確定拠出年金業務の推進手法、NPOバンクと労働金庫、協同組織性をふまえて理念を実践できる人材の育成についてである。

　本書が労働金庫や会員労働組合、生活協同組合、NPOなど勤労者福祉運動のあるべき姿を議論する際の論点提供の一助となれば、著者にとって望外の喜びである。

2014（平成26）年5月

　　　　　　　　　　　　　　　　　　　　　　　　三村　　聡

# 著者略歴

## 三村　聡（みむら　さとし）
岡山大学地域総合研究センター副センター長・教授

愛媛県西条市生まれ。
九州大学経済学府経済システム専攻博士後期課程単位取得退学。

| | |
|---|---|
| 昭和58年4月 | 社団法人全国労働金庫協会入庫、労働金庫連合会資金部配属。 |
| 昭和60年4月 | 社団法人金融財政事情研究会入会、出版事業部、KINZAIビジネススクール、情報開発室長、調査研究センター副部長、金融財政総合研究所総合企画部長、商工会議所年金教育センター事務局次長（出向）、法政大学大学院経済学専攻科および早稲田大学ビジネススクール講師（兼任）、社団法人金融財政事情研究会事務局副部長・主任研究員等を歴任。 |
| 平成17年4月 | 株式会社現代文化研究所（トヨタ自動車研究所）入社、第一研究本部主席研究員、業務管理室長（兼務）。現在、トヨタ自動車モビリティ研究会委員。 |
| 平成19年4月 | 愛知学泉大学 コミュニティ政策学部准教授、平成21年4月同学部教授、平成23年4月同大学現代マネジメント学部教授。<br>平成23年10月　岡山大学地域総合研究センター設置準備室副室長・教授、平成23年11月から現職。 |

〔公　職〕
岡山県リエゾン・サポーター、岡山市経済戦略懇話会メンバー、岡山商工会議所イオンモール岡山出店検討委員会アドバイザー、岡山放送番組審議委員、（一財）地域公共交通総合研究所理事など。

# 目　次

## 第1章　労働金庫の誕生

はじめに ……………………………………………………………………… 2
1　信用組合の萌芽 ………………………………………………………… 2
　(1)　庶民金融の状況 …………………………………………………… 2
　(2)　信用組合法案の提出・廃案 ……………………………………… 3
　(3)　産業組合法の成立 ………………………………………………… 4
　(4)　消費生活協同組合にみる労働金庫運動の萌芽 ………………… 6
2　産業組合法の第三次改正 ……………………………………………… 8
　(1)　明治末期から大正初期の金融事情 ……………………………… 8
　(2)　市街地信用組合制度の特徴 ……………………………………… 9
3　関東大震災と金融恐慌 ………………………………………………… 11
　(1)　罹災状況 …………………………………………………………… 11
　(2)　金融恐慌のなかでの消費金融 …………………………………… 11
　(3)　高まる系統金融機関の必要性 …………………………………… 13
　(4)　銀行法制定による整理併合と世界恐慌 ………………………… 14
4　戦時下の統制経済と金融統制 ………………………………………… 17
　(1)　戦時体制下における市街地信用組合法成立の背景 …………… 17
　(2)　組合金融統制会と市街地信用組合統制会 ……………………… 18
　(3)　戦時下の金融統制と市街地信用組合法 ………………………… 19
　(4)　市街地信用組合法と産業組合法の相違点 ……………………… 24
5　戦後の復興と中小企業等協同組合法の制定 ………………………… 26
　(1)　占領下における金融経済対策 …………………………………… 26
　(2)　金融機関の再建整備 ……………………………………………… 28
　(3)　再建整備法 ………………………………………………………… 30
　(4)　中小企業等協同組合法の制定と労働金庫 ……………………… 32
6　労働金庫の誕生とその特徴 …………………………………………… 34
　(1)　信用金庫法の制定 ………………………………………………… 34
　(2)　戦後の生協運動と金融 …………………………………………… 38
　(3)　岡山と兵庫に労働金庫誕生 ……………………………………… 39
　(4)　労働金庫法の制定とその意義および特徴 ……………………… 42
まとめ ……………………………………………………………………… 50

## 第2章　金融の自由化以降の労働金庫経営

はじめに ………………………………………………………………………… 54
1　金融の自由化による制度改革と労働金庫 ………………………………… 54
　(1)　金融自由化の進展と制度改革 ………………………………………… 54
　(2)　制度改革と労働金庫 …………………………………………………… 58
2　バブル経済とその崩壊 ……………………………………………………… 64
　(1)　平成当初の金融情勢 …………………………………………………… 64
　(2)　バブル経済崩壊と金融行政 …………………………………………… 66
　(3)　労働金庫の地域合併 …………………………………………………… 69
3　金融システム改革とサブプライムショック ……………………………… 72
　(1)　新たなグランドデザイン ……………………………………………… 72
　(2)　金融危機と金融機関経営 ……………………………………………… 74
4　日本労働金庫構想の先送り ………………………………………………… 77
　(1)　日本労働金庫構想の背景と経緯 ……………………………………… 77
　(2)　金融庁の見解 …………………………………………………………… 82
5　労働金庫とリレーションシップバンキング ……………………………… 86
　(1)　背景と課題 ……………………………………………………………… 86
　(2)　リレーションシップバンキング ……………………………………… 89
　(3)　労働金庫版リレーションシップバンキング ………………………… 95
まとめ …………………………………………………………………………… 97


## 第3章　労働金庫の財務分析

はじめに ………………………………………………………………………… 102
1　会員と間接構成員の推移と出資金 ………………………………………… 102
　(1)　会員の推移 ……………………………………………………………… 102
　(2)　間接構成員 ……………………………………………………………… 108
　(3)　出資金の推移 …………………………………………………………… 111
2　預金の推移 …………………………………………………………………… 113
　(1)　預金積金口数 …………………………………………………………… 113
　(2)　預金積金残高 …………………………………………………………… 115
3　貸出金の推移 ………………………………………………………………… 121

(1)　新規貸出金 ································································· 121
　　(2)　貸出残高（口数、金額） ···················································· 126
　　(3)　貸出先別貸出金 ······························································ 127
　4　貸借対照表と損益計算書 ························································ 132
　　(1)　貸借対照表（資産の部） ···················································· 132
　　(2)　貸借対照表（負債及会員勘定の部） ········································ 134
　　(3)　損益総括と余剰金処分 ························································ 134
　5　諸利回り、諸比率および諸効率指標 ··········································· 136
　　(1)　諸利回り ········································································ 136
　　(2)　諸比率および諸効率 ·························································· 138
　6　収益構造改革 ······································································ 138
　　(1)　金融仲介機能と決済機能 ···················································· 138
　　(2)　財務構造改革 ·································································· 143
　　(3)　他業態との比較 ······························································· 152
　まとめ ····················································································· 157

## 第4章　経営体質改善の道筋

はじめに ··················································································· 160
　1　金融マーケティングの必要性 ···················································· 160
　　(1)　金融制度改革とマーケティング ············································ 160
　　(2)　時代の変化とマーケティング ··············································· 165
　2　日本における金融マーケティングの特徴 ····································· 170
　　(1)　日米の相違点 ·································································· 170
　　(2)　金融業と流通小売業の相違点 ··············································· 173
　3　労働金庫のマーケティング ······················································ 177
　　(1)　基本的な考え方 ······························································· 177
　　(2)　エリアマーケティングと商品・チャネル戦略 ··························· 180
　　(3)　総合取引の考え方 ···························································· 182
　まとめ ····················································································· 184

## 第5章　労働金庫次世代システム

- はじめに ……………………………………………………………………… 188
- 1　労働金庫システムの使命・目的 ………………………………………… 188
- 2　バンキングシステムの変遷と労働金庫 ………………………………… 191
- 3　労働金庫システムと他業態システムの歩み …………………………… 195
- 4　労働金庫のシステム開発の方向性 ……………………………………… 198
- 5　次世代システムにおける情報系システムと業務 ……………………… 208
  - (1)　情報系システムが担うべき業務の考え方 ………………………… 208
  - (2)　統合データベース …………………………………………………… 210
  - (3)　業務分析（汎用検索）ツール ……………………………………… 212
  - (4)　営業支援システム …………………………………………………… 216
  - (5)　渉外支援システム …………………………………………………… 220
  - (6)　経営管理系システム ………………………………………………… 221
  - (7)　サブシステム ………………………………………………………… 223
- 6　進化する営業手法 ………………………………………………………… 225
- まとめ ………………………………………………………………………… 234

## 第6章　新たなビジネスモデルの構築

- はじめに ……………………………………………………………………… 238
- 1　新たな会員制度 …………………………………………………………… 238
  - (1)　団体主義の強みと弱み ……………………………………………… 238
  - (2)　新たな団体主義 ……………………………………………………… 242
- 2　超老齢社会と地域性 ……………………………………………………… 247
  - (1)　職住取引 ……………………………………………………………… 247
  - (2)　新たな退職者友の会 ………………………………………………… 249
  - (3)　未組織労働者向けサービス ………………………………………… 252
- 3　確定拠出年金業務 ………………………………………………………… 259
  - (1)　社会背景 ……………………………………………………………… 259
  - (2)　年金隠れ債務と個人情報保護 ……………………………………… 262
  - (3)　リテール戦略の課題 ………………………………………………… 266
- 4　NPOバンクと労働金庫 …………………………………………………… 269

|       |                                                           |      |
| ----- | --------------------------------------------------------- | ---- |
| (1)   | 設立理念と活動実態                                        | 269  |
| (2)   | 協同組織金融との比較                                      | 272  |
| (3)   | 労働金庫の支援体制                                        | 274  |
| 5     | 人材教育                                                  | 276  |
| (1)   | 福祉金融のスペシャリスト                                  | 276  |
| (2)   | 実践型教育の必要性                                        | 278  |
|       | まとめ                                                    | 281  |
|       |                                                           |      |
|       | 結　語                                                    | 282  |
|       | 謝　辞                                                    | 284  |
|       | 参考文献                                                  | 286  |
|       | 事項索引                                                  | 292  |

### 【図表目次】

| 1-1 | 労働金庫と信用金庫の比較 | 47 |
| --- | --- | --- |
| 2-1 | 平成8（1996）年「ろうきん・21世紀への改革とビジョン」の要諦と時代背景 | 60 |
| 2-2 | 職員からの声にみる労金の理念と課題 | 62 |
| 2-3 | "理念"に対する全国金庫の職員から出された意見 | 63 |
| (参考) | 労働者福祉中央協議会および地域の労働者福祉協議会組織 | 84 |
| 2-4 | 中期経営計画や経営課題の立案・検証 | 94 |
| 3-1 | 労働組合員数の推移（昭和50（1975）～平成21（2009）年度） | 105 |
| 3-2 | 会員数の推移（平成13（2001）～23（2011）年度） | 105 |
| 3-3 | 会員数の増減（前年比）（平成13（2001）～23（2011）年度） | 107 |
| 3-4 | 会員数の増減率（前年比）（平成13（2001）～23（2011）年度） | 107 |
| 3-5 | 会員構成率（平成13（2001）～23（2011）年度） | 108 |
| 3-6 | 間接構成員数の推移（平成13（2001）～23（2011）年度） | 109 |
| 3-7 | 間接構成員数の増減（前年比）（平成13（2001）～23（2011）年度） | 110 |
| 3-8 | 間接構成員数の増減率（前年比）（平成13（2001）～23（2011）年度） | 110 |
| 3-9 | 間接構成員数の構成率（平成13（2001）～23（2011）年度） | 111 |
| 3-10 | 普通出資金の推移（平成13（2001）～23（2011）年度） | 112 |
| 3-11 | 普通出資金の構成率（平成13（2001）～23（2011）年度） | 112 |

| | | |
|---|---|---|
| 3-12 | 1会員当りの普通出資金の推移（平成13（2001）～23（2011）年度） | 113 |
| 3-13 | 種類別預金積金（口数、1口当り）（平成13（2001）～23（2011）年度） | 114 |
| 3-14 | 種類別預金積金（構成比） | 114 |
| 3-15 | 業態別財形貯蓄実施状況（平成23（2011）年3月末） | 115 |
| 3-16 | 種類別預金積金（金額、1口当り）（平成13（2001）～23（2011）年度） | 115 |
| 3-17 | 種類別預金積金（残高）（平成13（2001）～23（2011）年度） | 116 |
| 3-18 | 種類別預金積金（構成比）（平成13（2001）～23（2011）年度） | 117 |
| 3-19 | 種類別預金積金（増減率）（平成13（2001）～23（2011）年度） | 117 |
| 3-20 | 預金者別預金積金（口数、1口当り金額）（平成13（2001）～23（2011）年度） | 118 |
| 3-21 | 預金者別預金積金（残高、増減率）（平成13（2001）～23（2011）年度） | 120 |
| 3-22 | 使途別貸出金（新規累計件数、構成比）（平成14（2002）～23（2011）年度） | 122 |
| 3-23 | 使途別貸出金（新規累計金額、構成比）（平成14（2002）～23（2011）年度） | 124 |
| 3-24 | 使途別貸出金（残高口数）（平成14（2002）～23（2011）年度） | 128 |
| 3-25 | 使途別貸出金（残高金額）（平成14（2002）～23（2011）年度） | 129 |
| 3-26 | 貸出先別貸出金（先数、構成率）（平成13（2001）～23（2011）年度） | 131 |
| 3-27 | 貸出先別貸出金（残高、構成率）（平成13（2001）～23（2011）年度） | 133 |
| 3-28 | 諸利回り（平成14（2002）～23（2011）年度） | 137 |
| 3-29 | 諸比率および諸効率（平成14（2002）～23（2011）年度） | 139 |
| 3-30 | 財務諸表からみた比較（平成16（2004）年3月末） | 153 |
| 3-31 | 財務諸表からみた比較（平成25（2013）年3月末） | 154 |
| 4-1 | 自己破産件数の推移 | 164 |
| 4-2 | 貸金業者の推移 | 164 |
| 4-3 | 情報活用とマーケティング戦略のイメージ | 169 |
| 4-4 | 金融マーケティング戦略の全体像 | 174 |
| 4-5 | 流通・小売業と金融マーケティングの相違点 | 175 |
| 4-6 | 情報活用サイクルとチャネルのイメージ | 182 |
| 5-1 | 次世代システム活用によるビジネスモデルの実現 | 191 |
| 5-2 | 第三次オンラインシステムと次世代システムの相違点 | 200 |
| 5-3 | FP収集情報と営業戦略推進 | 225 |
| 5-4 | 会員ニーズ把握と顧客志向の関係 | 226 |
| 5-5 | 労働金庫のあるべき姿（イメージ） | 234 |
| 6-1 | 新たな労働金庫のビジネスモデル策定のステップ | 242 |

| | | |
|---|---|---|
| 6-2 | 「労働金庫業態におけるこれからのビジネスモデルの具現化に向けて」を活かす基本的考え | 247 |
| 6-3 | 情報仲介機能からみた新たなサービス体制 | 253 |
| 6-4 | 勤労者福祉団体と一体となった広報活動 | 256 |
| 6-5 | 生協と労金の生活支援福祉サービスの比較例 | 257 |
| 6-6 | マーケティング発想に基づく企業型401(k)とFP推進 | 266 |
| 6-7 | コミュニティ・ユース・バンクmomoの貸出審査の流れ | 275 |
| 6-8 | 第1回 労働者福祉運動実践講座 | 279 |

# 第1章

# 労働金庫の誕生

# はじめに

本章では、明治から終戦直後までの、いわば協同組織金融の萌芽期を振り返ることにより、その発生と誕生までの歴史的な歩みを明らかにするとともに、協同組織性がもつ独自性と理念を考察することにより、労働金庫の今日的な存在意義と将来を考えるための手がかりとしたい。

## 1 信用組合の萌芽

### (1) 庶民金融の状況

近代的な金融機関が存在しない時代にあっては、中小商工業者や農民その他一般庶民階層の金融は、第一に人縁・地縁に頼ってなされていた。すなわち、親類縁者からの借金や近隣の人々あるいは親交のある地域内の人々からの借用である。第二に質屋の利用であり、第三に無尽・頼母子講の利用であった。明治維新により新政府が樹立され、政治経済の大変革によって、通貨制度の整備を図る必要から明治4（1871）年に大阪造幣寮を設置するとともに新貨条例（制度上は金本位制度、事実上金銀複本位制度および円・銭・厘の十進法採用）を公布[1]、そして明治5（1872）年に「国立銀行条例」を制定、貨幣制度、金融制度の整備・確立が進められたが[2]、その中心は銀行制度であり、担保力・信用力の乏しい庶民が資金調達をするうえでは、銀行の利用はまったく無縁であった。とりわけ、わが国の経済基盤を形成していた農業は、それまでは自給自足の自然経済的色彩が強く、年貢も物納という状況であったため貨幣経済とはほとんど無縁であった。明治6（1873）年の地租改正により租税の物納が廃止されて金納となり、生糸等の換金農作物が増産さ

---

1 『わが国の金融制度（第8版）』P2　日本銀行調査局（昭和56（1981）年）。
2 『銀行協会20年史』PP3～4　全国銀行協会連合会（昭和40（1965）年）。

れ、徐々に貨幣経済が浸透していった。しかし、農民の生活は、収穫米の換金でしか貨幣を取得する方法はなかった。重い租税負担で農民および農民を対象とする零細商工業者の生業と生活は貧窮に陥り、その結果、急速に農村は疲弊、商工業者も衰退していった[3]。

## (2) 信用組合法案の提出・廃案

　明治政府は、このような状況にかんがみ、農民、零細商工業者に金融の便益を供することにより、社会経済の安定を図る必要から、庶民金融機関の整備に早急に着手することになった。その具体策が信用組合法の制定である。信用組合の法制化に重要な役割を果たしたのは、品川弥二郎[4]および平田東助[5]の両氏である。品川、平田は明治維新後の地方制度、農政確立の調査、研究のため、明治3（1870）年から19（1886）年にかけて二度にわたりドイツに留学し、当地で勃興していた近代的な協同組合の一つ信用組合制度をわが国に導入した先覚者である。

　明治24（1891）年12月、松方正義内閣の内務大臣であった品川は、当時、内閣法制局部長の職責にあった平田に信用組合法案を起草させた。この法案

---

[3] 伊東勇夫『現代日本協同組合論』PP152〜161　御茶の水書房（昭和35（1960）年）。
[4] 品川弥二郎（しながわ やじろう）…天保14（1843）年長州藩（山口県萩市椿東区船津）の足軽、品川弥市右衛門の長男として生まれ、安政5（1857）年に松下村塾に入門、吉田松陰の教えを受ける。安政の大獄後、高杉晋作らとともに尊王攘夷・倒幕運動に奔走、慶応年間には薩摩、土佐の志士らと王政復古のために尽力した。維新後の明治3（1870）年普仏戦争の視察のため渡欧、ドイツ、イギリスに留学、ドイツで信用組合制度を研究。帰国後、農商務大輔（次官）、駐独公使等を歴任。明治24年第一次松下内閣の内務大臣に就任、信用組合法案を帝国議会に提出、これを契機に各地で信用組合の設立機運が高まり、信用組合設立の勧奨、指導に尽力する。
[5] 平田東助（ひらた とうすけ）…嘉永2（1849）年山形県米沢に生まれ、米沢藩の藩医、平田亮伯の養子となる。大学南校卒業後、明治4（1871）年、ドイツのハイデルベルク大学等に留学、品川弥二郎の知遇を得て、ドイツの信用組合制度を調査・研究する。帰国後、内務省に入省ののち大蔵省法制局に転じた。明治24（1891）年、内閣法制局部長として信用組合法案の起草にあたる。明治31（1898）年法制局長官に就任、明治33年（1900）に宿願であった産業組合法の制定を果たした。その後、農商務大臣、内務大臣、内大臣等を歴任、生涯を産業組合の普及と発展に尽力する。

を内務省から帝国議会に提出したが、同年12月25日衆議院解散により審議未了のまま廃案となった。信用組合法案が不成立となった後も、品川、平田両氏は自ら信用組合設立のために奔走した。品川は選挙干渉の責めを負い下野するが、その後も平田とともに地方をめぐり信用組合制度の必要性を説き、信用組合設立の勧奨、指導に尽力した。一方、平田はその後、法制局長官、農商務大臣、内務大臣等を歴任し、明治35（1902）年には大日本産業組合中央会を設立し、会頭に就任、産業組合の普及に貢献した。

　品川、平田両氏の信用組合設立の勧奨が有力なきっかけとなって、明治25（1892）年７月、静岡県下の報徳社の指導者であった二宮尊徳の高弟・岡田良一郎が掛川に設けた資産金貸付所掛川分室を組織変更して、掛川信用組合を設立した。これがわが国における最初の信用組合の設立で、現在の掛川信用金庫の前身である。その後も、明治27（1894）年に栃木県の傘松信用組合、同年山形県の米沢信用組合、明治29（1896）年に東京における最初の信用組合である東京貸資協会が設立されるなど、各地で実質的に信用組合が誕生した。しかし、こうした各地の信用組合は法的根拠をもたないものであった。

### (3)　産業組合法の成立

　信用組合法の廃案から６年後、信用組合の法制化の主導権は内務省から農商務省に移った。明治30（1897）年２月、農商務省は、「購買、販売、生産を含めた協同組合のなかで信用事業、あるいは信用組合を考えるべき」というかねてからの構想を盛り込んだ第一次産業組合法案を議会に提出した。しかし、同法案は貴族院小委員会で修正を受けたが、これを政府は了承しなかったため審議未了となった[6]。その後、明治32（1899）年に農会法が公布されて明治33（1900）年４月１日に施行されると、各地に農会が設立されるに至った。明治30（1897）年の第４回全国農事大会以来、農会法の制定とと

---

6　山本秋『日本生活協同組合運動史』PP73〜74　日本評論社（昭和57（1982）年）。

もに産業組合法の制定も決議されていたことから、産業組合法の成立・施行が強く要望されてきたのである。

こうした機運が高まるなか、明治33（1900）年2月に政府から第二次産業組合法案が衆議院に上程されて修正可決のうえ、直ちに貴族院に回付され可決された。こうして産業組合法は、3月7日公布、9月1日施行されることとなった。これにより信用組合は、産業組合法のなかで他の事業組合とともに信用事業を行う組合として、はじめて法制化されたのである。

しかし、多年の歳月を要して成立した産業組合法であったが、法成立以前の既存の組合には必ずしも歓迎されたものではなかった。信用組合と他の経済組合との兼業禁止等を盛り込んだ産業組合法は、既存組合の理念、事業実態にそぐわない面があり、また、登記には煩瑣な手続を要したこともあって、法施行後に許可を受けた既存組合はごく少数で、大半が新設の組合であった。ちなみに、明治33（1900）年産業組合法によって認可された組合は23組合で、うち法的根拠をもたない既存の信用組合で改組した信用組合はわずか2組合であった。

このため、法施行後、6年目の明治39（1906）年4月29日、①農村の実態に即した信用事業と購買その他事業の兼営を認める、②総代会の新設を認める、③登記手続を簡素化する等を盛り込んだ産業組合法の第一次改正が行われた。さらに、明治42（1909）年には、①購買組合における加工の許可、②信用組合に対して加入予約制の許可、③産業組合連合会制の樹立および産業組合中央会の設立等を盛り込んだ産業組合法の第二次改正が行われた。

こうした法改正により産業組合は、農民、零細商工業者の金融機関として次第に注目されるようになり、明治38（1905）年に1,671であった産業組合数は、大正3（1914）年には1万1,160と飛躍的に増加し、総組合数に対する信用事業を営む組合の比率は83.1％を占めるに至ったのである[7]。

---

[7] 『信用金庫40年史』第1章　全国信用金庫協会（平成4（1992）年）および『亀有信用金庫90年史』序～第1章　亀有信用金庫（平成23（2011）年）参照（なお、拙者が同庫90年史の編纂・執筆を担当した）。

### (4) 消費生活協同組合にみる労働金庫運動の萌芽

　また、この頃労働金庫や生協運動につながる活動の萌芽として、明治31（1898）年に「共働店」が設立されている。わが国における最初の生活協同組合は、欧州からの協同組合思想に影響を受け、東京（同益社）、大阪（共立商店）、兵庫（共立商店）などとして生まれたが（明治12～13（1879～80）年）、いずれも短命に終わった。その後、日清戦争後の産業革命のなか再び設立の機運が高まり、当時の労働組合期成同盟が中心となった共働店が、わが国における最初の「自主的な消費生協」であるとされる。このときの共働店には、ロッチデール原則[8]である資本利子の制限、購買高に対する割戻、現金制度などの思想をうかがうことができる。また、積立金による相互事業の提唱や消費組合制度の奨励などが謳われている。明治32（1899）年には12組合、1,346人を組織しているが、母体である鉄鋼組合の衰退や、経済恐慌、積立金をそのまま労組に流用するなどの運営のまずさにより、数年後に消滅している[9,10]。

　なお、日本における生協運動は、日露戦争後の物価高騰により急速に高まりをみせるが、当初は米騒動の影響などによる官製生協の側面もあり、長続きしないなかで、第一次世界大戦後のベルサイユ条約にて制定・設置された国際労働機関など世界的な労働者への待遇改善などの動きを受け、大正8（1919）年、友愛会によって東京では月島購買組合が創設され、さらに友愛会脱組の純労働組合により、生協「共働社」が、大正9（1920）年に東京で設立された。この傍系の組織として大正10（1921）年3月3日に東京で設立された有限責任信用組合「労働金庫」が、労働金庫のルーツといえる。ただ

---

[8] ロッチデール原則…1. 加入・脱退の自由、2. 1人1票の原則、3. 出資配当の制限、4. 購買高配当の原則、5. 政治・宗教からの中立、6. 組合員教育の促進。山本秋『日本生活協同組合運動史』PP 4～14、PP63～67　日本評論社（昭和57（1982）年）。
[9] 松村善四郎『協同組合論』PP101～102　未来社（昭和47（1972）年）。
[10] その後の欧州における信用組合などの発生・発展に関してはドイツにおけるマルク共同体、シュルツェ信用組合、ライファイゼン信用組合については近藤康男『新版協同組合の理論』PP51～67　お茶の水書房（昭和37（1962）年）を参照されたい。

し、当時の労働者の低賃金や過酷な労働条件、経済基盤の弱さ、労働争議による貸倒れ、関東大震災の影響などにより、5年あまりで「労働者階級に対する金融事業は現在の状況では時期尚早」との声明を残して解散している。

さて、労働金庫法で定める第2号会員は生活協同組合であり、今日の労働金庫との地域における連携が将来の労働金庫の経営を左右する重要な取組みの課題となっている。この点をふまえ、ここでは生協運動の歴史について概観する。

日本の大正中期以降の生協運動は、賀川豊彦[11]の指導による市民生協と岡本利吉[12]の指導による労働者生協運動に大別される。賀川豊彦らに指導により、大正8(1919)年、大阪に購買組合「共益社」が設立され、さらに大正10(1921)年には「神戸購買組合」と「灘購買組合」が設立されている。この神戸消費組合や灘購買組合は、第二次世界大戦に至る苦難の道のりや阪神淡路大震災の影響などを乗り越えて、伝統の灯を絶やさず、「生活協同組合コープこうべ」[13]として現在まで活動を展開している[14]。

---

11　賀川豊彦(かがわ とよひこ)…明治21(1888)年、神戸市生まれ。大正から昭和にかけて活動した社会運動家。4歳の時両親を失い、徳島県の賀川家に引き取られた。明治学院からプリンストン大学に進む。帰国後、大正6(1917)年キリスト教伝道と社会事業をはじめ、大正7(1918)年友愛会に加入し、神戸地区の労働運動に参加して次第に関西一円の指導者となった。さらに労働運動と併行して消費組合運動をおこし、大正8(1919)年大阪に購買組合共益社を組織し、大正10(1921)年、神戸市に神戸購買組合と灘購買組合を設立した。また大正15(1926)年には東京学生消費組合ならびに日本農村伝道団を組織、農民福音学校をおこした。また、昭和4(1929)年には東京に中ノ郷質庫信用組合を組織して、貧しい人のための金融機関を創設した。その後、反戦思想、社会主義思想が当局の批判を受け、幾度か検挙されるも、戦後は、昭和20(1945)年に国際平和協会を設立し機関誌「世界国家」を発行、日本協同組合同盟会長、日本教育者組合会長となる。また昭和21(1946)年には貴族院議員に勅選されている。昭和22(1947)年、全国農民組合を組織し、組合長などキリスト教の博愛精神に基づき、幅広く社会運動を展開した。

12　岡本利吉(おかもと りきち)…明治18(1885)年、高知県生まれ。大正から昭和にかけて活動した社会運動家。逓信省入省後に三菱倉庫へ入社、その後、大正8(1919)年企業立憲協会を設立して機関誌「新組織」を創刊。大正9(1920)年、彼の指導のもとで労働金庫の前身ともいえる消費組合共働社を設立、協同組織の理念に基づく労働者の自主福祉活動を展開した。

一方、岡本利吉は「資本と労働の対等・共立関係を確立する」として「企業立憲協会」を創立、当時、友愛会を脱退して「純労働者組合」を結成したばかりの平沢計七らに生協の設立を提唱し、大正9（1920）年に「共働社」が組合員42名により誕生している。岡本は当時を回想して「……平沢さんがまず賛成して早々実行することとなり、40幾人かも希望者が10円ずつ出資して道路に沿う空き地に小さな店舗を建て、ロッチデール・トードレーン街における開拓先駆者の意気で大島共働社なるものを始めました[15]」と記している。この共働社を母体に「月島共働社」「東京共働社」が生まれ、大正11（1922）年には消費組合連盟が結成され、機械労働組合連合会と提携して機械工を中心に生活協同組合を組織していった。また、同時期に大阪でも「大阪共働社」が誕生している[16]。このように労働金庫誕生の背景には生協運動が大きく影響を与えており、購買運動は労働運動である、と提起されたなかでその価値を高める活動が展開されることとなる。

## 2　産業組合法の第三次改正

### (1)　明治末期から大正初期の金融事情

　明治末期から大正初年にかけては、小銀行が整理され、いわゆる財閥銀行が形成された時期である、当時は5大銀行（三井、三菱、安田、住友、第一）が全国預金総額の40％を占めていた。そして、当時の銀行の貸出は原則として大口主義であり担保主義であった。このため、小規模・零細商工業者は、

---

13　社会運動家・賀川豊彦の指導のもと、大正10（1921）年にその前身が誕生。平成3（1991）年、創立70周年を機に名称を「生活協同組合コープこうべ」に改称。組合員の暮らしを支え、豊かにするさまざまな事業や活動を展開している平成24（2012）年3月末、組合員数1,670,425人、出資金445.5億円、供給高2,525.9億円、店舗数164店舗、個人宅配・協同購入：個人宅配訪問軒数224,451軒、協同購入グループ訪問軒数226,305軒、協同購入グループ数69,085、グループ総職員数10,515人。コープこうべHPより。
14　『労働金庫運動史』PP10～17　兵庫労働金庫（昭和45（1970）年）。
15　岡本利吉「大正期の思い出」労働金庫研究創刊号　労金協会刊（昭和35（1960）年）。
16　『労働金庫運動史』PP10～17　兵庫労働金庫（昭和45（1970）年）。

銀行から融資を受けることが依然として困難であった。しかも、中小・零細企業を融資対象とする信用組合はまだ微々たるものであったので、いかがわしい金融機関が横行していた。これらの機関は無尽会社とか信託会社と称して営業し、高利の金利で利用者に多大な迷惑をかけていたのである。これを取り締まる法的規制がなかったため、大蔵省は大正4（1915）年に営業無尽を許可制とする無尽業法を、大正11（1922）年には信託法および信託業法を制定し、法的措置を講じた。

　大蔵省は大正4（1915）年、無尽業法の制定と並行して、産業組合とは別に、都市の中小商工業者および庶民のための金融機関として新たに「庶民銀行」という金融機関の制度を創設する法案の作成を進めていたが、これに対し農商務省は、産業組合法を市街地に適用する法改正で十分であり、新しい制度の創設には反対であった。両省は協議の結果、産業組合の一種として発達してきた信用組合に改善を加え、都市においては、従来の信用組合の業務を拡充した金融業務を専業とする信用組合、すなわち「市街地信用組合」を設立すること、および「市街地信用組合」を両省が共管することで妥協が成立したのである。

### (2) 市街地信用組合制度の特徴

　市街地信用組合制度の創設は、産業組合法の第三次の改正によるもので、改正法律案は、大正6（1917）年6月23日に貴族院に提出され、7月3日原案可決のうえ衆議院に送付、衆議院においても7月14日同様原案可決、両院を通過したので、大正6（1917）年7月20日、法律第22号として公布、同年11月1日施行された。

　なお、この産業組合法の第三次改正は、本書の目的の一つである「協同組織性」の原型を知るうえで重要な事項であると考え、信用組合、信用金庫の発達にとって重要な法改正であるため市街地信用組合制度の特徴を次に示す。

　① 市または主務大臣の指定する市街地においてのみ設立することができ

る。
② 市街地信用組合は他業を兼営することはできない。
③ 産業組合の責任制度には無限責任、保証責任、有限責任の３種があるが、市街地信用組合は都市の実状に即して有限責任でさしつかえない。
④ 出資口数の最高を10口から30口へ、特別の場合は50口まで認める。
⑤ 員外預金の取扱いができる（無制限でなく一定の額までという制限あり）。組合員と同一の家にいる者、公共団体または営利を目的としない法人あるいは団体の貯金の取扱い。
⑥ 組合員に対し、その産業または経済に必要な資金のため手形の割引ができる。
⑦ 登記は行政官庁による嘱託登記。

なお、これらの特徴は、都市における専業の信用組合についての業務範囲の拡大等を認めたものである。この産業組合法の第三次改正は、市街地信用組合制度を創設したにとどまり、市制施行地および指定市街地にある信用組合をすべて市街地信用組合とする意味はもたなかった。改正法施行後、市街地においては、市街地信用組合と市街地信用組合にならなかった信用組合が併存することになり、後者は「準市街地信用組合」と称された。この状態は、昭和18（1943）年に単独法である市街地信用組合法の施行後も続き、両者が統一されるのは、戦後の昭和24（1949）年に中小企業等協同組合法の施行により信用協同組合に両者が移行するまで存続したのである[17]。なお、産業組合法は、施行後、11回にわたり部分改正が行われた[18]。

---

17 産業組合法…明治33（1900）年３月６日公布（法律第34号）、明治33（1900）年９月１日に施行（明33．7．12勅令第301号）され、昭和23（1948）年７月30日公布、同年10月１日施行の消費生活協同組合法第103条により廃止された。なお、現に存する産業組合または同連合会は存続できるが、法施行後２カ年経過の時解散するとされた。
18 『信用金庫40年史』全国信用金庫協会（平成４（1992）年）および小原鐵五郎監修『信用金庫読本（第５版）』金融財政事情研究会（昭和61（1986）年）など。

## 3　関東大震災と金融恐慌

### (1)　罹災状況

　大正12（1923）年9月1日に発生した関東大震災は、マグニチュード7.9の強烈なもので、地震とともに起こった各地の火災のため被害は甚大をきわめた。震源地は相模湾海溝の最深部であり、震域は関東一円にわたる大規模なものであったが、震度は東京においては隅田川以東の本所、深川、南葛飾郡がもっとも強く、被害が大きかった。東京府管内の被害は、死者5万9,593人、重軽傷者2万9,172人、行方不明1万904人、罹災者155万5,778人（家屋の全焼、全半壊の罹災者）であった。

　政府は9月2日、戒厳令および非常徴発令を施行し、また暴利取締令、臨時物資供給令等の勅令を発して、民心と生活の安定に努力した。金融上の措置では9月7日に緊急勅令をもって支払延期令（モラトリアム）を公布し、罹災地における震災前の私法上の債務者に30日間の支払延期を行い、続いて9月27日には同じく緊急勅令で震災手形割引損失補償令を公布した。これは、震災がなければ当然支払われたと認められる手形に限り、特に日本銀行が大正13（1924）年3月31日までその再割引に応じ、そのために生ずる日本銀行の損失は1億円限度に政府が補償することとしたものである。

### (2)　金融恐慌のなかでの消費金融

　政府は、関東大震災の緊急措置として、日本銀行震災手形割引損失補償令を公布した。この震災手形の決済日は大正14（1925）年9月30日と決められていたが、震災後の不況のため整理がつかず、1年ずつ延期して、昭和2（1927）年9月30日が最終満期日とされた。そこで政府は、この整理のために「震災手形損失補償公債法」および「震災手形善後処理法」の二法案を第52議会に提出することとなった。この震災手形の処理をめぐり議会は紛糾しつつも、衆議院特別委員会を通過する運びとなったが、この委員会において

片岡直温蔵相が「……現ニ今日正午頃ニ於テ渡辺銀行ガ到頭破綻ヲ致シマシタ……」と失言した。真実はこの時刻には渡辺銀行では苦境を切り抜けようとして努力している最中であった。しかし、この蔵相の発言が院外に知れると、その翌日、渡辺銀行は取付けに遭い破綻した。これが昭和の金融恐慌の発端である。

一方、鈴木商店に対し巨額の融資を行っていた台湾銀行は鈴木商店の倒産が目前に迫るなか、債権回収ができず、同行自体が破綻の危機を迎えていた。こうした事情のなか、政府は政府系銀行たる台湾銀行の破綻を放置することができず、4月14日、台湾銀行救済緊急勅令案を上奏し、枢密院に御諮詢の手続を求めた。しかし、この勅令案は枢密院において否決されたため、ここに万策つきて台湾銀行は破綻、休業するに至った。

政府系の特殊銀行である台湾銀行ですら破綻したという心理的衝撃が、わが国に未曽有の金融恐慌を引き起こしたといえるのである。こうして、昭和2（1927）年3月中旬から始まった金融恐慌は1カ月半にわたり、全国の銀行に取付け騒ぎの旋風を巻起こし、台湾、十五、近江などの大銀行が破綻し、休業した銀行は44行に達した。4月22日に至り、政府は支払延期令を公布せざるをえない事態を迎えた。先の関東大震災時に公布した支払延期令のように、天災地変や戦争などの非常事態以外の事情で支払延期令を公布することの当否について議論がなされたが、緊急やむをえざるものとして3週間に限定して施行されたのであった。

こうした不測の事態が続くなかで、先に述べた東京市の認可を得て設立された「有限責任信用組合労働金庫」（大正10（1921）年3月3日発足、組合員92名、出資1口10円、総額1,885円）は、大正15（1926）年5月に解散したのである。一方で、賀川豊彦らは東京の本所を拠点として救済運動に取り組み、本所基督教産業青年会や労働総同盟などの有志を加えながら消費組合運動を展開するなかで、金融事業の必要性を認識することとなり、昭和2（1927）年の金融恐慌による混乱期のなかで、学識経験者や神戸消費組合経験者などを役員として昭和3（1928）年に「中ノ郷質庫信用組合」を設立し事業を開始

している。一方で、この頃には独占段階が進行する時期であるといえ、こうしたなかで協同組合は、「経済的弱小者の主体的自衛組織としての機能」として設立されたといえよう[19]。

なお、今回の東日本大震災において、労働金庫業界では、「労働者の方で、東北地方太平洋沖地震ならびに甲信越方面で発生した地震、原子力発電所の事故等により被災された方および、被災された方とその配偶者の方のご親族を対象に、(1)被災による家財道具購入費、被災による傷病の入院・治療費、被災した車輌の買替・修繕資金、災害復旧に要するその他生活資金、災害時の当座の生活資金、(2)被災住宅の修理・改修等の復旧工事費、災害による住宅の建替費、代替住宅の購入費として最高500万円を、会員の間接構成員に対して固定金利年0.8％（全国統一金利）、返済期間10年」で実施している[20]。

### (3) 高まる系統金融機関の必要性

金融恐慌の渦中においては恐慌により支払停止をした地方銀行に多数の余裕金を預入していた信用組合にも甚大な被害が生じた。たとえば埼玉県では県下の産業組合の銀行に対する預金が総資金の8割を占め、休業銀行の増加と信用不安により、信用組合への金融恐慌の被害はきわめて深刻であった。

そこで産業組合中央金庫では、休業銀行に対して預金を有する産業組合の預金を、預金払戻資金や応急貸付金の準備金として払い戻し、新規貸出へ充当したいとする要請を行い、その結果、こうした不測の情勢に即応するため、預金銀行からの特別融通、日本銀行からの公債担保による借入れを行うことで対処したのである。当時としては産業組合中央金庫が日本銀行から借入れをすることはきわめて異例の事態であった。

このように金融恐慌を受けて、産業組合中央金庫などの系統機関が行った

---

19　伊東勇夫『現代日本協同組合論』P127　御茶の水書房（昭和35（1960）年）。
20　全国労働金庫協会HPより。

活動は、各組合との相互の連携を強め、次第に、信用組合の系統機関への結集を促すこととなったのである。

ちなみに、近年でも中小金融機関では、余資運用を大手銀行に任せるケースも多い（資金の取り手と出し手の関係）なかで、バブル経済崩壊後の系統金融機関への資金集中とセーフティネットの構築は、重要な経営命題として注目をされるところである[21]。

### (4) 銀行法制定による整理併合と世界恐慌

金融恐慌によって中小銀行は支払を凍結、または貸出を引き締めたことから、これらの銀行と取引していた中小企業は資金難に陥った。しかも、中小銀行の破綻とそれら銀行の大銀行への吸収合併が中小企業の資金難を極端に悪化させた。また金融恐慌後は景気が沈滞をし続けたため、中小商工業者と農民、勤労者はさらに大きな打撃を受け、わが国の不況は深刻な社会問題へと陥っていった。

政府は昭和3（1928）年1月1日、銀行法（公布は昭和2（1927）年3月30日）を施行、銀行経営の健全化を目指して、いわゆる"弱小銀行"の整理統合を強力に推進することとなった。この銀行法制定は明治23（1890）年の銀行条例の不備を補完したもので、その内容は次のとおりである。

① 銀行の株式会社化
② 最低資本金の制限（東京・大阪は200万円以上、人口1万人以下の地では50万円以上、その他は100万円以上）
③ 銀行の兼業禁止
④ 銀行役員の兼任制限
⑤ 店舗設置、合併等の認可制
⑥ 大蔵省の監督権の強化

---

[21] 平成24（2012）年に労働金庫の全国合併延期に対する金融庁の指摘のなかで、系統金融機関（労働金庫連合会）の存在を重要視する考え方が示されているが、こうした歴史的な経緯もふまえた結果ととらえることもできよう。

この銀行法の内容は、これまでの銀行条例にはない厳しいものであった。この法律公布当時の無資格銀行数は809行（法施行当時では790行）で、普通銀行数1,420行の約6割にのぼった。しかも政府は、無資格銀行の増資については単独増資を原則として認めず、すべて合併増資に限って認めることとしたので、地方の多くの中小銀行は淘汰されることになり、大銀行の強大化を決定的にしたのである。

　昭和3（1928）年中だけでも普通銀行は252行も減少した。法定期限の7（1932）年末には無資格銀行はすべて整理（合併買収54％、増資8％、解散・破綻・業務廃止など38％）され、恐慌直前の昭和元（1926）年末に1,420行あった銀行は、約4割の538行となった。1行当りの公表資本金は昭和2（1927）年末の約185万円が昭和7（1932）年末には約355万円とほぼ倍増した。こうして弱小銀行の整理合併とともに、預金は大銀行にその大方が集中されたほか、郵便局や信用組合へと吸収されていった[22]。

　こうしたなかで、わが国の金融史上未曾有の金融恐慌の打撃をようやく凌ぎ得たかにみえたのも束の間、昭和4（1929）年10月24日、世界恐慌が米国ウォール街から勃発し、たちまちのうちに世界を巻き込んでいった。いわゆる「暗い木曜日」である。折しも、日本政府は、旧平価による金解禁を準備していた。この政策に対して、東洋経済新報社の石橋湛山等の経済評論家は猛烈に反対し、解禁するならば新平価で行うべきことを主張し、一部財界人もこれに賛同したが、浜口雄幸内閣は昭和4（1929）年11月21日に「銀貨幣又は銀地金輸出取締等に関する省令・金貨幣又は金地金輸出取締等に関する省令廃止」（金輸出解禁）に踏み切り、昭和5（1930）年1月11日に施行された[23]。

　この金輸出解禁令によってわが国経済は世界に開かれたために、世界大恐慌の直撃を受けることとなった。また金解禁に伴って緊縮財政政策がとられ

---

22　後藤新一『昭和銀行合併史』金融財政事情研究会（昭和56（1981）年）。
23　『昭和大蔵省外史（上巻）』昭和大蔵省外史刊行会　PP298～301　財経詳報社（昭和42（1967）年）。

たので景気は沈滞し、昭和5（1930）年のうちには早くも恐慌状態となった。

　この恐慌の厳しさを激しく受けたのが再び農民と中小商工業者、勤労者であった。このため、農民離村、農家の娘の身売りという農村破壊が進行し、小作争議が頻発した。また中小企業は、輸出の大幅減少や大企業の圧迫と企業合理化政策によって経営不振に陥った。このような状況は多量の失業者を生み出し、労働争議を熾烈化させた。

　こうして世情不安が日に日に激化するなか、軍部の少壮将校によるファッショ行動が突発した。いわゆる5・15事件である。財閥を糾弾し、兵卒の給源をなす農民を窮乏から救うという主張であった。さらに農民と中小企業者の負債整理が政治問題化し、昭和7（1932）年の5・15事件直後の8月に第63臨時議会が召集された。いわゆる救農臨時議会である。この議会において農村救済のための諸種の法律案が上程可決されているが、その一つ、農村漁村経済更生計画が取り上げられ、商業組合が政府の農村経済更生運動の担い手となり、昭和8（1933）年1月から始まる「産業組合拡充5ケ年計画」の実施と続いていき、ひいてはそれが農村の産業組合のみならず、信用組合にも大きな影響を及ぼしていくことになった。

　こうしたなかで、市街地信用組合は、大蔵省と農林省との共管の下に置かれていることによる大きな不便と不満とを感じていた。両省の意見の相違などが組合運営を遅滞させていたからである。都市の金融機関としては大蔵省の専管を望んだ。この主張を実現するためには市街地信用組合協会を設立すべきである、という意見がおこり、昭和10（1935）年1月1日から社団法人全国市街地信用組合協会の事業が開始された。これで市街地信用組合は独立の協会をもつに至ったが、事務所はなお、産業組合中央会内に置かれた。この協会活動が、昭和18（1943）年の市街地信用組合法という単行法を成立させるのに役立ったといえよう。

　このような道のりをたどりながらも、協同組合運動が継続されてきたことが、協同組織としての労働金庫運動の底流にあることを忘れてはなるまい。

## 4　戦時下の統制経済と金融統制

### (1)　戦時体制下における市街地信用組合法成立の背景

　わが国は、未曽有の不況と社会不安をもたらした昭和恐慌に見舞われたが、昭和6（1931）年の満州事変、同年12月の金輸出再禁止、高橋是清蔵相による財政支出の拡大などにより、輸出の増大をもたらし、昭和7〜12（1932〜1937）年までに、輸出は3倍に伸びていった。しかし、この間の昭和7（1932）年には、上海事変が勃発し、中国侵略政策が進められ、昭和11（1936）年には2・26事件により、陸軍の一部青年将校らが首相や蔵相を襲撃、射殺するという惨事を引き起こした。

　昭和11（1936）年8月、首相、陸・海・外・蔵相による五相会議は「満州国の健全なる発達と日満国防の安固を期し北方ソ国の脅威を除去するとともに英米に備え、日満支3国の緊密なる提携を具現してわが経済的発展を期する」とする政策を打ち出し、この政策の実現のためには軍事力の拡大や国民生活の規制が要請された。軍部や政府による戦時体制が次第に推し進められていったのである。そして、昭和12（1937）年7月、蘆溝橋事件を口火として、日華事変が勃発し、本格的な戦時体制へと突入した。

　こうしたなか、昭和12（1937）年9月、臨時議会で「統制三法」が成立・施行され、戦時下における軍部・政府による産業経済の統制が敷かれていった。「統制三法」のねらいは次のとおりである。

①　臨時資金調整法（昭和12（1937）年9月10日公布施行）……金（かね）の面から経済を統制するもので、資金を軍需産業に集中させようとするもの。

②　輸出入品等臨時措置法（昭和12（1937）年9月10日公布施行）……物の面から経済を統制しようとするもの。

③　軍需工業動員法の適用に関する法律（昭和12（1937）年9月10日公布施行）……大正7（1918）年に制定されていた軍需工業動員法を日華事変

に際して発動するようにした。

　これによって、国は軍需工場を指定して管理・使用・収用することができるようになった。さらに日華事変が長期化・深刻化するなかで、軍事力強化のための軍需生産力の拡大と生産諸組織の統制が強められていった。そして、戦争遂行のための政策理念として、日・満・支を包む「東亜新秩序」「東亜協同体」という理想が掲げられ、さらには次第に南方諸地域を取り込む「大東亜共栄圏」の構想が打ち出されたのである。

　この政府理念の実現を期する国内体制づくりとして、全政党、労働組合、農民組合を解散し、政界・官界・財界を総動員した「大政翼賛会」が昭和15（1940）年10月に結成され、解散した労働組合も、同年11月に設立された「大日本産業報国会」に糾合されることとなった。また、産業経済界の組織体制については、昭和15（1940）年12月に「経済新体制確立要綱」が発表され、昭和16（1941）年8月に「重要産業団体令」が公布された。この法令を楯として各種産業の統制会が結成されたのである。

　金融業に関しては、昭和16（1941）年7月に「財政金融基本方策要綱」、12月に「戦時非常金融対策要綱」が発表され、昭和17（1942）年4月には「金融統制団体令」が公布施行された。そして、これによって同年5月14日に市街地信用組合統制会が設立されたために、社団法人全国市街地信用組合協会は解散となった。また、こうして5月30日には組合金融統制会が設立されたのである。この時期は、労働組合や協同組織にとっても、まさに「暗黒の時代」といえ、こうした苦悩の歴史を私たちは記憶のなかに留め置く必要があろう。

(2)　組合金融統制会と市街地信用組合統制会

　「金融統制団体令」では、全国金融統制会のもとに業態別統制会（普通銀行統制会、地方銀行統制会等）、統制組合、地方金融協議会が参加することとされた。この時、市街地信用組合と信用組合（準市街地信用組合あるいは農村信用組合）は、同じ産業組合から出生したものとして、合流して信用組合統

制会（仮称）を設立すべきか否かという問題も提起されたが、市街地信用組合側はすでに独自に全国市街地信用組合協会を有し、280あまりの会員組合の連帯が強固であるなどの理由をあげて独自の統制会を設立することを望み、昭和17（1942）年5月14日に市街地信用組合統制会を設立したのである。

一方、産業組合中央金庫、道府県別統制組合（組合金融統制団）、その傘下の信用組合連合会および普通信用組合（準市街地信用組合、農村信用組合）は、ほぼ同時期の昭和17（1942）年5月30日に組合金融統制会を設立している。

### (3) 戦時下の金融統制と市街地信用組合法

昭和17（1942）年2月、従来の日本銀行条例を廃止して日本銀行法が制定された。これによって、日銀の政府に対する独立性はなくなり、通貨発行も完全な管理通貨制となって「国家ノ政策」遂行の資金を無制限に供給できることとなった。また、昭和17（1942）年3月には「南方開発金庫」、4月には「戦時金融金庫」が設立され、昭和20（1945）年3月には「外資金庫」が開業した。さらに、同3月に大口投資先をもたない地方銀行のダブつき資金をプールして中央の大銀行に一括投資するための「共同融資銀行」が、地方銀行77行の参加で設立された。続いて5月には日本銀行を中心に「資金統合銀行」が設立され、各金融機関から預金を吸収して軍需金融を行うこととなった。そして8月には、この「資金統合銀行」に「共同融資銀行」が統合された。

こうして銀行の整理統合は昭和16〜18（1941〜43）年までを中心にして強力に進められたが、これは大口の軍需金融に応え、金融統制を効果的にして、非常事態発生時の混乱に備えるためとされた。この措置は昭和17（1942）年5月、「国家総動員法」に基づく「金融事業整備令」を根拠として行われるもので、銀行の合併を命令することができるとされていた。本措置は、結局は発動されることはなかったが、銀行業界に無言の圧力を加えるこ

ととなり、こうして一県一行主義が昭和20（1945）年に完成したのである[24]。

一方、戦争遂行のための軍需生産力拡充のための金融の原資は、国家財政資金、金融機関の吸収資金によらなければならなかった。これは民間の金融機関、国民などによる貯蓄の増強、国債等の積極的消化に待つこととなる[25]。こうした戦時下の金融統制が進むなかで、昭和13（1938）年１月１日～15（1940）年12月31日までを期間とする「産業組合拡充３ケ年計画」が策定された。昭和14（1939）年５月には、第34回全国産業組合大会が東京市日本青年館で開催され、冒頭、「曠古非常ノ時局ニ際会シ」と始まる決議文を採択した。同決議の内容は、８項目の事項の実現を期すというもので、具体的には、「国債消化ニ協力」「戦時経済ノ円滑ナル運行ニ寄与」など、戦時統制経済に積極的に協力しようという強い意思表示の決議であった。

一方、市街地信用組合は、「都市の金融機関」という自覚を強め、大蔵省専管運動を起こした。この大蔵省専管は当時としては時期尚早として実現しなかったものの、前述のようにこのような運動の流れが昭和18（1943）年の市街地信用組合法という単行法を生み出す底流となった。

ちなみに単行法を求める理由と背景について整理すると、次のとおりである。

① 監督機構上の問題……当時の市街地信用組合は大蔵・農林両省の監督下にあったが、実際上は両省の指導を受けて道府県が監督にあたっていた。ところで、道府県に対する発言力は大蔵省より農林省が強く、市街地信用組合に対する指導も農林行政的となる場合が多い。また両省の共管ということでは、両省の意見の一致を前提とするため、意見が一致しない場合には問題が解決されないで放置されるものも少なくない。

② 指導機構上の問題……市街地信用組合は産業組合の一つとして、その

---

24 後藤新一『本邦銀行合同史』金融財政事情研究会（昭和43（1968）年）。
25 池尾和人「戦後日本の金融システムの形成と展開、そして劣化」財務省財務総合政策研究所「フィナンシャル・レビュー」January－2001。

指導機関に産業組合中央会およびその支会（府県単位）をもっている。しかし、市街地信用組合はこの指導に不満をもっており、特に府県の支会と組合との間に円滑を欠く場合が多いので、組合としては、産業組合の指導から独立し、市街地信用組合協会の独自の指導を望んでいた。
③　事業中央機関の問題……市街地信用組合は、他の産業組合と同じく産業組合中央金庫を事業中央機関としていたが、同中央金庫の方針は農林的色彩が強いため、いろいろと不満があった。
④　事業上要求しなければならない問題……一つは、市街地信用組合が都市における金融機関としての性格から、商業組合、工業組合等で小規模の組合を組合員とすること。次には、市街地信用組合を独立の機関として認め、余裕金は独自に運用できるようにすること。また、組合員以外の者からの預金の受入れについては金額的な制限を撤廃すること。

以上が、産業組合体系から離れて、市街地信用組合という単行法を求める根本理由をなしている。

また、市街地信用組合法という単行法の実現を牽引した外的要因として、農業団体の再編成の気運の高まりがあげられよう。農業団体の再編成は、昭和6、7（1931、32）年の農村不況の頃から俎上にのぼっていたのであるが、日華事変勃発後の戦争の長期化・深刻化につれて、農業生産力の向上、主食その他の供出制度、肥料等の配給制度、金融統制等に対応できる農業団体組織の確立が必要とされたため、これまでの平和時の産業組合体系によるのではなく、別個の体系が要請された。

この段階では、勤労者個人に関する規定は不明瞭であり、当時の農林省を背景とする第一次産業重視の視点による金融からみると都市で働く勤労者の信用はきわめて低く、ファイナンシャルサービスを受ける対象として論じられていない実情をうかがうことができよう。すなわち、勤労者がお金を借りたくても、親戚縁者を頼るか質屋（質草を担保とした借入れ）しか、その道はなかったことを裏付けている。この段階では、労働金庫のような勤労者による協同組織金融機関を設立するという、勤労者自主金融までの道のりは遠

かったといえよう。

　こうして、昭和18（1943）年3月11日に農業団体法が制定され、これと同時に市街地信用組合法も制定されることになった。同年2月3日、衆議院における賀屋興宣（かや おきのり）大蔵大臣の市街地信用組合法の提案理由は次のとおりであった。

　「本法律案は今般農林業団体統合関係法律の制定に伴ひまして、市街地に於て金融事業を行ふ産業組合、即ち従前市街地信用組合、或いは準市街地信用組合と通称せられて居りましたものを、産業組合より分離致しまして、中小商工業者、勤労者其の他の都市に於ける一般庶民の金融機関たらしめんとするものでありまして、其の主眼とする所は是等市街地信用組合等を単行法を以て規律することに依り、其の庶民金融機関たるの特質機能を、益々助長発達せしめんとする点にあります。」

　こうして市街地信用組合法は4月1日施行されたが、この法律は現在の信用金庫法の原型をなし、さらには、信用金庫法をベースに検討が進められた労働金庫法も、この法律にルーツを見出すことができるといえよう。

　次に現在（平成23（2011）年税制改正）[26]において貸倒引当金に関する租税特別措置（引当金の繰入限度額の16％割増特例措置）見直しが論議されるなど、長年継続されてきた税優遇の観点から協同組織金融の源流を考察する。

　まず、産業組合に対する課税では、中小産業者の相互組織による非営利の社会的・公益的機関として、産業組合法制定の時から非課税とされてきた（産業組合法第6条「産業組合ニハ所得税及営業税ヲ課セス」）。その後この規定に準じて、臨時利得税、資本利子税、法人資本税、有価証券移転税、配当利子税、公社債利子特別税、印紙税等ほとんどの課税が免除されていた。しかし昭和11（1936）年の税制改革で産業組合課税が立案され、これが産業組合に対する課税の端緒となった。この時は内閣の更迭で不成立に終わったが、その後、日華事変の長期化に伴う戦時財政の確立が必要となったため、昭和

---

[26] http://www.cao.go.jp/zei-cho/youbou/pdf/fsa/23y_fsa_k_05.pdf　（金融庁）。

14（1939）年になって産業組合に対する課税が本決まりとなった。大蔵省主税局の試案は次のとおりであった。

① 分類所得税として組合が所有している公社債および預金利子に対して課税し、その税率は一般の2分の1とし、公債は100分の2、地方債、社債は100分の4.5、その他100分の5とする（系統機関への預け金利息は控除）。

② 新たに特別法人税を設け、産業組合等に対しその剰余金（特別配当を除く）に対し一般の2分の1、100分の10を課する。

③ 元本2,000円以上の組合員の貯金利子に対して分類所得税を課する。

産業組合はこの試案に対して、組合の本質に反し、かつ戦時下における国策遂行を不可能にするという理由で絶対反対を表明し、昭和14（1939）年10月23、24日の両日開かれた第17回全国市街地信用組合協議会において、絶対反対を決議し、政府当局に陳情する等反対運動を行うことにした。また、農林省も絶対反対を表明して大蔵省と折衝したが、大蔵省は産業組合の本質およびその国家的任務は認めるが、戦時財政確立のために組合は協力すべきだと主張し、両省妥協の結果、次のとおり修正された。

① 分類所得税はこれを削除する。

② 特別法人税は税率を100分の9とし収益率3分程度以下の組合は免除する。

③ 組合員貯金の免税点2,000円を3,000円とする。

これに対しても産業組合関係者は議会に対して強い反対運動を続けた結果、特別法人税法案については税率を100分の6とすること、「支那事変終了ノ年ノ翌年分限リ廃止スル」ことを付則に加えることなどに修正された。この法律は昭和15（1940）年3月29日に公布され、同年4月以降終了する事業年度分より課税されることになり、産業組合に対する全面的な非課税の特典は廃止され、その後の税制改正において漸次強化されたので、組合経営のあり方にもかなりの変化をもたらすこととなった。

また、特別法人税は戦時に限るとした付則は廃止されて恒久的なものとな

り、固定資産税の優遇措置は平成6 (1994) 年に廃止されたものの、今日でも法人税（銀行30％、協同組織金融機関22％）、印紙税（銀行課税、協同組織金融機関非課税）[27]として戦時からの制度を継続している。

### (4) 市街地信用組合法と産業組合法の相違点

　市街地信用組合法は戦時中の立法であるために、統制主義が濃厚に盛られている。このことは産業組合法による市街地信用組合とこの法律による組合とを比べると明瞭にみてとれる。両者は協同組合主義による非営利法人という性格については同じであるが、主に以下のような相違点がある。

① 組合の責任組織は、産業組合法においては、無限責任、保証責任、有限責任の3種類を認めていたが、市街地信用組合法においては、有限責任のみに限ることになった。

② 定款の作成のほかに業務方法を設定させ、これによって貸付利率その他の条件を統一的に監督し、場合によっては主務大臣が業務方法を制限し、または変更を命ずることができることになった。

③ 組合の業務として、新たにその余裕金の運用方法を規定するとともに、主務大臣が資金の吸収および運用に関し必要な命令をなしうることとし、これによって組合の健全性を維持し、あわせて国家的要請に即応させる道を開いた。

④ 組合長および理事の選任ならびに解任は主務大臣の認可を要することとし、かつ、これらの役員は組合員に限らないこととして、有能適格な役員を組合員外からも選ぶことができるようになった。

⑤ 組合の事業全部の譲渡につき規定を設け、合併の方法に関してもこれが簡易迅速な方法を規定し、組合の統合発展を促進させることとした。

⑥ 市街地信用組合法にいう「主務大臣」は大蔵大臣を指し、産業組合法

---

[27] 『信用金庫便覧（平成22 (2010) 年版）』金融財政事情研究会および『労働金庫便覧（平成20 (2008) 年版）』全国労働金庫協会。

による市街地信用組合が農林大臣および大蔵大臣の共管になっていたのを、大蔵大臣の専管に改めた。

以上、ここで市街地信用組合自体の特徴を概観すると、第一は、大協同組合主義をとっていることである。従来の産業組合が、部落、村等の小集団を基盤として組み立てられていたのに対して、市街地信用組合の基盤は都市という広地域、大集団を対象とし、将来の経営の拡大化を想定して相当大きな規模で組み立てられている。

第二は、事業区域および組合員の資格に対する考え方である。従来「区域内に居住しかつ独立の生計を営む者」とされた定義が、この法案では弾力的になっている。すなわち、市街地に居住する者および市街地に店舗、工場をもつ者、あるいはこれらの店舗、工場に勤務する者も組合員になることができるとしている。また法人の加入については、組合が非営利機関であることおよび庶民金融機関であるので、全面的には認めていないが、非営利法人のほか、有限会社等の小規模の営利法人（資本金５万円まで）の加入が認められている。ここで定義された「店舗、工場に勤務する者も組合員になることができる」が、戦後の勤労者の自主金融機関の設立を求める声となって、単独法としての「労働金庫法」の成立へとつながっていくこととなる。その点で、市街地信用組合法に労働金庫法のルーツを見出すことができると決定づけることができるのである。第三は、中央機関の問題であるが、「農林業団体統合関係法律」により農村産業組合が農業会に改編され、産業組合中央金庫は農林中央金庫に移行することになったため、産業組合から分離する市街地信用組合は早くから独自の中央機関を要望していた。この問題については、法案は解決を後日に残して、道府県農業会（道府県信用組合連合会）との関係を断ち、農林中央金庫を従来どおり中央機関とすることとし、一方、庶民金庫とは従前どおり代理業務を行うこと、また商工組合中央金庫についても新たに代理業務が行えることとして、これら都市の庶民金融機関との連携を一歩前進させた。

最後に、準市街地信用組合に関しての問題である。法案は市街地信用組合

については、法律施行の日にこの法律による市街地信用組合になったものと規定しており、準市街地信用組合については、市街地信用組合に改組の道を開いた。あわせて同法案の組合の動向を明らかにさせ、また以後産業組合法による信用組合の設立は認めないことにして、都市における信用組合の整理が図られることになった。市街地信用組合は産業組合の規範から脱して独立を得たとはいえ、戦時の金融統制下で預貯金吸収と公債消化に終始して終戦を迎える。

このように、協同組織金融の歴史は明治にさかのぼることは明らかであり、長い歴史のなかで育まれた、こうした先人たちの過去からの経験や蓄積が以下で述べる戦後復興期において単独法をもつ労働金庫の設立として開化することになる。

## 5　戦後の復興と中小企業等協同組合法の制定

### (1)　占領下における金融経済対策

昭和25（1945）年8月15日、膨大な死者、重軽傷者を出し、莫大な財産を喪失させてた後、わが国の戦争は幕を閉じた。国富の損失額は653億円、住宅は220万戸、日本人の死者は約310万人[28]に及ぶといわれる。終戦時の産業の生産能力についていえば、直接消費財の繊維などの生産設備は戦前最高時の30～40％にまで低下し、しかも、設備を動かし生産活動をするための原材料は枯渇していた。当時は、財政赤字分が日銀引受国債によってまかなわれた。また、日銀借入れを主要財源とする銀行貸出が急増した。さらに、占領軍進駐に伴う緊急調達のための終戦処理費が増大したことも赤字財政の要因となると同時に物の需給を逼迫させ、食糧危機などによるヤミ価格と相まって悪性インフレが進行する要因を招いた。このような荒廃から立ち直るためには経済の再建とインフレの克服が必須の課題であった。

---

28　厚生労働省　社会・援護局資料などより。

さて、ポツダム宣言の受諾によって降服したわが国は、この宣言の望む方向である占領軍政策に従わなければならなかった。それは日本の非軍事化と民主化の方向であり、その主な課題が、①経済上の非軍事化、②民主主義制度の確立、③平和的経済活動の再開、④賠償返還、⑤財政、貨幣ならびに銀行政策、⑥国際通商および金融関係、⑦在外日本資産の扱い、⑧日本国内における外国企業に対する機会均等、⑨皇室財産の扱い、である。つまり、初期の対日管理政策は、経済の民主化であり、日本の対外侵略の動力となり、かつ戦力を培養した巨大財閥の解体、地主制度の排除とともに、労働組合、農民組合等の勤労者の民主的組織を育成して、資本の民主化、所得の平均化を図ることにあった。

　この初期占領政策に沿って、GHQから矢つぎばやに各種の指令、覚書が出され、これに従ってわが国政府は諸法令の制定に努めた。昭和21（1946）年11月には新憲法（日本国憲法）が公布され、民主化政策の実施として、労働組合法（昭和20（1945）年12月22日公布──以下同じ）、労働基準法（昭和22（1947）年4月7日）、農地調整法〔第二次農地改革〕（昭和21（1946）年10月21日）、教育基本法（昭和22（1947）年3月）が制定された。経済の非軍事化、民主化に関しては、持株会社整理委員会（昭和21（1946）年4月20日）、独占禁止法（昭和22（1947）年4月14日）、過度経済力集中排除法（昭和22（1947）年12月18日）が制定された。こうして、民主化政策が着々と進められたのである。

　しかし、わが国の鉱工業生産は、終戦の年の8月には戦前の10％以下に減退し、生産活動は事実上停止状態にあり、昭和21（1946）年に入っても回復しなかった。特に、主燃料であった石炭の不足が甚だしく、産業用配炭の不足を原因に産業が崩壊しかねない状態にあった。終戦後数カ月は戦時中の工場貯炭と軍貯蔵炭390万トンに依存したが、このままで推移すれば、製鉄設備の毀損、鉄道の全国的麻痺を招くことは必至であった。そこで政府は昭和20（1945）年10月26日、石炭緊急対策を決定、GHQの協力による炭坑治安などに努力した。こうした対策が予期以上の良好な結果をもたらしたことなど

で、生産も11月を最低に12月は83万トン、昭和21（1946）年1月118万トンとわずかながら増加していった。しかし、この程度では到底日本経済再建のメドをつけるものとはならないため、政府は同年10月に年間3,000万トンの出炭計画を立て、12月27日には傾斜生産方式[29]による経済危機突破対策を閣議決定した。すなわち、石炭最優先の傾斜生産の方向を打ち出し、経済再建の糸口をつかんだのである。

そして、傾斜生産には当然に資金の重点配分も必要となり、この傾斜金融を担当する機関として、昭和22（1947）年1月24日に復興金融金庫が設立された。この復金の活動は基幹産業再建への橋渡しとはなったが、「復金インフレ」といわれたように、経済再建によるインフレ克服という課題とは逆行する結果も招いた[30]。

(2) 金融機関の再建整備

政府は、終戦当日には預金の無制限支払を声明し、また終戦後でありながら臨時軍事費からの支払が昭和20（1945）年8月以降10月25日までに140億円（内地のみ）という巨額に達した。この安易な財政資金の支出は通貨膨張となり、インフレを高進させた。GHQは同年11月24日、マッカーサー元帥は財政命令を下し、これを抑制した。一方で日本銀行の貸出が増大し、同年8月15日から年末までに97億円、昭和21（1946）年2月18日までに累計165億円という巨額な貸出増加となった。この日銀貸出増加の原因は、金融機関、特に銀行の貸出急増であった。これは軍需生産停止に伴う解雇手当や民需生産への転換に要する膨大な資金に充てる融資であった。そして、この貸出は国家が損失補償する命令融資であった。

このようにして、生産を伴わないで貨幣のみが増発され、昭和21（1946）

---

[29] 有沢広巳監修、中村隆英編集『傾斜生産方式と石炭小委員会（資料・戦後日本の経済政策構想、第2巻）』復刻版 東京大学出版会（平成11（1990）年）。
[30] 大来洋一・エルビラ・クルマナリエバ「傾斜生産方式は成功だったのか」GRIPS Policy Information Center Research Report: I-2006-0008。

年1月には日銀券はついに600億円に達した。物価は上昇の一途をたどり、国民生活は危機的な様相を深めた。政府は同年2月16日、総合的インフレ対策として経済危機突破緊急措置を発表した。この対策の内容は、通貨、金融、食糧、生産、物価および厚生など各部門を網羅するもので、わが国史上画期的な施策であった。すなわち、通貨・金融面からは、標準的世帯の家計費を新円ベースで1カ月500円と限定して過剰購買力の抑制を徹底的に行い、物資面からは米（生産者価格300円）、石炭（150円）を基準とする新物価体系を確立することによって物価を安定させ、それによって極力生産を促進しようとするものであった。その翌日の17日には金融緊急措置令と日本銀行券預入令を公布、即日施行して、金融・通貨の面からインフレ克服に本腰を入れたのである。

この二つの法令は車の車輪をなすものであるが、金融緊急措置令とは、2月17日付けで全金融機関（預金部を含めて）による預貯金の支払を原則として停止し、一定範囲内でのみ現金支払、封鎖支払を認めようとするものである（いわゆる預金封鎖）。日本銀行券預入令は、10円以上（2月2日の大蔵省令により5円以上に改正）の既発日本銀行券の強制通用力を3月2日以降喪失させるとともに、新日本銀行券を発行流通させ、旧券は3月7日までに金融機関に預け入れさせて、それによって生じた預金は2月17日以前の預金と同様の取扱いを受けさせようとするものであった。すなわち、金融緊急措置令によって浮動性預金を固定し、日本銀行券預入令によって家庭に滞留する通貨量を整理縮小しようとしたのである。

さらにGHQからの指令もあり、かねて懸案となっていた財産税の創設を決意し、課税対象となる個人、法人の財産を確定するために、昭和21（1946）年2月17日に臨時財産調査令を公布施行し、同年3月3日午前0時現在の個人および法人の預貯金、有価証券、信託、無尽、生命保険契約等の金銭的財産の申告を行わせる措置を講じた。政府の考えていた財産税は、個人財産税、法人財産税、個人財産増加税、法人戦時利得税の4本立てで、総収入額を1,000億円と見込み、それをもって国債の償還を行う予定であっ

た。この臨時財産調査令によって、銀行、信用組合の職員も公務員と同じ権限と義務をもたされたのである。

### (3) 再建整備法

　一方、昭和21（1946）年3月3日に物価統制令が出され、標準的家計費の基礎の上に新物価体系が作成されたが、物資の統制再開とともに、これら物資はヤミ市場に姿を隠し、預金は生活費に充てるべく、法令の定める限度いっぱいまで引出しが行われ、日本銀行券の発行が急膨張するに至った。このため金融緊急措置を強化する必要が高まり、3月22日に、金融緊急措置令施行規則の定めるところに従って、日本銀行を除く金融機関の融資総額を3月20日の水準に釘づけにした。

　このように根深い経済混乱と悪性インフレの脅威は去らず、政府は昭和21（1946）年8月12日に経済安定本部を設置し、今後の経済計画の中心機関とした。また、戦後経済再建のための重大課題である戦時補償金の打切りを決意し、GHQの示唆もあり、10月18日「戦時補償特別措置法」[31]を制定し、軍需その他の補償請求権の100％課税によって打切りを果たしたのである。そして、この打切りによって打撃を被る金融機関および事業会社のために、あらかじめ8月15日に「会社経理応急措置法」と「金融機関応急措置法」を制定し、同年10月19日には「企業再建整備法」「金融機関再建整備法」の制定によって、その最終処理を進めることとしたのである。

　なお、金融政策の面においても昭和21（1946）年は預金封鎖以来、新円による預金の吸収がきわめて鈍く、このままでは経済再建の見通しが危ぶまれたことから、同年11月に入るや、衆議院で各派共同提案になる通貨安定に関する決議案が可決され、通貨安定対策本部が設置された。同時に日本銀行にも通貨対策委員会が設置され、11月から昭和22（1947）年3月末までに506

---

[31] 飛田紀男「終戦直後の金融・銀行」Bulletin of Toyohashi Sozo College 2004, No. 8, 71-84。

億3,000万円の貯蓄吸収を目標とする政府による強力な救国貯蓄運動が展開されることになった。政府は日本経済の再建には貯蓄が必要であること、預金再封鎖の志向がないことを鮮明にし、戦時中活用された国民貯蓄組合を復活利用することなどの宣伝に努め、昭和23（1948）年7月12日には「割増金付貯蓄の取扱いに関する法律」を公布施行して、国民の貯蓄意欲を刺激した結果、相当の成果をあげた。

　金融機関応急措置法においては、昭和21（1946）年8月11日午前0時現在（指定時という）をもって金融機関の諸勘定を新旧両勘定に分離し、戦時補償打切りの影響を受けないと見込まれる特定の資産・負債だけを新勘定とし、これをもって業務を遂行させるとともに、その他の資産・負債で構成される旧勘定によって戦時補償の整理を進めていくこととしている。そして、金融機関再建整備法[32]はこの整理の進め方を規定したものである。この金融機関再建整備法によって、各金融機関はそれぞれの資産を政府の定める評価基準により評価を行い、益金があればそれで損金を補填し、なお損金があれば、次の順序で損金補填を行うとした。

① 積立金の全額まで
② 資本金の9割まで
③ 第二封鎖預金中法人の大口預金より段階に応じ一定の割合まで
④ 残りの法人預金と一般個人の第二封鎖預金の7割まで
⑤ 資本金の残額
⑥ 第二封鎖預金の残額と指定債務
⑦ なお損金があれば政府が補償する

　以上が損失補填の順序であり、どの段階で損金補填が終わるかが、各金融機関のその後の活動に大きく影響したのであった。このようにして昭和22（1947）年7月実施の資産再評価を基礎に評価益を出して確定損失を埋め合

---

[32] 飛田紀男「終戦直後の金融・銀行」Bulletin of Toyohashi Sozo College 2004, No. 8, 71–84。

わせるなど複雑な作業のすえ、昭和23（1948）年5月に金融機関の再建整備は完了した。そして市街地信用組合も総数311組合のうち200組合が出資および整理債務を切り捨てて政府補償を必要とすることとなった。

### (4) 中小企業等協同組合法の制定と労働金庫

戦後の経済混乱期にあって、金融機関の再建整備が着々と進められるなか、政府は、戦後の経済民主化の至上命令に沿って、戦後統制色の強い各種の協同組合を解体し、民主的組織と運営を保障する組織に改編することとし、①農業協同組合法（昭和22（1947）年11月19日公布、12月15日施行）、②消費生活協同組合法（昭和23（1948）年7月30日公布、10月1日施行）、③水産業協同組合法（昭和23（1948）年12月15日公布、昭和24（1949）年2月15日施行）の協同組合法を制定した。このうち、消費生活協同組合法の施行により、準市街地信用組合の根拠法である「産業組合法」は廃止されたのである。そして、従来の各業種の協同組合を一括して規定できる中小企業等協同組合法を制定することとなった。この法案は当初は「中小企業協同組合法」とされていたが、次の理由から「中小企業等協同組合法」となった。

中小企業等協同組合法案および同施行法案の政府提案理由は次のとおりであった。

① 中小企業の水準を向上させ、公正な競争力を確保させるために、事業の種類により、事業協同組合、保険協同組合、信用協同組合および新しい経営体としての企業組合を認め、従来の商工協同組合、林産組合、蚕糸協同組合、塩業組合および市街地信用組合の諸法律を改廃して本法1本にまとめあげるとともに、組織に融通性をもたせるべく組織者の範囲を拡大したこと。

② 独占禁止法第24条第1号の要件を備える組合の定義を明瞭に示し、法律上の協同組合制度を定めたこと。

なお、この法案の立案当初は中小企業協同組合法として、中小企業者だけで組織することになっていたが、市街地信用組合が信用協同組合に改組する

とすれば、市街地信用組合の構成員には約20%を占める勤労者その他を含むこととなるため「等」[33]という1字が加えられた。また、同法案は立案当初中小企業者だけで組織することになっていた。したがって、もし当初案のとおり施行されれば、市街地信用組合は協同組合に改組することによって、資金量の30%以上を占める勤労者、その他の者を加入させることができなくなるため、これらの者も加入できることとし、法案の名称も「中小企業等協同組合法案」として「等」の1字が挿入されることになった[34]。

この「等」により、勤労者の生活向上と福祉金融を支えることを主たる目的として、労働金庫が信用協同組合として設立、発足することとなる。

同法案は、以下の点を特徴とする。

① 組合運営に民主化の考え方を取り入れ、従来の各種組合にみられた官庁の強い監督権を排除し自主的運営を行わさせるとともに、役員の選任を選挙方式に改め、また出資口数の制限、員外理事の廃止等を行い、民主的協同組合のための必要な条項を織り込んだこと。

② 各組合の業務分野を明らかにし、特に預金の受入れ、資金の貸付は信用協同組合に限ったこと。

これに対して市街地信用組合側は反対運動を起こした。この法は、金融事業を行う市街地信用組合の実情を無視したものであるとして、次の3点の修正を強く主張した。

① 市街地信用組合法廃止に関する条項を削除すること。

② 金融事業を行う協同組合については本法案とは別個の法律を制定すべきである。

③ 中央機関は信用事業を行う協同組合のみで組織すべきである。

しかし、本法は、市街地信用組合の反対にもかかわらず、占領下の特殊事業などによって国会を通過し、昭和24（1949）年6月に制定された。同法の

---

[33] 『信用金庫40年史』P280　全国信用金庫協会（平成4（1992）年）。
[34] 『全国信用金庫連合会20年史』P4　全国信用金庫連合会（昭和46（1971）年）。

制定とともに成立した中小企業等協同組合法施行法により、商工協同組合法、市街地信用組合法などは廃止となった。これによって、産業組合法から出た準市街地信用組合も、商工協同組合法から出た信用事業兼営組合も、それに市街地信用組合も、等しく中小企業等協同組合法による信用組合に改組していった。また、同法と同時に「協同組合による金融事業に関する法律」が単独法として制定されたが、これは「中小企業等協同組合法」が金融事業を行う協同組合についての不備を補う監督法規というかたちで制定されたものであった。現在の信用組合は、この二つの法律を根拠法として、今日まで活動を展開している。

このようにして中小企業等協同組合法は成立したのであるが、市街地信用組合が、この法によって、産業組合法による信用組合ならびに商工協同組合法による信用事業兼営組合と同列化されたという問題を抱えるものとなった。

## 6　労働金庫の誕生とその特徴

### (1) 信用金庫法の制定

昭和24 (1949) 年6月、中小企業等協同組合法が公布 (7月1日施行) されたが、同法は、市街地信用組合も準市街地信用組合 (産業組合系) も、また商工協同組合法に基づく信用事業兼営の商工協同組合も、等しく信用協同組合に改組させて同列に立たせることを規定したので、これが不満を生み出す原因となった。

昭和25 (1950) 年3月29日、市街地信用組合系の有力組合が中心となって、金融機関性を重視する「中小企業金融機関設立期成同盟」を結成し、その後情勢の変化につれて「組合銀行法期成同盟」「信用銀行法期成同盟」と改称し、最後に昭和26 (1953) 年2月5日に「信用金庫法期成同盟」と改めて、全国的運動を展開した。

これに対して、産業組合系の組合が中心となって同年2月22日に、協同組

織を強調する「信用金庫法反対期成同盟」を結成した。この両者の対立点の一つは協同組織の問題であり、二つには法定最低出資額およびその出資額を一定期間減額して小規模組合が信用金庫へ改組できる機会を与えるべきである等という問題であった。しかし、この対立が両者の間でいつまでも続くようであれば、信用金庫法自体が不成立になるし、また妥協の余地は残されていたため、次の妥協案で両者の和解が成立した。それは、①改組期間を延長して1～2年とし、最低出資額に満たなくてもよい期間を2～3年とする。すなわち大都市500万円、地方300万円でよい期間を延ばす（原案は1,000万円、500万円）、②信用協同組合の員外貯金受入禁止規定を緩和して家族貯金・非営利団体の貯金取扱いを認めるか、または総預金の一定割合（たとえば2割）までは認める、というのが妥協案であった。この両者和解による統一運動が開始されても、難関はGHQの意向である。大蔵省が信用金庫法成立に意欲をみせても、国会提出案はGHQの事前審査を受けなければならない。そのGHQは中小企業等協同組合法成立には積極的であったが、信用金庫法などの単独の金融関係法案には否定的な態度をとっていた。このような状況では、政府提出法案の体裁をとったのでは良い結果がみられないことは明らかであった。そこで、政府の提出ではなく、自由、民主、社会の3党の提出として、この法案が国民の期待を担っているという意志を示したのである。これは、議員立法の建前を尊重するGHQの意向をふまえた方法であった。

　こうして昭和26（1951）年3月15日、自由、民主、社会の3党共同提案として信用金庫法案が国会に仮提出され、その後半月間、GHQの審査を受け、3月31日に国会への本提出となった。そして同年6月15日、信用金庫法および信用金庫法施行法の公布・施行となったのである。信用金庫法の成立を受け、信用組合より信用金庫のほうが出資金や資金量も多く、健全経営を行うと世間がみるため、改組することが信用を得ることにつながると判断した信用組合は信用金庫への改組を急いだ。改組期間は当初1年で、昭和27（1952）年6月14日までとされていたが、後に1年延長されて昭和28（1953）

年6月14日までとされた。

　このように改組期間が延長されたのは、出資金の少ないことや経営状態が不安定な場合、改組に時間がかかる組合も少なくないため、これを救済する措置であった。

　さらに、昭和31（1956）年は神武景気といわれる大型景気が現出した。この景気は昭和32（1957）年6月をピークとして下降していったが、これは国際収支の悪化によるものであった。経済活動が急激に進展したために輸入が増加し、国際収支のバランスが崩れたためである。その後1年ほどは金融引締めなどの金融政策を中心とする景気調整過程を経て、昭和33（1958）年6月を景気下降の底に、それから42カ月にわたる岩戸景気が始まった。この岩戸景気も終りに近い昭和35（1960）年12月に池田内閣は「国民所得倍増計画」を打ち出して国民に10年後のバラ色の生活を約束してみせた。さらに岩戸景気後の不況の克服には建設投資を主とする公共投資による、いわゆる「オリンピック景気」をつくりだした。

　こうして、昭和30年代は技術革新によって導かれた高度経済成長が展開し、重化学工業ばかりでなく、多種類の大量の新しい消費財が生産されるようになり、電気洗濯機、電気掃除機、テレビなどの家電ブーム、合成繊維の開発、インスタント食品の発達などは家庭生活やその消費生活を大きく変えていった。この時代には、住は別として衣食においては戦前をはるかに凌駕する生活内容の充実に至ったのである。そして、マスメディアを利用した大規模な広告宣伝は、新商品の大量消費をつくりだした。これは消費生活の分野ばかりでなく、レジャーの分野にも広がり、観光振興と車とバスの普及を促した。若者を中心とする労働賃金の上昇と消費者ローンの発達は、若者たちがレジャーを楽しみマイカーを運転することを可能にした。

　この神武・岩戸の両景気を通じて中小企業も著しく発展し、その経営の近代化も大きく前進した。しかし、わが国経済の二重構造の存在は、中小企業の経営をはなはだ不利な立場に固定化する結果を生み、この高度成長の時代にも、大企業と中小企業との間の経営格差は解消されることはなかった。経

済の二重構造[35]の存在とは、わが国の経済に近代的な大企業部門と前近代的な中小零細企業、農業部門という低生産性部門が同時に存在していることを意味し、このことは次の事実となって現れる。すなわち、大企業と中小企業との労働生産性に大きな格差が生じ、さらに中小企業の賃金水準が大企業に比べてきわめて低い水準に置かれる結果となるのである。

この時期における中小企業の経営について概観すると、

① 景気循環の復活によって、中小企業の分野で大きな割合を占める大企業依存の下請中小企業は、景気後退期には受注量の減少、下請単価の切下げ、受取条件の悪化などで大企業からのしわ寄せを受けた。

② 下請中小企業の再編成または系列化が進んだ。大企業は海外諸国から革新技術を導入することによって経営の合理化とコスト切下げを積極的に行い、また新製品の生産に乗り出し、下請中小企業に対しては大企業の生産体制に適応するように指示し、適応できない企業には発注を停止するなどで下請中小企業の選別が行われた。

③ 特に中小企業の経営の弱点は景気後退期に顕著に現れる。中小企業の多くは消費財関連産業で、不況の際には、採算の低下を売上の増大によって補おうとしてむしろ増産し、過当競争を激化させるという悪循環が生み出されるからである。

④ また、資本財産業を中心とした下請中小企業は不況期に親企業から不当なしわ寄せを受け、さらに大企業労働者と中小企業労働者の間で賃金格差が発生した。

こうした状況のなかで、協同組織性を活かしながら時代の要請に応えるべく、信用金庫は、次に述べる労働金庫と同じく誕生し、社会の変遷に歩調を

---

[35] 『厚生白書（昭和35（1960）年）』第1部第2章第4節「大企業と中小企業に資本力の大きな格差をもたらし、資本力の格差は生産性の格差をもたらし、生産性の格差は賃金の格差となって現れ、これが企業規模別賃金格差の原因の一面となった。そして恵まれた大企業に職場をもつ人々と、中小企業に職場をもつ人々との所得水準の格差が、国民生活における明暗二相を多彩に広げてきたのである」。

あわせながら存在意義を示してゆくこととなる。

## (2) 戦後の生協運動と金融

　戦後の困窮と慢性的な生活物資の不足から、生協運動は高まりをみせたものの、その大多数は「50名未満の任意小組合」であり、町内会単位のものが多かった。こうした脆弱な体質のなかで、先に述べた昭和21（1946）年の金融緊急措置令に始まる国民大衆の手持ち資金の欠如は、出資金の減少と零細化をもたらすこととなった。また、国の政策の重点が産業の復興を最優先課題とした金融集中に置かれたため、生活協同組合は産業資金融資では最下位に留め置かれた。こうしたなかで昭和23（1948）年には悲願であった消費生活協同組合法が制定されたが、その内容は限定的であり、員外利用の禁止、連合会事業の制限、そして信用事業が認められないという内容であった。特に、生協は戦前から農協とともに法的には産業組合法に拠っており、農林中央金庫を系統金融機関として利用していたが、この産業組合法の廃止によって、法的根拠を失うこととなった。

　こうした状況にあって、昭和20（1945）年に創立された日本協同組合同盟[36]は、生協独自の系統金融機関の整備・確立を目指すべく、「生活協同組合金融機関確立要綱案」を策定、「信用組合の社会化による労働者農民の生業資金・生活改善・社会諸施設への融資または投資の積極化」を打ち出した。そこでは庶民金庫を改組して創立が準備されていた国民金融公庫を生協の中央金融機関とし、生協連合会が「代行機関」に、各単位生協が国民金融公庫の「下部所属金融機関」にそれぞれなることにより、生協が信用事業を行うことを認めさせるプランであったが、大蔵省の預金者保護と消費生活協同組合法を理由にした反対により、この要求は拒否された。その後も、財政

---

36　協同組合運動再建のために消費生協に限らず、全協同組合、労農団体など幅広い結集と各種協同団体の単一指導体の結成を目指した。昭和25（1950）年日本生活協同組合同盟と改称、昭和26（1951）年日本生活協同組合連合会（日協連）として発足している。初代会長は賀川豊彦。

難にある生協経営健全化に向けて、政府資金の獲得、市街地信用組合の設立による生協独自の金融機関の確立、出資増強による自己資金の確保などの方針を掲げて活動を展開したが、十分な成果を得ることはできなかった。

### (3) 岡山と兵庫に労働金庫誕生

こうした活動を背景に、生活協同組合（岡山県生協連）の呼びかけに応えるかたちで労働組合、中小企業者、その他の団体が結集して、岡山に労働金庫の誕生をみることとなる。

昭和24（1949）年、中小企業等協同組合法が制定された。これにより従来までは、市街地信用組合法、産業組合法、商工協同組合法の３法によりそれぞれ設立されていた信用組合は、すべてが中小企業等協同組合法一本に準拠して大蔵省専管の信用組合に改組されることとなった。岡山では、岡山県生協連合会を中心に同法に基づく「生活信用協同組合」設立に動き始めた。岡山の特徴は、生活協同組合の信用事業権獲得を労働組合との合作により実現しようとするものであり、さらに民主的な中小企業者をも会員に加えた、生活協同組合、労働組合、中小企業者３者による経済的連携を目指すものであった。こうして連携体制をとりながら昭和24年（1949年）10月に内認可申請書が提出された。そして８カ月に及ぶ折衝の末に昭和25年（1950年）６月に設立総会が開催され、９月１日「岡山県勤労者信用組合」として労働金庫が営業を開始した。戦後の労働金庫第１号である。

岡山県勤労者信用組合の意義は、生協運動が協同組織としての理念を支えながら信用事業へ踏み出した点、中小企業者を加えたとはいいながら、勤労者が自主金融を行うという第一歩を印せた点、中央主導型ではなく、岡山という地域からこの活動が開始され、地域の力で認可を獲得した点にある。一方で、当時の文献[37]によれば、協同組合運動としての成果を認めながらも、「ここにおいてはまだ、労働金庫運動としての理念は明確でなく、その組織

---

37 『労働金庫運動史』P30　兵庫労働金庫（昭和45（1970）年）。

や、よって立つ基盤、さらにはその名称・性格も明らかにされていなかったし、最後に成立の実現を見た「岡山労働金庫」の場合もまた、重点は労働者寄りの生協運営資金の調達・確保に注がれるという消極性を払拭することはできなかったのは事実である」と評価している。この点については、設立認可に対する当時の大蔵省の消極的な姿勢や占領下における労働組合運動の高まりへの警戒感など相当に強いプレッシャーのなかでの設立である点をまずは評価すべきであろう。さらには、戦後の荒廃のなかでの生活物資の不足を解消することが、当時の協同組合運動の最大の関心事であり、それは同時に市民からの要請や期待であったと推察される。また、中小企業者にしても社会的、経済的に弱者であり、その独立性を金融面から支援しようとする協同組織性は、信用金庫法を引用するまでもなく明らかである。この点から「重点は労働者寄りの生協運営資金の調達・確保に注がれるという消極性を払拭することはできなかった」と評する考え方に疑問を呈さざるをえない。事実、現在の労働金庫は地域統合が進み、全国13金庫体制になったとはいえ、地域社会がもつローカリティと独自性のなかで事業展開を行っている。その成長過程で、協同金融としての中小企業金融は信用金庫や信用組合が担うかたちで収斂していくが、一方で、企業の福利厚生部門や総務部門、企画部門に対して、福祉金融サービスの提案を労働金庫が行っている実態をみるにつけ、また、生協との連携強化の必要性が重要施策であると認識されるなかで、この岡山での第一歩は大きな意義をもつといって過言でなかろう。

　こうしたなか、労働組合側からの勤労者自主金融機関設立の声があがったのも同じ時期である。昭和24（1949）年に開催された、日本労働総同盟第4回大会において、その議案の一つに「労働銀行創設並びに事業活動確立に関する件」が提出され可決された。この要諦は、労働者共済活動についての考え方が中心であるが、その目指すべき方向性は、企業主導による福祉制度からの自主・独立であり、企業内労働組合からの脱皮を促すものであったといわれている。たしかに、この当時は、労働者の待遇は賃金や労働条件をはじめ厳しく、さらに倒産による解雇への対応など、労働者の生活を改善するう

えで、労働組合それ自体が力をもつべきであると考えられていた。そのためには、生協の柱である物資の協同購入・購買という組織的な性格を超えて、労働組合運動そのものを強化すべしといった観点での勤労者自主金融機関の創設が考えられた点は納得できる。同時に「労組運動は生産過程での搾取を、生協運動は消費過程での搾取を排除するものであるからその本質は一つであり、この二つの組織は何時でも車の両輪の如く回転していかなければならない」[38]など、両者の相互連携の必要性を認識している。

　この頃、兵庫においても労働金庫設立に向けた取組みが始まっていた。ところが、当時は岡山と兵庫は隣接する県でありながら、それぞれ独立して大蔵省と交渉をしていたために、情報交換が行われていなかった点が、労働金庫の文献から推察できる。それは、岡山と兵庫の労働金庫設立時の運動基盤や設立意図に相違点がみられることからも知ることができる。すなわち、兵庫では労働組合を主体とする「労働金庫」の設立であり、その運営は、労働組合と組合員の結びつきの上に組織されなければならないとした点である。それは「相互共済に基づく金融機関」の設立があった。また、兵庫における取組みは、兵庫県との関係に特徴がある。兵庫県労働部では、当時、企業の賃金遅欠配対策として融資支援を行う施策を実施していたが、それがうまく機能していないという悩みを抱えていた。そのため、労働銀行について研究を行っていたという経緯があったことから県は労働金庫の設立に理解を示し、昭和25（1950）年の県の予算に労働金庫調査費を計上したのである[39]。

　こうして、兵庫県では労働金庫の設立母体を兵庫県産業復興会議事務局に置く方針がとられた。また、大蔵省への内認可手続（内免許申請）をとるために兵庫県知事や神戸市長の意見書を添えるなどの活動に加え、「生協中心の金庫」にこだわる大蔵省に対して、最終的には灘・神戸生協と協議して、新たに生協を構成員に加えることなどを織り込み、内認可を受けることと

---

38　産別会議第3回定期大会・生協対策部設置理由書（昭和23（1948）年）。
39　兵庫労働金庫機関誌「労働金庫」昭和28（1953）年10月25日号より。

なった。こうして、昭和25（1950）年11月8日「兵庫県勤労信用組合」の設立総会が開催された。

「今後の吉田内閣の新しい政策に対処するにあたって一番重要な問題はなんといってもこの資金面の打開である。その意味において現在起こっている労働金庫運動は、生協にとって非常に重要な関連があるわけである。ところが各地の様子を見ると生協は全く立遅れており、ひどいところでは運動の圏外にある。勿論この問題で労働側と縄張り争いをする必要はないし、また、そんなことは間違っている。ただこの問題は、生協の立場からその系統金融機関獲得の運動として重要であるばかりでなく、労働金庫そのものの発展にとって生協と労組の協力が絶対に必要なのである。現に岡山、兵庫の場合を見ても預金を集めるとともに、或いはそれ以上に集まった資金を如何に運用するか、つまり貸出が重要な問題となっている。両者共貸出しの現状は消費金融が圧倒的に多く、兵庫を例にとると①越年資金、賃金遅払関係35％、②高利肩代り資金17％、③税金立替、冠婚葬祭15％、④医療費12％、⑤労組、生協事業資金11％、⑥住宅関係費10％となっている」[40]。当時の生協からも、労働組合（員）の生協利用の普及・促進が、生協運動を社会的に高めるとともに、その資金部門としての労働金庫に集中された資金を生協運動に活用することにより、相互に組織の社会的な認知と利用拡大を図ることを重要視していることがうかがえる。

### (4) 労働金庫法の制定とその意義および特徴

こうして昭和25（1950）年に岡山と兵庫に誕生した労働金庫は、昭和26（1951）年に北海道、千葉、埼玉、福島、広島、宮城、昭和27（1952）年には大阪（第一）、長野、山口、神奈川、東京、大分、愛媛、新潟、群馬、大阪（第二）、秋田、福岡、愛知、岩手、山形、栃木と、各都道府県に次々と生まれることとなった[41]。この当時の名称は、いずれも勤労信用組合としての誕

---

40 「生協連情報」昭和26（1951）年6月5日。

生であり、設立の理念や活動の目的、事業内容を明確化するためにも単独の根拠法を制定すべきであるとの声が溢れた。また、昭和26（1951）年10月には、「全国労働金庫協会」が設立され、その最初の事業が「労働金庫に適応した根拠法令制定のための運動」として位置づけられた。それに先立ち、昭和26（1951）年6月には、中小企業等協同組合法から分離して信用金庫法が単独立法化されている。この信用金庫法は、国民大衆を対象としながらも、個人単位と事業金融を活動の主としているのに対して、労働金庫は団体主義に基づく労働者の生活と福祉を守り向上させるための金融を主とするため、互いに協同組織でありながらも、その性格を異にしている。こうしたなかで、信用金庫法6条で、信用金庫は「信用金庫」「信用金庫連合会」の名称を使用しなければならないと定められたため、「金庫」の文字を、通称とはいえ労働金庫が使用することに対して、昭和26（1951）年8月16日、大蔵省は使用停止を指示している。一方で、各政党や労働省は労働金庫法の制定に前向きな姿勢を示し、大蔵省としても立法は必要であると認めたため、継続審議1回、廃案2回、提案3回という曲折を経て、議員立法でもって昭和28（1953）年8月4日第16回国会で成立し、同年8月17日法律227号として公布、同年10月1日より施行された。こうして、労働金庫は社会的に独立した協同組織金融機関として歩むこととなった。

　また、労働金庫法の制定により、一段と労働金庫の設立は加速し、昭和28（1953）年10金庫、昭和29（1954）年9金庫、昭和30（1955）年3金庫（最後は滋賀県労働金庫（沖縄は除く））が設立され、全国で46の労働金庫が設立配置を完了している[42]。こうして全国的に労働金庫が設立されるなかで、資金調整にあたる中央機関の設置が必要となり、「労働金庫が行う金融活動の円

---

41　昭和27（1952）年12月18日現在で、全国に24金庫、組合員総数19,503人、出資金1.4億円、預金21.3億円、貸出金15.1億円となっている。
42　大阪は、大阪労働金庫と関西労働金庫が併立、島根と鳥取は2県を一つに山陰労働金庫が設立さている。なお、沖縄県労働金庫は返還後の昭和41（1966）年に設立されている。

滑を図り、その健全な発達を促進するための事業を行う」ことを目的として、系統金融機関「労働金庫連合会」が、昭和30（1955）年4月から営業を開始することとなった。また、昭和32（1957）年2月には、全国労働金庫の経営の安定を確保するため（セーフティネット機能）に相互救済基金制度を、さらに昭和33（1958）年8月には各労働金庫の会員相互間への振込業務のネットワーク化を図るために、当座勘定集中決済制度を確立するなど、その業務は拡充されていった。

さて、労働金庫法の第1条では、「この法律は、労働組合、消費生活協同組合その他労働者の団体が、協同して組織する労働金庫の制度を確立して、これらの団体の行う福利共済活動のための金融の円滑化を図り、もって健全な発達を促進するとともに、労働者の経済的地位の向上に資することを目的とする。」と設立の目的を謳っている。その協同組織を形成する会員は、原則として労働組合や消費生活協同組合などの団体であり、会員である団体（団体会員）自身およびその組合員（構成員）が利用できる。ただし、労働者個人も会員（個人会員）になることができる[43]。

一方、昭和26（1951）年6月に公布された信用金庫法の第1条は、「この法律は、国民大衆のために金融の円滑を図り、その貯蓄の増強に資するため、協同組織による信用金庫の制度を確立し、金融業務の公共性にかんがみ、その監督の適正を期するとともに信用の維持と預金者等の保護に資することを目的とする。」と謳っている。ここでの国民大衆とは、同法第10条の会員資格に記されている中小企業者や勤労者を指すが、その精神は、資本が小さいとか所得が低いといった社会一般に比較的弱い立場の層を指すと解釈されている[44]。労働金庫と信用金庫の共通項は、資本に恵まれた大企業や銀行と一線を画し、社会的に比較的弱いといわれる立場の勤労者、組織的には、労働金庫は労働組合や生活協同組合、信用金庫は中小企業や個人事業主

---

43 船後正道監修 近藤進編『労働金庫読本』金融財政事情研究会（昭和61（1986）年）。
44 小原鐵五郎監修『信用金庫読本（第5版）』金融財政事情研究会（昭和61（1986）年）。

を主な対象として、彼らに対して円滑に金融機能・サービスを提供することを目的としている点である。

そもそも勤労者の行う福利共済活動の起点は、主として勤労者の組織化された団体が、その構成員である一人ひとりの勤労者に対して、生活面で資金の不足が発生した際に生活資金の融資を行い、勤労者を困窮から守ることを第一義的な目的として相互扶助の精神に基づき取り組んできた活動である。また、生協運動にも起源をもつため、勤労者の日常生活に必要な物資を共同購入などを通じて廉価に提供し、余暇・保養施設などを建設して勤労者の暮らしに潤いをもたらす活動を展開するなどしてきた歴史をもつ。労働金庫は、その際の必要資金を融資する機能を担ってきた。現在では、労働組合を通じながら勤労者個人との密接な関係づくりにより、貯蓄面では一般的な定期性預金はもとより金融業界で最も先数の多い財形預金を主体とした各種預金や確定拠出年金商品の提供、融資面では住宅ローンや教育ローン、無担保ローン（商品名はマイプラン）などの取引を通じて、行政や企業の及ばない部分で、労働組合と連携しながら勤労者の生活を支援する役割を担っている。

これまで労働金庫は、会員制の協同組織金融機関として、勤労者のもつ余剰資金を「預金」として受け入れ、資金を必要とする勤労者個人に対して「貸出金」として融資することを通じて勤労者福祉金融機能を果たしてきた。その活動を支えてきた礎となる仕組みが、相互扶助の精神に基づく「団体主義」である。一般的に銀行は、高度成長期を経て銀行の大衆化路線をとるようになり、広く不特定多数の利用者から預かった資金を企業のみならず個人に対しても融資するようになった。それに対し労働金庫は、勤労者同士が互いに助け合う信頼関係に基づく相互扶助精神（一人は万民のために、万民は一人のために）により、労働組合運動を支える「兵站部」としての独自性をもち、会員（労働組合）である組織団体を通じて、間接構成員である労働組合員という経済的に弱い立場の勤労者個人に対して金融サービスを提供してきた。こうした労働金庫の金融仲介機能を通じた社会的役割を支えてきた収益の源泉は、預金金利と貸出金利の差がもたらす利鞘による収益であり、

加えて、勤労者の日常生活における資金の請求・支払ニーズを振込・為替といった決済機能として提供し、そのサービス提供の対価として取扱手数料を収益として確保してきた。

　ここでの一般銀行と労働金庫の違いは、一般銀行の収益構造が個人から集めた資金の多くを法人に貸し付けるというバランスシート構造をもつのに対して、労働金庫は、勤労者から集めた資金をもっぱら勤労者自身へ貸し付けるというシンプルな構造をもつ点である。加えて、決済機能に係る事務取扱手数料や会員向けサービスに係る費用に関しては、労働金庫がもつ協同組織としての理念である「非営利の原則」から「儲け至上主義」を排して採算を追求せず、利益を低位に抑え、その分を利用者に還元してきた[45]。それを支えてきた仕組みが労働組合組織と一体運営・一括取引を行う「団体主義」である。労働金庫が団体主義をとってきた背景には、労働金庫の設立が、労働組合の財政基盤の確保や福利共済活動の充実によって組織を安定かつ強固な集合体に進展させ、また、生活協同組合組織の拡充[46]を図る下支えを行うことを旨としたためである。本来は人的な連帯組織で成り立つ協同組合の原則[47]をふまえつつも労働組合や生活協同組合という団体を核として、生活面で弱い立場であった勤労者層の営みを向上させる役割を担ってきたのである。

　一方、信用金庫は、それぞれの地域社会における相互扶助精神と地域の体制的要請に基づき生まれた協同組織形態をとる庶民を含む中小企業専門金融機関である。株式会社組織の銀行は、高い利潤がもたらす配当を意識・期待した投資家＝株主により、企業としての利益を追求することを目的とするため、おのずと取引先や取引形態も経済合理性を反映した経済的に優位な先を

---

[45] 「非営利」といえども適正な利益を確保しなければ、継続的に安定した経営を維持できないため、営利を意識する必要がある。

[46] ポッター「利潤をして経済的活動の厳選とする現在の経済組織に代えるに、生活の必要をみたすことを第一の目的とする経済時代」菅沼正久『協同組合経済論』日本評論社 PP50－51（昭和44（1969）年）。

[47] 「協同組合原則に関する資料」"ロッチデール原則"社団法人全国労働金庫協会「理念」研修資料より。

図表1-1 労働金庫と信用金庫の比較

| 労働金庫 | 信用金庫 | 相違点 | 課題 |
|---|---|---|---|
| 設立の目的<br>労働組合、消費生活協同組合、その他労働者の団体が行う福利共済活動のための金融の円滑を図り、労働者の経済的地位の向上に資することを目的とする(労金法1条) | 設立の目的<br>国民大衆のために金融の円滑を図り、信用の維持を預金者の保護に資することを目的とする(信金法1条) | ・労金は非営利の原則 直接奉仕の原則、政治的中立の原則を法律に明記<br>信金は定めなし<br>・監督官庁<br>労金、金融庁・厚労省(県)信金、金融庁(県) | 「労働者の経済的地位の向上」の意味が、設立時と大きく変化をとげてきている<br>連合の活動方針も大きく変容している |
| 組織の特徴(独自性)<br>・福祉専門金融機関である<br>・団体主義をとる<br>・協同組織金融機関である<br>・1県1庫主義をとる | 組織の特徴<br>中小企業取引中心の金融機関である<br>・地域限定金融機関である<br>・協同組織金融機関である<br>・信金間で競合関係がある | ・労金は個人向け金融機関<br>信金は中小企業向け金融機関<br>・労金同士は原則競合しない<br>営業エリアの重なる信金同士は競合関係にある | ・団体主義が時代の趨勢にそぐわない<br>・1県1庫主義が社会の発展速度のなかで矛盾をはらんでいる<br>→新たな13金庫体制 |
| 活動の特徴<br>・営業面<br>　・会員の事務所主体に渉外活動を展開<br>　・職域中心で個人訪問することは少ない<br>・業務面<br>　・個人取引主体で特に財形預金比率が高い<br>　・住宅ローンの比率が高い<br>・財務面<br>　・預貸率の向上が課題<br>　・余資運用の比率が高い<br>・立地面<br>　・エリアの広さの割合に比べ店舗が少ない<br>　・店舗の立地条件が全体的によくない | 活動の特徴<br>・営業面<br>　・地域営業エリア内のなか<br>　・小零細事業主<br>　・地域住民を個別訪問する形態をとる<br>・業務面<br>　・事業活動資金を中心に集配金業務が高い比率を占める<br>・財務面<br>　・定期積立主体で小口預金が多いため集金コストが高く貸出金利回りも高止まる傾向がある<br>・立地面<br>　・狭域高密度のため僚店が競合<br>　・面取引のため立地が業績に反映 | ・労金が会員を中心とした点取引であるのに対し、信金は面取引である<br>・集金業務が主体であるという類似点はあるものの、信金が1件1件個別対応するのに対し、労金は多数の小口資金を一括で集金することが多い<br>・信金の行動半径が狭いのに対し労金は広い | ・新規開拓手法の見直し職域以外の顧客獲得戦略の必要性<br>・地域性をいかに発揮すべきか<br>・継続取引の戦略立案が最大のテーマ<br>・マーケティングの発想<br>・収益確保とALMリスク管理システム構築の必要性<br>・セーフティネット・ガバナンスとコンプライアンスの強化 |

(出所) 筆者作成

求める行動をとることが一般的である。それに対して信用金庫は、協同組織ゆえに会員としての出資は配当を一義的な目的としておらず、事業者は自ら会員として信用金庫活動に参加し、信用金庫事業を利用することにより自らの事業を維持・成長させることを目的としてきた。その会員の多くは、経済

的に優位な事業者ではなく、信用力に乏しい経済的弱者である場合が多い。こうした経済的に弱い事業者が、信用金庫の会員として互いに助け合いながら、自らの存立基盤を確固たるものに築き上げるために信用金庫を創設したといえる。このように地域社会にあって長きにわたり共存共栄を目指してきた信用金庫は、地域の企業や商店街をはじめ地縁・人縁にいたるあらゆる情報をよく知っている。したがって、銀行の融資対象となりえない、たとえば正確な決算書がない、零細企業や法人成りしていない個人事業主に対しても貸出を実行して地域経済を支えてきた。わが国の産業構造は、圧倒的に多くの中小企業で成り立っている。その多くは資本や経営規模、技術力、市場での強さ、景気変動に対する適応力などが大企業と比べて脆弱で、資金需要はあるものの借入額は少額で返済期間が長く、担保力が弱い中小零細企業や個人事業主である。信用金庫は、いうなれば彼らの要請により創設され、彼ら自らを資金面、経営指導面、情報提供の面から支援してきたのである。その一方で、こうした仕組みや活動を維持するために、営業エリアの地域的な制限や会員以外への貸出の制限、さらには会員資格そのものに対する制限などを課しながら活動を継承・進展してきた。

　以上のように労働金庫も信用金庫も社会的、経済的に弱い立場に置かれた勤労者や中小企業事業主の手によって設立され、資本の論理ではない相互扶助の精神により、彼らの社会的地位の向上や事業活動の成長を支えてきたという協同組織が共有する「理念」を守る経営を続けてきた[48]。企業理念とは、経営を長きにわたって規定する哲学であり、それは普遍的な価値や理想像について明言したものであると解される（図表1-1参照）。

　以下に、これからの将来像を検討するうえで、「ろうきんの理念」を掲げることにより、その理念を確認しておきたい。

　なお、ここに掲げる理念は、昭和42（1967）年に制定された「労働金庫基

---

[48]「協同組織形態の金融機関のあり方について」金融制度調査会金融制度第一委員会中間報告　平成元（1989）年5月。

本理念」(旧理念) と平成9 (1997) 年に時代の趨勢を反映して継承・改定された新しい理念 (新理念) である[49]。

---

### 「労働金庫の基本理念」(旧理念)

労働金庫は、労働運動を構成する福祉活動体である。

すなわち、労働者のための金融を行うことによって、その経済的社会的地位の向上をはかり、労働運動の比重を高め、資本に支配されない自由・平等・平和の保障される社会の建設に寄与することを基本理念とする。

組　　織

労働金庫は、人間の尊重を基本とし、友愛と信義、信頼と協同の精神にもとづく労働者の協同組織である。

その組織は、主として労働組合、生活協同組合、その他の労働者福祉団体によって構成され、その基調は団体主義にあるが、さらに広く勤労大衆および、それぞれの組織の拡大・強化にも積極的に寄与するものである。

運　　営

労働金庫は、協同組織の原則にそい、自主・公正の立場を堅持することを運営の基本とする。

同時に、労働者の資金を安全・確実に保護管理するために健全経営に徹し、広範な労働者福祉活動の金融的中核としての役割を遂行するものである。

---

[49] 『ろうきんの理念』P54　全国労働金庫協会（平成12（2000）年）。

実　　践

　労働金庫は、労働運動の発展を積極的に推進し、その社会的力量を高める金融事業体となる使命をもつ。
　この労働金庫運動の担い手である会員・役員・職員は、同じ目的と同じ階級的立場にたつ運動のよき実践者となる責任を自覚し、たえざる自己研さんと相互啓発をおこなうべきである。

---

「ろうきんの理念」（新理念）

ろうきんは、働く人の夢と共感を創造する
協同組織の福祉金融機関です。

ろうきんは、会員が行う経済・福祉・環境および
文化にかかわる活動を促進し、人々が喜びをもって共生できる
社会の実現に寄与することを目的とします。

ろうきんは、働く人の団体、広く市民の参加による団体を会員とし、
そのネットワークによって成り立っています。

会員は、平等の立場でろうきんの運営に参画し、
運動と事業の発展に努めます。
ろうきんは、誠実・公正および公開を旨とし、
健全経営に徹して会員の信頼に応えます。

---

## まとめ

　労働金庫では、社団法人全国労働金庫協会の主催により、入庫して数年経た職員を対象に「理念講座」を1年に数回、3泊4日の日程で開催・実施してきた（現在は、次世代システム構築の人材育成等への対応で中断している）。

毎回、全国の金庫から多数の職員が参加しており、平成20（2008）年度で通算124回を数えている。この研修の起源は昭和30（1955）年の第1回職員研修（業務技術の向上とモラルの高揚）にさかのぼるという[50]。この「理念講座」に代表される、モラル教育の大切さは、多くの金融機関がバブル経済崩壊後の不良債権処理に苦しむなかで、労働金庫の不良債権比率は一貫してきわめて低位に推移し、今日を迎えている事実からも明らかである。それは、先に述べた社会的に弱い立場に置かれた勤労者の「大切な生活資金」を預金として預かっているという意識に基づき、①融資先については、バブル期にみられたずさんな不動産貸出を行わなかった、②また先般のサブプライム問題において一部の銀行の運用にみられたような利回りが高い（リスクが高い）デリバティブ商品への運用を避けて、安全性を重視した余裕資金運用を行う[51]、③社会問題となった自己破産・多重債務者対策（クレ・サラ対策）に組織をあげて取り組む、など協同組織金融機関としての公共性、使命意識が全国の労働金庫役職員に浸透している証左である。蛇足ながら、当時、公的資金を注入して経営危機を脱した多くの銀行経営者の意識に、こうした金融業としての公共性に基づく「企業理念」が、どこまで存在したかが疑問視された。たしかに金融庁の指導によるテクニカル面でのコンプライアンスは厳しく教育されている。しかし、真のCSRやコンプライアンスとは、経営者や従業員が常に心にもち、日々の業務活動で実践すべきものではあるまいか。すなわち、それは「企業理念として、経営を長きにわたって規定する哲学であり、それは普遍的な価値や理想像について明言したもの」の実践であるべきであろう。

---

50　『全国労働金庫協会50年史』P11　全国労働金庫協会（平成14（2002）年）。
51　「平成20（2008）年9月15日時点での労働金庫連合会が保有するリーマン・ブラザーズ・HD・インク発行の円建外債残高8億円」労働金庫連合会　平成20（2008）年9月18日公表資料。

# 第2章

# 金融の自由化以降の労働金庫経営

## はじめに

　全国労働金庫の業容は、2013年3月末現在で、預金（譲渡性預金を含む）17兆7,477億円、貸出金11兆6,150億円、預貸率65.08％、自己資本比率11.38％（加重平均）、リスク管理債権比率0.84％となっている。同じ協同組織金融機関である全国信用組合の業容をみると2013年3月末現在で、預金（譲渡性預金を含む）18兆286,5億円、貸出金9兆5,739億円となっており、預金量では信用組合が労働金庫を若干上回るものの、貸出金では労働金庫が信用組合を2兆円以上、上回っている。ここまでの道のりは、決して容易ではなく、現在の業容は、第1章でみた労働金庫設立を起点として、草創期から成長期にかけて会員が一丸となって労働金庫運動を支え、飛躍的に拡大を遂げてきた歴史がある。

　第2章では、草創期から成長期である1970年代までの記述は割愛し、1980年代に訪れた金融の自由化以降、現代に至るまで、金融機関を取り巻く環境や社会経済情勢が激しく変化するなかで、金融システム改革による競争環境を克服しつつ、さらに業容を伸ばしてきた活動の歴史を考察する。また、今後の労働金庫運動には「労働金庫版リレーションシップバンキング」とでも呼ぶべき、個人金融分野における「目利き」が必要であるという著者の持論を提起する。

## 1　金融の自由化による制度改革と労働金庫

### (1)　金融自由化の進展と制度改革

　金融の自由化と円の国際化[1]に対応してきた民間金融機関の経営行動を振

---

[1] http://www.mof.go.jp/kankou/hyou/g386/386_e.pdf#search '金融の自由化と円の国際化'「金融の自由化及び円の国際化についての現状と展望」大蔵省（昭和59（1984）年5月）。

り返ると、経営者がマネジメントとして意志決定をする場合、金融業が免許事業であるがゆえに、常に行政の指導を意識する必要があった。歴史的な認識としてわが国における伝統的な金融政策・金融行政は、大蔵省[2]主導による日本銀行との二人三脚による民間金融機関への政省令・通達による経営指導に基づく金融資本市場のコントロールと競争制限的規制によって運営されてきた。その事実は衆目の一致するところであろう。

　さて、1980年代のわが国の金融行政は、「経済構造の変化や経済全般にわたる国際化の進展等に対応して金融の自由化を進めることにより、一層の競争原理の活用を通じて、高度化・多様化する国民の金融に対するニーズに応えることが、わが国経済の効率化と発展に資する」との考え方に、さらに、金融自由化の進展過程では、「わが国経済が世界経済のなかにあっての地位をますます向上させるに伴って、金融面においてもそれに見合った役割を果たしていくことが強く求められてきた。特に、金融・資本市場が世界的に統合化・一体化している傾向のなかでその円滑な発展に貢献していくためには、わが国金融市場を世界市場のなかで、ロンドン、ニューヨークとともに世界3大市場といわれるような重要な役割を担いうるものとしていく必要がある」との考えに立っていた[3]。

　他方、こうした金融の自由化の進展に伴い、金融機関の負う各種リスクが高まり、金融の自由化をさらに円滑に進め、真にそのメリットを発揮させていくためには、信用秩序の維持が大前提であり、仮にも金融システム全般に対する国民の信頼が揺らいではならず、その意味で、自由化を進めると同時に、金融機関の健全性を確保していくことが重要な課題としてあげられた。こういった考え方に基づきわが国の金融自由化が進められたのである。具体

---

2　平成13（2001）年1月の中央省庁の再編により大蔵省の機能は金融監督庁を経て財務省と金融庁（内閣府外局）に分かれるとともに、通達行政の廃止や自己責任原則によるマネジメントが基本とされた。しかし、現在においても金融庁検査はもとより、自己査定の実施をはじめとする行政指導を看過することはできない。
3　『大蔵省国際金融局年報』PP53～54、PP261～268　金融財政事情研究会（昭和61（1986）年版）。

的には、昭和59（1984）年5月に大蔵省は「日米円・ドル委員会報告書」「金融の自由化及び円の国際化についての現状と展望」、昭和60（1985）年7月に「アクションプログラム」、昭和62（1987）年6月4日には「金融・資本市場の自由化、国際化に関する当面の展望」を公表し、これらに沿って金融の自由化のための措置が講じられた。

わが国における金融の自由化は、経済構造の変化、経済の安定成長への移行に伴う資金フローの変化およびこれを映じた国民の金融に対するニーズの変化に対応するかたちで進められた。こうした動きは、国債の大量発行、個人金融資産の蓄積に伴う家計の金融に対するニーズの高度化・多様化、企業の資金不足の縮小と資金調達・運用方法の多様化・高度化、内外の資金交流の活発化を基本的背景として急速に進展した。

また、当時における情報・通信技術の発展により、金融取引・サービスが高度化されることを通じて金融の自由化に幅の広さと奥行きがもたらされている。金融の自由化は、このように金融をめぐる環境変化に対応する金融機関、さらには金融システム総体としての自律的な対応のかたちで展開されたわけであるが、同時に金融行政においても金利の自由化、業務規制の緩和・撤廃、短期金融市場の整備・拡充等の措置を講じ、こうした自由化を時代の流れとして定着させるべく対応した結果であるといえ、当時の自由化施策を具体的にみていくと、わが国の経済は、高度成長から低成長への移行に伴い、法人企業部門は設備投資の手控えや減量経営で資金需要が後退し、債券現先売買（現先）やCD（譲渡性預金）などへの余資運用が増加した。さらに、資本市場での資金調達の多様化とともに〝銀行離れ〟が顕著になった。

一方、政府部門の資金不足は年々著しく拡大し、大幅な税収不足を補うため大量の国債発行を余儀なくされた時期である。ちなみに、ここに至る経緯を振り返ると、国債の大量発行が恒常化したため、日銀の買いオペによる消化が困難となり、大蔵省は、昭和52（1977）年4月から特例国債、建設国債の流動化に着手、翌年6月には中期国債（3年物）を発行し公募入札方式を導入した。この公募入札は市場の実勢による自由金利商品であり、国債の流

通市場は急速に拡大した。さらに、昭和55（1980）年1月に個人向け自由金利商品である中期国債ファンドが発売され、国債流通市場は個人も参加できる自由金利市場となる。一方、昭和60（1985）年10月には東証の債券先物市場が発足した短期金融市場は、昭和54（1979）年5月に自由金利のCD（譲渡性預金）が創設され、現先市場、コール・手形市場と有機的に結びつくことで金利自由化に拍車をかけることとなった。こうした国債の流動化が金利自由化の引き金となり、短期金融市場の自由化が進展したのである。

預金金利の自由化については、昭和60（1985）年10月に自由化が開始された大口定期預金の最低預入単位を昭和61（1986）年4月5億円、9月3億円、昭和62（1987）年4月1億円、昭和63（1988）年4月（5,000万円）、11月（3,000万円）に逐次引き下げるとともに、小口預金金利の自由化については、その第一歩として官民共通の小口MMC（市場金利連動型定期預金）を平成元（1989）年6月に導入した。その後、預金金利の自由化は、平成6（1994）年まで段階的に進められた。労働金庫においては、自治労をはじめ大手会員から自由金利のCD（譲渡性預金）を市場金利より高めの金利で受け入れることとなり、その後も会員中心に大口定期預金を取り扱うこととなった。

また、労働金庫への制度改革は、銀行法をベースとした業務面への改正に準拠して実施されるため、金融の自由化にかかわる重要な法制面での考え方について追記すると、昭和54（1979）年6月の「普通銀行のあり方と銀行制度の改正について」金融制度調査会答申をもとに昭和56（1981）年6月、銀行法が50年ぶりに大改正され翌年4月から施行されている。主な改正点は、①付随業務、関連業務、証券業務など、銀行業務の範囲の拡大、②外国銀行支店および海外現地法人に関する規定など、金融の国際化に対応した法整備、③同法の運用では法律によるものと政省令の委ねるものとを明記し、銀行の自主性を尊重する、などである。当時、銀行法改正の最大の争点は、銀行の証券業務の取扱いであった。いわゆる「銀証垣根問題」である。大蔵省は①銀行法に公共債の証券業務を明文化する、②証券取引法上、銀行の証券

業務は認可を要するものとする、③実施については今後で検討する、といういわゆる「証券3原則」で業際問題に決着をつけることとした。そして、具体的な証券業務の内容、実施時期などは、大蔵大臣の私的諮問機関の中立的な有識者による懇談会に検討を委ねることとなり、これに基づき、銀行の証券業務は公共債の窓口販売、ディーリング業務が認められたのである。こうして労働金庫においても国債の窓口販売について検討がなされ、その取扱いが開始されることとなる。

さらに、金融の自由化・国際化が進展するなかで、昭和63（1988）年6月、スイスのバーゼルで開催された国際決済銀行（BIS：Bank for International Settlements）の銀行監督委員会（通称「クック委員会」）において、各国の監督当局が国内で適用する銀行に対する自己資本比率規制に関し、国際的統一基準を設定することで合意した[4]。これがいわゆるBIS規制である。このBIS規制は、①国際的な銀行システムの安定性を図る、②国際的に活動している銀行の平等な競争条件を確保する、などを目的として合意され、わが国では昭和63（1988）年12月に大蔵省通達が発出された。これに基づき海外に営業拠点をもつ金融機関は昭和63（1988）年3月末時点から自己資本比率を算出、平成5（1993）年3月末からは最終目標である自己資本比率8％以上の達成が要求された。同規制の実施により、金融機関経営のあり方は根底から見直されることとなり、量的拡大重視の経営から収益優先の経営への抜本的な軌道修正を迫られることとなった。

### (2) 制度改革と労働金庫

この時期、労働金庫業界においては、わが国における金融の自由化と円の国際化がスタートするなかで、昭和59（1984）年5月に「日本勤労者福祉銀行」創設を含む七つの主要政策課題を掲げた「ビジョン」に基づき「全国労金一本化基本構想（案）」が策定された。ここでは組織労働者だけでなく、

---

[4] 『銀行局金融年報』PP48〜52　金融財政事情研究会（平成元（1989）年）。

すべての勤労者の生涯福祉に応えるために金融機能の拡大や付加価値を高める組織体制を目指すことを目標に掲げている。当時の金融界では「専門金融機関制度」、「協同組織金融機関」のあり方や「新しい金融制度」について広範な論議[5]が展開され、適正な競争環境のもとで金融の効率化と利用者利便の向上、経営の自主・自己責任を基本とした健全な経営体質・リスク管理体制の確立が求められた。なかでも金融制度調査会第一委員会では、協同組織金融機関の存在意義・役割、利用者の負託に応えるための組織・業務のあり方、合併・転換問題、について活発な議論がなされている。

一方、平成元（1989）年5月、大蔵省の金融制度調査会は「中小企業・個人等の分野を専門とする協同組織形態の金融機関は今後とも必要であり、自由化時代においても、その存在意義は極めて高い」とした「今後の協同組織形態の金融機関のあり方」を発表した。答申書では、まず、金融行政のスタンスが、平成元（1989）年5月の大蔵省金融制度調査会、金融制度第一委員会の中間報告「協同組織形態の金融機関のあり方について」において合併については前向きな姿勢をみせていることから、労働金庫では、ますます激しさを増す金融機関相互の競合に打ち勝つためには、協同組織金融機関といえども経営の効率を絶えず意識し、より良いサービスを、対象とする会員に提供し続けることであると位置づけ、このような厳しい競争のなかから、いかにして労働金庫としての存立基盤の原点である設立理念を視座に据え、将来に向かって長期的な展望のもとに業容を拡大していくべきか議論が進んだ。金融制度調査会の金融制度第一委員会の中間報告のなかで、協同組織金融機関について「中小企業、個人等分野において十分な金融サービスを確保するため、これらの分野を専門とする協同組織形態の金融機関の存在は今後とも必要である」と、その存在意義を認めた。すなわち、協同組織金融機関の存立意義は、「協同組織制と専門性の2つにある。株式会社組織の金融機関が

---

5　「専門金融機関制度のあり方について」「協同組織形態の金融機関のあり方について」「新しい金融制度について」（金融制度調査会報告・答申）。

図表2－1　平成8(1996)年「ろうきん・21世紀への改革とビジョン」の要諦と時代背景

| 外部環境の変化 | 労働金庫の課題 | 21世紀ビジョンの五つの柱 |
|---|---|---|
| (会員(労働組合)の環境変化)<br>●賃金上昇率の鈍化<br>●組合員の高齢化と生涯福祉対策<br>●新規採用者数の減少<br>●組合組織率の低下<br>●企業のアジア進出による産業の空洞化<br>●先鋭的労働組合運動から福祉的労働組合運動へ<br>●賃金重視から生活環境重視型の春闘へ<br><br>(間接構成員の環境変化)<br>◆就業人口の三次産業へのシフト<br>◆終身雇用制度の崩壊による生活設計の不詞<br>◆賃金伸び率の低下による生活防衛努力<br>◆子供の少子化と教育費の増大<br>◆住宅取得費用の相対的アップ<br>◆年金の国民負担率の上昇<br>◆介護・看護世帯の増加<br><br>(金融環境の変化)<br>★バブル経済崩壊による不良債権処理<br>★預金金利の完全自由化<br>★業務範囲の自由化(業際問題・子会社設立)<br>★店舗の自由化<br>★金融機関合併の急増<br>★ディスクロージャー・リスク管理の重要性<br>★固定費・人件費の効率化 | (会員対策に関する課題)<br>●弱者防衛の団体主義から個人を大事にする団体主義への転換(理念の見直し)<br>●営業活動が集金業務に終始し、ニーズの汲上げが不十分(資金運用・集中～プロの養成)<br>●会員との接点が組合財務担当者に限定され事務負担が多い<br>●もう一歩踏み込んだ福祉サービスの提案が期待されている(なぜろうきんが必要か～プロの養成)<br><br>(間接構成員対策に関する課題)<br>◆店舗の立地環境が他機関に比べ悪い<br>◆店舗数・無人化店舗が少ない<br>◆間接構成員の顔が直接みえにくい<br>◆生涯を通じた取引を任せるにはインパクトが弱い<br>◆特に退職後のフォローが遅れている<br>◆労済・生協等の福祉機関とのリンクが弱い<br><br>(金融環境の変化に対する課題)<br>★定期預金比率が高い(コスト高)<br>★期間リスク・金利リスクを受けやすい<br>★オフバランスを含むALM管理体制が弱い<br>★自己資本比率の低い金庫が多い<br>★余裕資金の効率的運用が必要とされる<br><br>(統合問題と連合会機能の見直し)<br>★自由化のなかで他業態と比較した優位性を顧客に明示すべき必要に迫られている～プロの養成 | 1. 会員労働組合等との新たな関係づくり<br>職場推進機構を中軸に据えた、協同を絆とした会員組合との新しい時代にふさわしい関係づくり(労済・生協・自治体との連携を含む)<br>会員制度のフレームワークのなかで「良質な金融」「良質な金融機関」を目指す<br><br>2. 金融機能の強化<br>多様化する勤労者ニーズをより速く、的確に把握・分析し、時宜にかなった金融商品・サービスの開発を進める(労済・生協・自治体との提携)、「生涯総合取引制度」「地域福祉サポートシステム」の構築<br><br>3. 労金経営を担う人材の育成<br>新たな金融環境をふまえ、的確な情勢判断とマネジメントリスクに対応できうる体制の確立<br>金融業務のプロフェッショナルの養成<br>福祉金融機関にふさわしい職員養成<br><br>4. 新しい時代にふさわしい機械化計画の策定<br>ユニティシステムのさらなる発展<br>会員労働組合の活動強化、勤労者の生活・福祉の向上に貢献できるシステムづくり<br><br>5. 組織統合の実現<br>新しい21世紀の自主福祉運動の担い手<br>わが国唯一の労働組合・勤労者の福祉金融センター |

(出所)　「ろうきん・21世紀への改革とビジョン」発表時に筆者作成

個人取引の領域に進行する中で協同組織形態の専門金融機関の存在することが金融サービスを活性化する」とし、「また、業務が同質化しても、協同組織制と専門性を維持し、顧客の専門性によって限定された協同組織金融機関

である以上、金融制度の同質化を意味しない」ということが報告書のなかに示された点を評価した。ただし、労働金庫としては、「日本勤労者福祉銀行」創設を含む七つの主要政策課題を掲げた「ビジョン」に基づき「全国労金一本化基本構想（案）」が当時の大蔵省の指導により、先送りされた点を勘案して、その後の新たなビジョンを打ち出すことが急務とされた。そこで、平成8（1996）年「ろうきん21世紀への改革とビジョン」を策定している[6]。ここでは、金融の自由化のさらなる進展に対応するために、以下に掲げる五つの主要な施策が提起されている。また、組織統合の実現に向けた取組みを諦めずに検討することも引き続き謳っている（図表2－1参照）。

① 会員労働組合等との新たな関係づくり

職場推進機構を中軸に据えた、協同を絆とした会員労働組合との新しい時代にふさわしい関係づくり（労済・生協・自治体との連携を含む）、会員制度のフレームワークのなかで「良質な金融」「良質な金融機関」を目指す。

② 金融機能の強化

多様化する勤労者ニーズをより速く、的確に把握・分析し、時宜にかなった金融商品・サービスの開発を進める（労済・生協・自治体との提携）、「生涯総合取引制度」「地域福祉サポートシステム」の構築

③ 労金経営を担う人材の育成

新たな金融環境をふまえ的確な情勢判断とマネジメントリスクに対応可能な体制の確立と金融業務のプロフェッショナルの養成、福祉金融機関にふさわしい職員養成

④ 新しい時代にふさわしい機械化計画の策定

ユニティシステム（労働金庫共同システム）のさらなる発展と会員労働組合の活動強化、勤労者の生活・福祉の向上に貢献できるシステムづくり

---

[6] 森静朗監修　常葉睦郎『地域協同金融の現状と課題』PP207～219　全国協同出版（昭和59（1984）年）。

図表2－2 職員からの声にみる労金の理念と課題

| 理　念 | 個別テーマ |
|---|---|
| ・職員の理念に対する意識<br>　職員の意識のなかに、「理念」がないし、上司として説明できない（ろうきん理念の衰退）<br>　日常業務において、「理念」を意識して仕事をしていない（日々ルーテイン業務で忙しい）<br>　理念よりも目標に対する件数重視<br>　年代によっては研修を受けていない世代があり、理念が意識されることは皆無に近い<br>・会員の理念に対する意識<br>　「ろうきん理念」には会員で温度差「世話役活動」でのろうきん活動が弱体化<br>　ベテラン役員の会員では「自分たちが作った機関」との意識がすなわち理念<br>　若年層は「労働者の機関」という意識が希薄～「理念関係」から「利害関係」へ<br>・未組織やNPOの「理念」に対する意識<br>　未組織のほうは、利害関係のみで金融機関を選択している（理念は関係ない）<br>　NPO向け融資は労金への認知度不足と融資審査ノウハウ不足が障壁<br>　未組織は金利の低さで取引。理念には関心がなく、生涯取引につながりにくい<br>　NPOについて職員自身が理解不足。彼らの活動を評価するノウハウがない | （団体主義による制約と店舗の課題）<br>・会員組合の金融（会計）、団体取扱い等の責任上、不採算地域にも店舗が必要<br>（お願いセールス＝プロダクトアウト営業の限界）<br>・労働組合へのキャンペーン依存の業績を伸ばす手法の限界（お客様一人ひとりの顔がみえない団体主義の限界）<br>（労働組合の組織力の低下）<br>・組合中枢を担ってきた層の退職により組合活動の弱体化が懸念される。労金運動のかかわり方も再定義すべき<br>・会員執行部の若年層化による意識変化により、労金に対する理解をいただくまで苦労するケースが多い<br>・労金の主体となる会員事情は、間接構成員の減少と若年層における労金離れが深刻な問題となっている<br>（会員・間接構成員への退職者対策に向けた提案能力不足）<br>・団塊の世代が定年退職を迎える事態への対応を真摯にとらえる必要性<br>（対象顧客や取引形態からくる財務体質面での課題）<br>・会員組織の職場訪問とリテール戦略がビジネスモデルの中核であり、競合金融機関に比べ高コスト体質が課題（金利上昇局面対応）<br>（伝統的な取引手法の継続に起因する課題）<br>・会員にとって"御用聞きの金融機関"となっている。"御用聞きの金融機関"から「金融全般のアドバイザー」への脱皮が急務<br>（情報活用不足・マーケティング戦略不足）<br>・会員から各種有益な情報提供を得ても、活かせないようであれば今後の取引は必然と減少する<br>（プロフェッショナルの不足）<br>・顧客に正確な商品サービスや金融情報・知識が説明できなければ会員との取引関係は成り立たない（投資信託・401(k) 要員不足）<br>（事務処理の複雑化が招く課題）<br>・会員の役員が運動推進のうえで手続が複雑な機関は敬遠される。事務手続や審査業務の簡素化<br>（取引規定・規約の複雑化が招く課題）<br>・会員規約範囲での契約活動のため会員単位の上限規定や取扱制限など、特別規定が多く一元的管理や案内・対応が困難<br>（問題解決型営業の必要性）<br>・会員推進機構の抱えている課題、組合員のニーズを的確に認識し、問題解決型の営業を実施するなかから取引内容の充実を図ることにより、互いの信頼関係が強まり福祉金融機関としての役割を発揮することが可能になる |
| ・理念に対する職員のあるべき意識とは<br>　「安心・安全・健全」のキャッチコピーをもっと前面に出した職員教育の必要性<br>　件数目標重視は大切であるが、一人ひとりにあったライフプラン提案が大事<br>　「数字を伸ばす」＝「理念の実現」という状況が理想。現状は目標＝計数目標<br>　職場で理念が語られる風土を醸成→理念を語る店長がどれだけいるのか<br>・会員の意識に望む「理念」への理解と対応<br>　組合運動への価値の提供<br>　労働組合の福利厚生活動の一環として労働金庫を最大限利用するよう推進<br>　組合の組織強化の一つの方法として労金を使ってもらう運動展開<br>　理念に対する理解を執行部だけに留めず広く間接構成員にまで落とし込む<br>　労金の業務・体制について会員目線で主体提言いただく推進機構の活性化<br>・未組織やNPOへアプローチする際の「理念」<br>　未組織に対しては融資だけでなく預金拡大を図る（金融サービスの総合利用）<br>　福祉金融機関として、NPO団体へアプローチの強化<br>　労金の存在意義を理解してもらう努力の継続が次の取引につながる<br>　他金融機関とは違う非営利団体であることを伝え、知ってもらい、選んでもらう<br>　理念の先出しでは満足は得られない。商品説明の過程で理念を伝えることが効果的 | |

（出所）　㈳全国労働金庫協会「監督職講座」参加者作成資料より抜粋（参加機関：東北、新潟、長野、北陸、近畿、中国、四国、協会、連合会）
　　　　　筆者作成

図表2-3 "理念"に対する全国金庫の職員から出された意見

会員との理想の取引関係とは、ろうきんの理念である「働く人の夢と共感を創造する」こと

| 職員からの疑問 | 職員が提起した仮説 | 職員からの意見 |
|---|---|---|
| ろうきん職員自身が「夢と共感を創造」しているか？ | 顧客の在職時にろうきんとの共感（＝信頼関係）が築かれていれば、退職後にもさまざまな相談の機会を得て取引の継続や新しい資金ニーズが期待できる | 職員と会員（間接構成員）が実感できるようサポートする必要がある |

現実的には、個別金庫単位での教育機会の提供には限界がある⇒全国統一教育体制の確立

「理念」に対する金庫職員の声
・労金業態としては理念と実務のギャップを埋める施策を策定・展開し、職員は金庫のサポートを実感することで「夢と共感を創造」しているという一体感を共有する。それを会員組織に広げ、社会的な責任を果たしていく
・結果的にそれが新しい取引や、取引の継続につながり、さらなる収益を生み、新しい施策を生み出すエネルギー源となる、というサイクルを繰り返すことが労働金庫のあるべき姿＝理念の実現ではないだろうか
・現状は日々の業務を滞りなく遂行することが精一杯で、ろうきんの理念を振り返る余裕がない職場が多い。職場の雰囲気が、会員に伝わることはしばしばあることで、それによって会員のろうきんに対する姿勢も違ってくる
・会員から理念の話をされることはまずないと思われるが、もしその話題になったときどれだけの役職員が自信をもってこのことを話せるのだろうか
・非営利、共同組織という運営形態をとっているろうきんは、必要以上に収益の極大化を目指す必要はない。したがって、得た収益のうち事業の継続に必要な部分を除いて、若年層対策、ITを活用した事務フローの策定、既存の労働運動にとらわれない会員との関係づくりなどに資金を配分する余地がある。また、これらの新しい施策は20代の職員が中心となって推進すべきテーマである
・労働者にとって働く環境が厳しさをます今こそ、営利を目的とせず、生活者本位に考える金融機関という目的や理念をもう一度再確認するとともに、すべての世代が求めるものや期待することをしっかり見極めて応えていくことが今後のろうきんにとって重要

（出所） 筆者作成

## ⑤ 組織統合の実現

　労働金庫の地域合併の進展が一応の決着をみた平成15（2003）年に実施された社団法人全国労働金庫協会主催の「監督職研修」において、労働金庫運動を支える「理念」への課題、会員との関係、業務面、商品サービス面の課題についてワークショップを行った。その際に、金融の自由化や業務規制の緩和への対応を協同組織金融の存在意義をふまえ議論した資料を参考として掲げる（図表2-2、2-3参照）。

　上記の図表からは、「ろうきん理念」を考えた場合に、職員の意識のなかに、「理念」が薄れつつあり、上司・先輩として部下や後輩に説明できない（ろうきん理念の衰退）点、また会員でも温度差があり、「世話役活動」での

ろうきん活動が弱体化している点、さらにベテランでは「自分たちが作った機関」との意識、若年層では「労働者の機関」という意識が希薄となり、「理念関係」から「利害関係」へ協同組織の意義が変節している点を危惧する声が多かったことがうかがえる。こうした観点から、労金業態としては理念と実務のギャップを埋める施策を策定・展開し、職員は会員サポートを実感することで「夢と共感を創造」しているという一体感を共有する。それを会員組織に広げ、社会的な責任を果たしていくべきであり、結果的にそれが新しい取引や、取引の継続につながり、さらなる収益を生み、新しい施策を生み出すエネルギー源となる、というサイクルを繰り返すことが労働金庫のあるべき姿＝理念の実現ではないか、との結論を得ている。

## 2　バブル経済とその崩壊

### (1)　平成当初の金融情勢

　昭和64（1989）年1月7日、昭和天皇崩御により、翌8日、元号が昭和から平成に改まった。わが国経済は、設備投資、個人消費等の国内民需の好調および物価の安定基調の持続を背景に、拡大基調を持続し景気は堅調に推移し、平成2（1990）年6月には42カ月続いた「岩戸景気」を上回り、戦後最長の「いざなぎ景気」に次ぐ大型景気（「平成景気」）が実現した。金融の自由化については、前途のとおり、大口定期預金の最低預入単位が引き下げられ、小口預金についても、小口MMCが導入され、平成2（1990）年4月には最低預入単位が100万円まで引き下げられた。このほか、平成元（1989）年6月の「東京金融先物取引所」の創設を契機として、オプション取引や金融先物取引と大口定期預金等を組み合わせた新型預金の開発とその発売が相次いだ。一方、運用面でも、貸出金利の市場金利連動化が進み、スプレッド貸出が急増したほか、昭和64（1989）年1月に導入された短期プライムレートの新しい金利設定方式が、都銀を中心に着実に浸透し、さらに業務面では、スワップ取引や、先物・オプション取引等のオフバランス取引が活発化

した。

　こうしたなかで、昭和63（1988）年度中より上昇基調にあった市中金利は平成元（1989）年度に入っても、内外の経済情勢を反映して引き続き上昇を続けた。年度初めに2.5％であった公定歩合は、4次にわたる引上げの結果、年度末には5.25％となった。この間の市場金利は、長期金利・短期金利とも上昇した。また、平成元（1989）年6月末から8月初めにかけて長期金利が一時的に下落し、長期金利が短期金利を下回るという、長期金利の逆転現象が起きた。さらに、秋口以降年度末にかけて長期金利が上昇テンポを強めたため、年度末には長短金利の逆転の度合いは縮小したものの、年度を通して長短金利逆転は解消しなかった。この長短金利の逆転現象は、臨時金利調整法により預金金利は公定歩合に連動し、貸出金利は国債の指標発行銘柄を中心に推移し、その利鞘は必ず確保されるとした、戦後から続いてきた規制金利時代に終焉を告げる契機となり、金融界のみならず、一般の国民にも金融の自由化を実感させることとなった。

　このように、平成時代の幕明けにおける国内経済は、日米構造協議を中心とした内需拡大を求める外圧が、従来にも増して強まることが予想され、よりいっそうの内需を中心とした経済運営とならざるをえない時代であったといえよう。この当時、最も重要な課題は物価動向であるとされ、懸念される事項は長引く円安傾向であった。消費税の物価転化も一巡するなかで、高級ブランド志向・円安による輸入物価の上昇等は大きなインフレ要因となった。貸出金利回りは依然として借り手有利の基調が続くなかで、貸出金利回りの上昇率は小幅にとどまり、預貸金利鞘はますます縮小の傾向を強め、金融機関経営を圧迫する事態を招いた。こうして、わが国の金融は超緩慢状態となり、マネーサプライの伸び率も2桁に達し、余剰資金は株式、不動産投資に集中した。その結果、株価・地価は異常な高騰を示し、平成元（1989）年末の日経平均株価は3万8,915円と史上最高値となり、こうした株価の高騰を背景に、時価発行増資、転換社債、ワラント債などのエクイティ・ファイナンスが大量に行われるなど企業の資金調達の多様化が急速に進んだ。

一方、地価の高騰は、東京都心部からはじまり、次いで関西・中京圏へ、そして地方の中心都市へと拡がったが、土地投機、土地の買占め、地上げなどが横行し大きな社会問題となった。この間、金融機関は、株投資・財テク・土地取引資金などへの融資を積極的に推進していった。こうした株価・地価などの異常な高騰は、当然、資産価値の上昇をもたらしたが、その資産価値は経済の実勢以上に水ぶくれした、いわゆる「バブル」であった。日本銀行は平成元（1989）年5月、バブルによる資産価値の是正、円安による物価上昇に対応するため、9年ぶりに公定歩合を引き上げ、平成2（1990）年8月までに5回の引上げを実施し、公定歩合は年6.0%の水準となった。こうして、低金利政策から高金利政策へ転換されるとともに、平成2（1990）年4月から実施された不動産融資の総量規制が浸透し、株価・地価ともに下落に転じ、資産価値も大幅に下落した。いわゆる「バブル」がはげ落ち、崩壊したのである。そして、株式・土地などへの過大な投機に走った企業の倒産が相次ぎ、一部金融機関における不祥事や証券会社の損失補てん、飛ばし問題が表面化し、大きな社会的批判を浴びた。

### (2)　バブル経済崩壊と金融行政
　平成3（1991）年度に入り国内経済は、年度後半より個人消費と設備投資が低迷し、いざなぎ景気に並ぶ大型景気もかげりをみせ始めた。このため、公定歩合のたび重なる引下げが行われ、貸出金金利が段階的に下がるなか、預金金利の自由化は進展し金融環境は一段と厳しくなった。平成4（1992）年度に入り、国内経済は、バブル崩壊の後遺症によって資産デフレに見舞われ企業の設備投資減退はもとより、個人消費の落ち込みも著しく、ひいては企業の売上、収益の減少をもたらすなど、景気の後退が経済全体に大きく影響を及ぼした1年であった。このような金利低下局面にあって平成4（1992）年6月、自由金利の流動性預金である貯蓄預金が創設され、さらに期日指定定期預金を除くすべての定期預金の金利が自由化され、平成6（1994）年10月には流動性預金を最後にすべての預金金利の自由化が完了し

て金融機関相互の競争はますます激化した。平成7（1995）年1月に阪神大震災が起こり、3月には「地下鉄サリン事件」の発生、また対米ドルレートが90円を切る史上最高の円高となるなど、社会・経済は大きく揺れ動いた。こうしたなか国内経済は、設備投資をはじめとする民間内需の低迷から景気回復の速度が緩慢となり、加えて、円高基調が続き輸出産業が不振をきわめたほか、いわゆる価格破壊、産業空洞化などの構造的な変化が現れて、先行きの不透明感が拭えず、一段と厳しい経済環境のなかで推移した。

この間、前年に引き続く低金利のなかで金融業務の自由化が一層進展するとともに、バブル経済期の無理な経営が露見した一部金融機関の経営破綻が相次いだ。さらに、住専（住宅金融専門会社）の不良債権問題は、公的資金の投入をめぐって社会問題にまで発展した。この金融機関の不良債権問題などによる金融システムの不安定化、景況の低迷など厳しい情勢が続くなかで、金融機関にとっては、経済のグローバル化に伴う金融制度面の立ち遅れの是正や規制緩和推進を盛り込んだ「日本版ビッグバン」[7]による、金融再編成や自由競争の促進などにより、経営の抜本的改革が迫られることとなった。

さらに、平成9（1997）年度は、消費税率の引上げや特別減税の打切りなど、景気後退要因のほか、金融のいっそうの規制緩和推進により、これまで以上の厳しい経営環境を強いられることが予想されたなかで、平成10（1998）年度から導入される早期是正措置に対応すべく、さらに経営の効率化を推進するとともに、新年度決算から利息延滞、金利減免の不良債権のディスクロージャーと外部監査制度が導入されることとなった。金融界では、大手都市銀行や証券・保険を含む大型統合・合併が相次いで発表される

---

[7] 金融市場を活性化するため、橋本総理から平成8（1996）年11月、「わが国金融システムの改革〜平成13（2001）年東京市場の再生に向けて〜」と題する改革案が示された。いわゆる「日本版ビッグバン」構想である。これを受け、証券取引審議会、企業会計審議会、金融制度調査会、保険審議会、外国為替等審議会において行政主導から政治主導による金融再編成や自由競争の促進など、経営の抜本的改革の検討が開始された。

一方、異業種からの金融分野への参入表明など垣根を越えた金融再編の動きが急速に進展し、本格的な金融統合・再編の時代となった。金融行政面においては、平成11（1999）年4月、厳格な資産査定とこれに基づく適正な償却・引当を義務づける「金融検査マニュアル[8]」が公表され、不良債権に対する認定基準も従来の債務者の利払いの状況から債務者の経営内容を重視したものに変更された。この頃から、平成13（2001）年に予定されていた預金保険のペイオフ凍結解除（預金の金額保護措置の終了）に向けて顕著に預金者の金融機関預替現象が起きている。1,000万円を超える大口預金者の流動化現象である。こうした諸措置と平成13（2001）年のペイオフ問題をクリアするための体制が急務とされた。この間、国内の金融経済は、円安基調を背景に、輸出の堅調さがみられたものの、消費税率の引上げ（3％→5％）と先行きの不透明感から、特別減税の実施にもかかわらず、個人消費が低迷、さらに住宅投資の落ち込みと財政再建を期して公共投資の抑制等により、年度後半には景気の後退感が鮮明となった。デフレ経済の様相が一段と色濃くなり、第一次石油ショック以来、23年ぶりのマイナス成長となった。

　こうしたなかで、平成13（2001）年4月に小泉首相は、「構造改革なくして景気回復なし」「聖域なき構造改革」の理念を掲げ、経済構造改革を実現するために「金融再生と産業再生」「証券市場の構造改革」「都市の再生、土地の流動化」などを柱とした基本方針を決定した。いわゆる小泉構造改革である。この政策は2カ年を集中調整期間と位置づけ、構造改革を断行する姿勢が示された。また、日本経済再生の第一歩として不良債権問題の抜本的解決が掲げられた。しかし、世界的な情報技術（IT）関連分野の調整を背景に、世界経済全体が景気後退にみまわれ、加えて、平成13（2001）年9月、米国同時多発テロ事件が発生し、多数の市民が犠牲となり、世界中に大きな衝撃を与えた。そして、各国とも経済政策の面では、景気の悪化やショック

---

8　http://www.fsa.go.jp/manual/manualj/manual_yokin/bessatu/y1-01.pdf 「金融検査マニュアル（中小企業融資編）」平成21（2009）年12月（金融庁HP）。

への対応に追われた。日本経済は世界的なIT関連需要の落ち込みを受け、輸出や生産は大幅に減少し、企業収益や設備投資の減少が企業倒産の増加と失業率の上昇をもたらした。9月の大手スーパー「マイカル」の破綻[9]を契機に、11月には大口問題先の債務区分者が適切に処理されているかを調べる金融庁の特別検査が開始され、不良債権処理を一段と加速させた。

　このように、依然として景気回復の兆しがみられないなか、平成13(2001)年度は、ペイオフ凍結解除に向けて預金者の安全を守るための環境整備が進められ、金融機関は、経費の節減などのコスト圧縮を柱とした「収益力の強化」を図った。また、平成14(2002)年2月には株価の下落や金融システム不安、デフレ圧力の強まりからの「3月危機」を回避するため、経済財政諮問会議は「総合デフレ対策」「株の空売り規制強化」を打ち出した。金融業界では、「金融業から金融サービス業へ」と「リスクアプローチ型経営への転換」の時代であり、資産の自己査定を厳格に実施し、充分な償却・引当を実施するとともに整理回収機構に不良債権を譲渡するなど資産内容の健全化を進めた。

## (3) 労働金庫の地域合併

　平成9(1997)年度には金融・証券・保険部門の大型経営破綻が表面化し、金融機関の「不倒神話」が崩壊した激動の一年となった。すなわち、平成9(1997)年度に入り、日本債券信用銀行が海外撤退を含む経営再建策や外国銀行との業務提携を発表したほか、北海道拓殖銀行が北海道銀行との合併合意を発表するなど、経営再建の動きが活発化した。4月には、日産生命相互会社が業務停止命令を受け、戦後初の生命保険会社の破綻が発生した。また、10月には、福徳銀行となにわ銀行が対等合併することで合意、京都共栄銀行が自主再建を断念し、幸福銀行に営業譲渡することが発表されるな

---

[9] 大阪に本社を置く大型スーパーマイカルの民事再生法適用申請により同社発行の約3,500億円に上る無担保社債が債務不履行(デフォルト)に陥る可能性が表面化した。平成15(2003)年イオングループによる完全子会社化で決着。

ど、金融再編の動きが顕著となった。11月に入ると、準大手証券会社の三洋証券が会社更生法の適用を申請、11月17日には北海道拓殖銀行が資金繰りに行き詰まり、北洋銀行等に業務を承継することを発表し、経営破綻に陥った。さらに、24日には大手証券会社の山一證券が自主廃業を発表、26日には徳陽シティ銀行が仙台銀行に営業譲渡することで合意するなど、金融機関の大型破綻が続発した。

　こうしてバブル経済崩壊による不良債権処理問題が社会や市民の生活に深い影響をもたらす状況が続くなかで、企業の倒産や経営悪化により、従業員（勤労者）やその世帯にも解雇や賃金の低下などの影響は現れ、所得の伸び悩みが家計を圧迫して預金の取崩しや無理な借入れによる多重債務者が増加しはじめる。そうした環境のなかで、労働金庫も勤労者金融機関として影響を受けることとなり、労働金庫業態においても自由化・規制緩和の潮流のなかでの競争環境が厳しさを増した。さまざまな金融行政の施策への対応能力や長期的な経営の安定性を勘案し、多業態の合併・転換などの議論をふまえつつ、まずは地域による合併が現実的であるとの判断に立ち、平成10（1998）年4月に近畿地区（大阪労働金庫、関西労働金庫、京都労働金庫、兵庫県労働金庫、滋賀県労働金庫、奈良県労働金庫、和歌山県労働金庫の7金庫）の労働金庫が近畿労働金庫として合併・発足した。

　その後、平成12（2000）年、東海地区の3金庫（愛知労働金庫、三重県労働金庫、岐阜県労働金庫）が東海労働金庫、平成13（2001）年に関東地区8金庫（群馬県労働金庫、栃木県労働金庫、茨城県労働金庫、埼玉県労働金庫、千葉県労働金庫、東京労働金庫、神奈川県労働金庫、山梨県労働金庫）が中央労働金庫として、四国地区の4金庫（香川県労働金庫、愛媛県労働金庫、徳島県労働金庫、高知県労働金庫）が四国労働金庫、九州の7金庫（福岡県労働金庫、佐賀県労働金庫、長崎県労働金庫、熊本県労働金庫、大分県労働金庫、宮崎県労働金庫、鹿児島県労働金庫）が九州労働金庫、北陸地区3金庫（石川県労働金庫、富山県労働金庫、福井県労働金庫が北陸労働金庫）、平成15（2003）年に東北地区6金庫（青森県労働金庫、岩手県労働金庫、秋田県労働金庫、山形県労働金

庫、宮城県労働金庫、福島県労働金庫）が東北労働金庫、中国地区の4金庫（山陰労働金庫、岡山県労働金庫、広島県労働金庫、山口県労働金庫）が中国労働金庫として合併・発足した。

なお、北海道労働金庫、新潟県労働金庫、長野県労働金庫、静岡県労働金庫、沖縄県労働金庫は単独金庫として経営を継続することとなり、全国47金庫体制から現在の13金庫体制へ移行することとなった。

こうして全国13金庫体制となった労働金庫ではあるが、この時点での労働金庫の特徴と課題を整理するとおおむね次のとおりにまとめられよう。まず、労働金庫取引の特徴は、職場推進機構（労働組合内部の労働金庫担当の世話役）依存型の営業推進による、財形預金・定期預金と無担保ローン推進の「貯蓄メイン＋職場小遣い口座」としての性格が強いことにある。すなわち、預金については、会員（労働組合）が労働金庫の要請に応じ、労働組合運動の一環として財形預金の募集活動、ボーナス預金の予約・獲得活動、団体決議による一斉積立等により預金を集める手法を主流としてきた。また、融資については無担保ローン（全国統一商品名：マイプラン）の団体一括申込み等によりカードホルダーを拡大し、加えて、住宅ローンをはじめとする目的ローンに関しても、会員（労働組合）を通じて商品情報を間接構成員（組合員個人）に知らせ、ニーズのある利用者の紹介・通知を受けて、個別に商品の説明・販売を行ってきた。こうして、会員が間接構成員の預金と返済金等を取りまとめ、それを労働金庫の職員や労働金庫から委嘱された派遣職員が集金する、さらには預金の払戻しも会員（労働組合の労働金庫担当者）が労働金庫と間接構成員（組合員個人）間の取次ぎを行ってきた。この効率的なシステムこそが先にも述べた「団体主義」の中枢機能を成すビジネスモデルであり、今日まで労働金庫の成長を有効に支えてきた原動力かつ推進力であるといえる。

一方で、このモデルは効率的である反面、個人の顔やニーズがみえにくく、労働金庫の職員が金融のプロとして個々の間接構成員（組合員）にきめ細かく対応する機会が少ないという弱みがある（リレーションシップバンキン

グが示唆する「目利き」の必要性の個人版とでもいうべき力)。金融自由化の進展や個人の価値観・ライフスタイルの変化などにより、個々人のライフプランニーズが多様化・高度化する時代にあっては、これまでの「強み」が「弱み」に変容している可能性が高い。さらに、労働金庫運動を「理念」面から支えてきた団塊の世代に代表される層が大量に現役を退く一方で、プライバシーの保護に対する気運の高まりを受けた「個人情報保護法」の施行(平成15(2003)年から)や職場の仲間に個人情報を知られることへの嫌悪感の高まりなどが、団体主義の機能を弱める要因として作用している可能性も否定できない状況となっている。

　労働金庫が、協同組織に基づく勤労者自主福祉金融機関しての責務を果たすためには、今後とも変化する利用者のニーズに的確に応えて行くことが重要な経営責任である。そのためには、労働金庫の今日的な存在意義を会員(労働組合)に実感してもらえる「新しい団体主義」を自らの手で構築する必要がある。すなわち、経営資源の最適配分という視座に立つ、新たな経営のグランドデザイン構築による会員(労働組合)に支持されるビジネスモデルの構築こそが、労働金庫運動を安定的かつ継続的に維持するための唯一の方策にほかならない。

　以上が、13金庫体制となった労働金庫の特徴と課せられた課題としてまとめられよう。

## 3　金融システム改革とサブプライムショック

### (1) 新たなグランドデザイン

　ここまで、金融自由化以降におけるわが国の金融環境の変化を振り返り、金融システム改革や規制緩和の潮流にあわせながら全国47金庫から13金庫体制になった労働金庫について考察を行ってきた。次に21世紀を迎えた平成13(2001)年度以降の金融環境の変化と制度改革について振り返ることにより、次章でみる財務分析から得られた結果と結びながら経営の推移をより正

確に理解するための手がかりとしたい。

　まず、21世紀初頭のわが国の金融政策運営を振り返ると、海外経済の景気回復力について不確実性が高く株価が不安定な動きを続け、金融市場や実体経済活動に悪影響を及ぼすリスクがある、といった金融経済情勢に対する不確実性が高まった時期であるといえよう。また、景気の先行き不透明感が強まる一方で、平成15（2003）年の下期あたりからは、緩やかな景気回復への基盤が整いつつあるとの認識が定着し、日本銀行の政策としては、金融調節の柔軟性を高め、流動性供給面から機動的に対応する余地を広げる点にポイントを置いた施策がとられ、平成16（2004）年度に入り、日本経済は、年度後半には生産面でIT関連分野を中心にやや弱めの動きがみられたものの、基調としては回復を続け、企業収益は、企業のコスト削減努力の効果もあって、バブル経済崩壊以降では最も高い水準に達し、設備投資が製造業を中心に増加傾向を続けた。こうした経済情勢のもと、「量的緩和政策[10]」は継続され金融市場に潤沢な資金供給が続いた。金融システム面では、金融機関において、不良債権のオフバランス化が進展し、大口債務者を含む企業再生努力が効果をあげ始めるなど、不良債権問題への対応が相当程度進捗した結果、全体として健全性や安定性の回復が進んだ。また、信用リスクや株価変動リスクの低下に加え、積極的な資本調達等もあって自己資本の制約が緩和されるなかで、金融機関は経営姿勢を次第に積極化し始めた。

　こうした状況のもと、大きな預金の移動などの混乱を招くこともなく、平成17（2005）年4月にいわゆるペイオフの全面解禁を迎えた。こうして金融界では、リスク管理や経営管理の高度化を図りつつ、多様化する顧客ニーズに的確に応えて創造的な業務展開を行っていくことが求められる時代となった。金融政策をみると、国債市場の流動性向上や円滑な市場機能の維持に貢献するとの観点から、国債の補完供給制度（市場参加者に対して保有国債を一

---

10　http://www.boj.or.jp/type/ronbun/ron/wps/data/wp06j14.pdf　「量的緩和政策の効果：実証研究のサーベイ」鵜飼博史　日本銀行ワーキングペーパーシリーズ　No.06-J-14　平成18（2006）年7月　。

時的かつ補完的に供給しうる制度)の導入が決定した。こうした背景にみえるとおり、今後のわが国の金融システムは、安定を確保しつつ円滑で効率的な資金の配分を実現するため、柔軟で頑健な金融仲介構造を構築することが重要な課題となった時期である。

### (2) 金融危機と金融機関経営

　平成19(2007)年度の日本経済は、政府の景気見通しとしては、平成18(2006)年11月に戦後最長の「いざなぎ景気」を超えて以降も回復を続けているとし、平成19(2007)年度は、内需を中心に、物価の変動を除いた実質で2％、物価の変動を含めた名目では2.2％の経済成長が見込めるとしていた。しかし、足もとの景気をみると、企業の間で利益を賃金に振り向ける動きが広がらず、所得が伸び悩んでいることを背景に、個人消費の弱い動きが続いた。また、企業の設備投資の好調さは続くとみられるものの、GDP・国内総生産の半分以上を占めている個人消費が低迷したままでは、政府の見通しを達成するのは困難であり、順調な成長を果たせるかどうかは、所得の増加を通じて個人消費の力強い回復を果たせるかが最大の焦点となってきた。

　こうした最中に新たな世界的金融危機であるサブプライムショックが、立ち直りかけていた日本経済を襲う事態となった。ここで、金融の自由化の原点に立ち返り、期待された効果について、まずその問題点を国内に探る。日本経済が出口のみえない閉塞感に苛まれている状況は深刻であるが、その背景としてそこでは経済全体が大きなコスト(機会費用)を払っている点を看過できない。たとえば、劣化した金融業を利用せざるをえなかったサービス利用者が被った不利益として、①市場の競争原理が働くなかで適正な貸出金利が提供されるはずだった(多重債務・自己破産・貸金業者への過払い利息の問題)、②預金者はもっと高い金利収入を得られたはずだった、③資金余剰主体(主に家計)はもっと多様な資産運用を行うことが可能だった、等が指摘されよう。

さて、日本経済がサブプライムショックを発端とする景気低迷にあえぎ、貯蓄ゼロ世帯の増加や自己破産・個人の民事再生件数の増加が社会問題となるなかで、改正貸金業法が完全実施され、過払金の返還請求が始まった。この過払金こそ、これまで利用者が負担してきた最も大きなコストの返還と位置づけられよう。平成22（2010）年、業界最大手の武富士が破たんした。また、アコムやプロミスもすでにメガバンクの傘下に収まって経営を延命する選択をした。この社会問題の背後には、預金金利がゼロに等しいなかで、無担保融資の金利は30％近い状態が長く続いたことによる弊害が、国民生活を蝕む温床になった点が指摘されよう。こうした生活格差の拡大を助長する金融システムが放置されたまま時を過ごしてしまったツケは大きい。

　さらに、金融自由化の効果からすれば、資金余剰主体（主に家計）はもっと多様な資産運用を行うことが可能なはずであった。ところが制度改革上は多様な資産運用が実現し、資金調達も低コストで行うことが可能となったが、金融経済自体が活性化しない現実に直面している。ここでの最大の問題は、運用調達バリエーションや金利の高低、量的緩和の問題ではなく、不況とデフレスパイラルがもたらす貨幣の回転率の低さに起因すると考えられる。日本経済の元気のなさは貨幣の流通速度・回転率がきわめて鈍いためであると推察される。

　次に、世界的な視座からは、資本市場における東京市場の地位低下や長引く量的緩和策による金融市場の機能不全（有効需要政策の限界）に代表されるわが国の「金融制度の劣化」をいかに克服するかという問題が提起されよう。わが国の金融業の国際競争力が失われて久しい。これは、①過剰な規制と護送船団方式による金融行政に守られて、金融業の効率化努力が立ち遅れた点、②当時のサラリーマントレーダーやファンドマネージャーに代表される、本邦金融機関のマネジメント体質と雇用制度がもたらす組織面とその運用責任面での対応の曖昧さ、③金融工学分野を活用したオフバランス取引において、世界の市場をリードするポジションをとれないままバブル経済が崩壊し、ほとんどの銀行が国際業務から撤退した点、④これらの後遺症が続く

なかで、サブプライムショックの発生の際にも積極的な回避手法がとれなかった点[11]、⑤グローバルな金融資本市場におけるリスク管理体制の遅れ、などが理由としてあげられる。なお、平成22（2010）年9月に発表された「バーゼルⅢ」は、サブプライムショックの再発防止策としての色彩が濃い。こうした観点を参考としながらも、金融自由化が最も重要視して目指したところの「国民全体の利益を増進させる」ことが実現できるようになるためには、少なくともわが国全体として金利政策が正常に機能するまでに市場や経済が回復し、加えて、金融機関相互の自由競争が正常に機能する金融機関の健全経営（リスク管理システムの構築やコンプライアンス体制の確立を含める）が整わなければ、金融の自由化の成果は不十分であったといわざるをえない。

　また、こうしたグローバルな規制や管理が国内においてもデファクトスタンダード化するなかで労働金庫においてもセーフティネットの強化[12]をはじめ健全経営に向けた取組みがなされている。一方で、労働金庫の利用者である勤労者や一般市民の観点にフォーカスすると、行政によって切り分けられてきた金融界のすみわけが意味をなさなくなり、最終的に利用者側が非常に厳しい眼をもちながら金融機関を選択し、金融機関側は目的や機能で顧客に対してどれだけのサービスを提供できるかが最大の経営ポイントになってくる一方で、利用者が厳しい眼をもつとしても、金融の自由化、規制緩和による変化の内容について個人レベルで十分に理解・判断するには無理が多い。今後生起する変化の正しい内容を情報提供し、個人資産が有効に運用でき、各種のローンやサービスを提供するために、労働金庫に求められる期待と果たす役割は重要度を増すことになろう。したがって、労働金庫が対象と定め

---

11　川北英隆・白須洋子・山本信一編著『総合分析 株式の長期投資』P7　中央経済社（平成22（2010）年）。
12　業態独自のセーフティネットとして、①日頃から各〈ろうきん〉の経営状況をモニタリングし、問題の早期発見、経営改善の早期取組みを行う、②緊急時対応、資本増強支援、再建支援・合併支援など労金連の金融機能を活用した支援を柱とした「ろうきん相互支援制度」が設けられている。

る個人顧客に対し、彼らに納得してもらえる経営理念を堂々と語り、彼らが必要とするタイミングに商品サービスを的確に提供することができる体制を構築することが重要となる。あわせて効率化を進めながら体力を強化し、経営資源の最適配分を行うなかでノウハウを集中させなければならない。

　すなわち、金融機関相互の自由競争が正常に機能するためには、金利調整機能を回復させ、貨幣の回転速度・回転率をあげるための施策を最も重要視しなければならない。金融の自由化と規制緩和により自由な商品設計が可能となって久しい。しかも、金融機関サービスの基本である金利、期間、手数料、決済機能、その他諸々の付加価値サービス等の組合せに、投資信託や株式、保険、信託等の垣根を越えた商品サービスが加わり、異業種参入など最終的にはカード業務を通じた流通・小売業との接点についても提携による業務展開が本格化している。

　今日、アベノミクスや異次元緩和に代表される景気回復に向けた起爆剤と称する金融政策や財政政策が講じられている点も見逃せないが、さらなるわが国の金融システムの秩序の安定と再構築の視座からは、労働金庫をはじめとする民間金融機関が主体となって時代の趨勢に適応した構造改革を続けることこそが最も重要であろう。

## 4　日本労働金庫構想の先送り

### (1)　日本労働金庫構想の背景と経緯

　協同組織金融機関の一員である労働金庫は、労働組合を主たる取引先とした職域金融機関といわれながら、それぞれの地域性を大切にした活動を展開してきた（労働金庫がもつ協同金融としてのコモンボンド（Common Bond）[13]）。近年では、退職者や一般勤労者、地域市民への取引拡大が進むなか、金融庁指導により先送りとなったが、全国合併の本格的な検討・準備を進めることにより勤労者にとってより利便性の高い金融サービスの提供と、かつ地域性を高める金融機関への転換を目指したところである。

こうしたなか、平成24（2012）年4月を目標に利用者利便の向上を目的として「全国合併構想」を掲げた労働金庫業界であるが、この構想は延期された。金融庁が「時機尚早」との判断を下した内容を検証する。そのうえで、労働金庫が勤労者自主福祉金融機関として機能するための今日的な存在意義や、規制緩和が進む金融界にあって労働金庫が直面する課題を分析する。そのために、貸金業法の改正を受け、リテール領域がリレーションシップバンキングに加えられた現状をふまえ、今後、労働金庫の果たすべき金融サービス支援強化・地域貢献の観点から、労働金庫が設立以来、受け継いできた協同組織としての「理念」を活かし、利用者たる勤労者や地域市民に対して有効に機能すべき方向性を示す。

　さて、現在13金庫ある労働金庫は、平成24（2012）年4月を目標に全国合併を行い、単独で資金量17兆円を有する「日本労働金庫」として生まれ変わろうとした。ちなみに資金量規模では、横浜銀行、中央三井信託銀行、みずほコーポレート銀行を上回り、りそな銀行や信金中央金庫の規模に近づく計画を立てていた。

　平成20（2008）年9月に開催された、社団法人全国労働金庫協会の臨時会員総会において、「労金の全国合併（「日本労働金庫」設立）の提案（案）[14]が示され、さらに平成21（2009）年6月29日の会員総会において、日本労働金庫設立に向けた本格的な論議が開始された。この合併構想に業界はもとより、利用者である会員の期待と関心が高まった。しかし、この合併構想は、金融庁の指導により遠のくことになった。金融の自由化や幾多の金融危機を経て、金融システムの安定が求められるなか、金融機関は金融の自由化の意義を自らに問いかけながら、新たな経営の方向性とビジネスモデルを検討し

---

13　コモンボンドは、協同組織金融機関の存在意義の根幹をなす信頼関係を支えるものであり、共有する価値を会員相互が認識することにより、会員（メンバー）間の利害の共通化が図られ、ひいては信用事業としての安定性・安全性である会員への利益相反行為を慎む効果とコスト低減効果を育む。
14　「労金の全国合併（「日本労金」設立）の提案（案）（会員討議資料）」全国労働金庫協会　平成20（2008）年9月。

なければならない。まず三度目の延期となった全国合併構想の結果を検証しつつ、労働金庫が協同組織金融機関として歩むべき道程を探る。

　全国に設立された労働金庫は、その地域社会がもつ経済環境やメインの会員（顧客）である労働組合の事情などをふまえながら成長を遂げてきた。その一方で、労働組合が産業構造の変化に伴う全国組織化や福利厚生制度の拡充、資金の本部集中を進めるなか、全国で異なる労働金庫の利用条件を統一すべきであるとの声が高まった。主な文献[15]により全国合併の議論を振り返ると、すでに全国労働金庫協会の昭和33（1958）年度運動方針で、統合（合併）問題が提起され、本格的な活動は昭和51（1976）年2月に大蔵省と労働省に提出された「日本労働金庫合併内認可申請書」にさかのぼる。当時の議論の着地点を要約すると、①大蔵・労働両省は、労働金庫制度上の問題点の改善に努力する、②労働金庫は経営体質の強化と制度改善の実施効果を高めるよう努力する、③全国統合問題については制度改善の推移等を見極める、との結論にて、全国統合は「先送り」された。

　その後、昭和59（1984）年「日米円ドル委員会」、昭和60（1985）年「プラザ合意」により、わが国における金融の自由化と円の国際化がスタートするなかで、昭和59（1984）年5月に「日本勤労者福祉銀行」創設を含む七つの主要政策課題を掲げた「ビジョン」に基づき「全国労金一本化基本構想（案）」が策定され、合併議論が再開された。ここでは組織労働者だけでなく、すべての勤労者の生涯福祉に応えるために金融機能の拡大や付加価値を高める組織体制を目指すことを目標に掲げている。当時の金融界では「専門金融機関制度」「協同組織金融機関」のあり方や「新しい金融制度」について広範な論議が展開され[16]、適正な競争環境のもとで金融の効率化と利用者利便の向上、経営の自主・自己責任を基本とした健全な経営体質・リスク管

---

[15]　『労働金庫運動史』兵庫労働金庫（昭和45（1970）年）、『全国労働金庫協会50年史』全国労働金庫協会（平成14（2002）年）、『労働金庫便覧』全国労働金庫協会、禿河徹映監修『新労働金庫法詳解』PP 2 ～ 6　全国労働金庫協会（平成5（1993）年）（非売品　金融財政事情研究会制作）。

理体制の確立が求められた。なかでも金融制度調査会第一委員会では、協同組織金融機関の存在意義・役割、利用者の負託に応えるための組織・業務のあり方、合併・転換問題、について活発な議論がなされた。こうした議論をふまえつつ、労働金庫業界は全国一本化への合意形成と実現時期の明確化を目指した。しかし、平成3（1991）年11月の大蔵省・労働省局長会見にて、①現状の業務内容には解決すべき課題が多い、②将来構想の選択肢として認識するも、現段階での一本化には大きなリスクがあり最良の方策とは言いがたい、③協同組織性をふまえた経営体質の改善・合理化、利便性の向上への自助努力が必要、との所見が示され、再び全国合併は「先送り」となった。

　こうした歴史的な経緯をふまえながら、平成20（2008）年9月に開催された、社団法人全国労働金庫協会の臨時総会において、三度目となる「労金の全国合併（『日本労働金庫』設立）の提案（案）」が示され、会員討議にかけられることが決定された。その主な内容は、まず、全国合併の背景について検討がなされ、現在の経営を取り巻く環境が、外部環境、内部環境ともに厳しさを増しており、同時に利用者のニーズが多様化・高度化するなかで労働金庫が設立以来果たしてきた社会的な役割を継続して維持するためには、合併が必要であると指摘している。また、非正規雇用労働者の増加など勤労者間にも格差が広がる不安な社会環境やNPOに代表される福祉、環境、まちづくり、子育て、雇用などの新たな社会問題やコミュニティが抱える課題に対して、政府セクターでもなく営利セクターでもない「非営利・協同セクター」の存在が金融システム改革や規制緩和の影響を超えて、求められてきている点を指摘している。こうした時代背景により、社会のセーフティネットとしての労働金庫が果たす役割を強化するためにも全国合併による組織強化が必要であるとの見解を示している。

---

16　金融財政事情研究会編『専門金融機関制度のあり方について』金融財政事情研究会（昭和62（1987）年）、大蔵省内金融制度研究会編『新しい金融制度について』『協同組織形態の金融機関のあり方について』（金融制度調査会報告・答申）金融財政事情研究会（平成元（1989）年）。

次に、設立の意義と目的では、21世紀初頭の日本経済と社会を「歴史的転換点」ととらえ、この転換点においても「ろうきん理念」のさらなる実現に向けて歩み続けるためには、こうした社会情勢の変化に対して迅速に対応可能な組織体制づくり、強固な経営基盤の確立、人材の再配置など、抜本的な「変革」と「実行」が必要であり、そのためには全国合併が求められると断じている。ここでは、過去からの労働組合の運動論を前面に打ち出した論議を避け、労働金庫の経営環境分析に基づき客観的な社会情勢から全国合併の必要性を提起しており、誰にも納得のいく理由づけがなされている。たしかにバブル経済崩壊以降の金融政策においては、「有効需要政策＝インフレ政策」をとりながら、景気をコントロールするという金融政策の原理原則が、デフレ状態の継続（超低金利の継続）では十分機能せず、本来あるべき景気の好・不況の循環が不自然なまま推移してきた。さらに人口格差や所得格差などの社会構造変化が抱える諸問題をはじめ、サブプライムローン問題の影響を考慮すれば、21世紀初頭の日本経済と社会を「歴史的転換点」ととらえた環境認識は妥当である。実際、地域経済圏単位で個別事情は異なるも格差社会は拡大しており、人口減少が著しい県や地町村では地域経済は地盤沈下が続き、その地域の金融機関や店舗では厳しい経営を余儀なくされている。こうした総合的な環境認識に立つ「全国合併の決断」は、単なる「規模や範囲の経済性」を超えて、協同組織としての「理念」を優先した、きわめて画期的な英断であるといえる。

　合併の基本事項では、合併の形態は13金庫と労働金庫連合会はそれぞれ対等な合併とし（合併比率は1：1）、存続金庫は中央労働金庫、他の12金庫と労働金庫連合会は解散する。また、全国労働金庫協会も合併時に解散する。名称は「日本労働金庫（仮称）」、事業地区は「全国一円」、本店・本部所在地は「東京都」、出資1口の金額は「1,000円」とする。さらに、財産の継承として、13労働金庫および労働金庫連合会の財産はすべて「日本労働金庫」へ引き継ぐとされ、同じく職員は13労働金庫と労働金庫連合会に全国労働金庫協会の職員を加え、また取引についても会員・顧客との取引はすべて「日

本労働金庫」へ引き継がれることとされた。

　合併までのステップについては、各労働金庫および労働金庫連合会は会員討議を重ねて、平成21（2009）年6月の総会で合併合意案を議決した。これを受け、7月に「合併準備委員会（仮称）」が設置され、同委員会で「合併基本計画書（仮称）」などを策定、機関会議などでの議論を経て、平成23（2011）年6月総会で最終判断を行い、主務大臣（厚生労働省、金融庁）の認可を経て、平成24（2012）年4月の創設を目標としていた。また、各労働金庫は合併までに、労金業態の「経営改革3カ年計画」を実施して、合併が健全経営のもとで円滑に実現できるように改革を行う。システム面では、従来、労働金庫システムは、「ユニティシステム」と呼ばれる共同利用型システムに13金庫が加入して運用されていた。この合併構想にあわせて、新たに「労金次世代システム」として全面更改・移行され、それを機に単一システムとして、業務・事務の統一化・標準化に取り組む予定であった[17]。

　すなわち、平成21（2009）年6月29日の会員総会では、こうした手順や現状認識をふまえ、さらにこれまでの基本理念や活動方針を変えることなく、日本労働金庫の設立に向けて検討を進めることが確認された。主な出資者や労働金庫運動を支える労働組合は全国横断的な組織が多く、労働金庫の全国合併が実現すれば、全国一円に店舗網を配置するメリットを活かしながら全国一斉に同質なサービスを提供することが可能となる。協同組織金融機関として初の全国規模の勤労者自主福祉金融機関（リテールに特化した金融機関ではゆうちょ銀行があげられる）が誕生することとなる計画であった。

(2) 金融庁の見解

　これに対して金融庁は、①全国合併により「地区」が会員や役職員の意識から消えた際のコモンボンド（Common Bond）としての「地域社会における

---

[17] 全国合併が延期されたため、平成26（2014）年1月、単一システムではなく個別システムとして稼働した。

絆意識」の低下＝協同組織金融機関としての存在意義への疑問、②系統金融機関（労働金庫連合会）を吸収した日本労働金庫が、経営危機に陥った際の対応能力、③規模の経済性から全国合併はコスト削減効果を生む可能性はあるが、合併により高コストかつ住宅ローン偏重の体質は改善せず、逆に規模拡大に伴うリスク管理が求められる、④労働金庫法の改正が必要（そもそも単独機関の法律でない）、これら諸点を指摘し、もって「時機尚早」との判断を下した。こうして多大な検討コストと時間を費やして進められた「日本労働金庫構想」は、再々度「先送り」された[18]。その論点を整理すると次の3点に集約されよう。

① コモンボンド

まず「地域」については、協同組織が「自立・自助」「相互扶助」「連帯」を基本として成立したことにかんがみれば、コモンボンドは、協同組織金融機関の存在意義の根幹をなす信頼関係を支えるものであり、共有する価値を会員相互が認識することにより、会員（メンバー）間の利害の共通化が図られ、ひいては信用事業としての安定性・安全性である会員への利益相反行為を慎む効果とコスト低減効果を育むといわれている。最近では、地域コミュニティのもつ信頼性の低下を重くみた政府や自治体が、「新しい公共」の考え方に基づきNPO支援を含むソーシャルキャピタル（Social Capital）の充実を図る動きをみせている。こうした点を考慮すると、地区（営業範囲）の必要性は大切さを増している（銀行法には「地区」の定めはない）。一方、労働金庫は職場推進機構（労働組合内部の労働金庫担当の世話役）と地域推進機構（労働者福祉中央協議会[19]および地域の労働者福祉協議会や全労済、生協などと連携した地域活動）という二つの組織体が、このコモンボンドを職域と地域の両面で支えてきた実績をもっている。まさにこの組織体がなければ、さらに高コストな経営を余儀なくされ、ここまでの業容拡大は望めなかったといって過言でない。とりわけ職場推進機構を核とした団体主義は、労働金庫のビ

---

[18] 労働金庫業界関係者ヒアリングにより整理。

（参考）労働者福祉中央協議会および地域の労働者福祉協議会組織

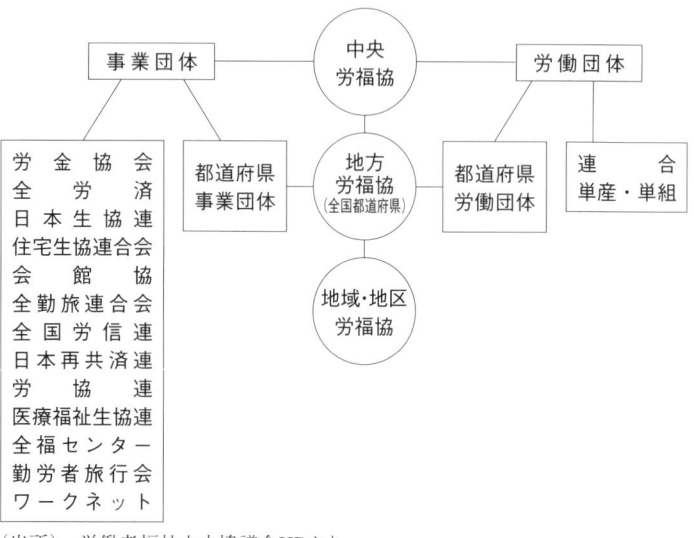

```
                        中央
       事業団体─────労福協─────労働団体
         │            │           │
   ┌─────┴──┐   都道府県    ┌──────┴──┐
   │労 金 協 会│   事業団体    │都道府県 │
   │全  労  済│      │       │労働団体 │
   │日 本 生 協 連│   地方       │    │
   │住宅生協連合会│  労福協      │連  合│
   │会  館  協│ (全国都道府県)   │単産・単組│
   │全勤旅連合会│      │       └──────┘
   │全 国 労 信 連│   地域・地区
   │日 本 再 共 済 連│  労福協
   │労    協    連│
   │医療福祉生協連│
   │全 福 セ ン タ ー│
   │勤 労 者 旅 行 会│
   │ワ ー ク ネ ッ ト│
   └────────┘
```

（出所）　労働者福祉中央協議会HPより

ジネスモデルそのものであり、「地区」とともに協同組織金融機関としての存在意義が低下するとした金融庁の判断を、主たる出資者（会員）であり利用者（間接構成員）で、かつ、職場推進機構の原動力である労働団体や会員労働組合（員）がどの程度重く受け止め、その本質（労働金庫は自分たちが創り、育て、守ってきた金融機関であること）を理解できているか、活発な議論が求められるところである。

---

19 「労働者福祉中央協議会（略称：中央労福協）は、労働団体や労働者福祉に関わる事業団体、生活協同組合の全国団体、ならびに全国に組織されている地方労福協（都道府県ごとの労働者福祉協議会）で構成する勤労者福祉活動のための中央組織です。中央労福協と構成団体・組織との関係は、いわゆる縦型の一体的組織ではなく、あくまでも「ゆるやかな協議体組織」となっています。運営はそれぞれの団体・組織ごとの規模や組合員数などを基準に算出された月々の会費によってまかなわれています。中央労福協は、「連帯・協同でつくる安心・共生の福祉社会」をめざして、幅広い立場からの政策提言や運動を企画・実践するとともに、構成団体・組織間の相互協力の促進や福祉活動に関する協議や連絡・調整を行っています」中央労福協HPより。

② 系統金融

次に労働金庫連合会の必要性と高コスト体制の指摘では、たしかに、単位信金・信組・JAが経営危機に陥った際、協同組織形態維持のために系統金融（信金中金、全信組連、農林中金）の果たした役割は大きい。早期是正措置やBIS規制などバランスシート規制を考慮しても、破たんが避けられないケースでは、同一業界枠内での合併を優先して出資者や預金者を保護するシナリオもありうる。ただ、そうした事態へ到らしめない業界の砦として労働金庫連合会がもつ支援機能を喪失するリスクを重くみている。一方、労働金庫側では、ガバナンス・コンプライアンス体制の確立や、次世代システム（複数行で安定稼働するBeSTAがメインフレーム）に進化した日本労働金庫を単独銀行としてとらえ、一元的かつ効率的な収益・リスク管理体制を実現可能と主張した（システムの移行リスクとコストを除く）。

③ ビジネスモデル

また、もっぱら住宅ローンと無担保ローンを主力とする利鞘確保型の伝統的な経営体質（役務費用が役務収益を大幅に上回る体質[20]）が、米国S&L（貯蓄貸付組合）の破たんやサブプライムローン問題、わが国の住専や貸金業の破たんにかえりみて、ゴーイングコンサーンに問題ありとする考え方がある。しかし日米両国における、設立認可の厳格性や商品性（ノンリコースローン）の違い、また住専や貸金業と労働金庫の業態特性の差異、さらに一貫した不良債権比率の低さを勘案すると、シンプルなサービス特化型金融機関の労働金庫が、上記のような危うい経営体質をもつとは言い切れない。ただし、先に述べた職場推進機構が十分に機能しなくなると、その独自なビジネスモデルがもつ競争優位性は低下し、経営リスクが表面化する可能性は否定できない。そのためには会員中心の新たな団体主義（ビジネスモデル）の構築が急務である。

全国合併問題がトリガーとなり、経営の全権は会員労働組合出身の役員に

---

20 「全国労働金庫経営分析表（平成21（2009）年度）」全国労働金庫協会。

一任された。そのため金融庁の指摘をふまえた金融機関経営者としての経営手腕とリスク管理能力が問われることとなる。そこでは、①次世代システムによる業務・事務の効率化によるOHRの改善と収益・リスク管理体制の確立、②戦略的な情報システムの構築による独自性に富む商品サービスの開発・提供が必要である。また、③協同組織としての存在意義を会員と共有化する実践活動、そして何よりも④役職員の協同金融のプロとしてのさらなる全国均質なボトムアップ教育が喫緊の課題である。

こうして労働金庫業界では、平成25（2013）年5月に「労金業態におけるこれからのビジネスモデルの具体化に向けて（案）」[21]を策定することになったのである。

## 5 労働金庫とリレーションシップバンキング

### (1) 背景と課題

従来、リテールファイナンス分野やマイクロファイナンス分野は労働金庫や信用金庫など地域における協同組織金融機関が最も得意としてきた分野である。地域の職域や地元企業と長きにわたり共存共栄を遂げてきた労働金庫や信用金庫は、地域の勤労者や企業の状況、そして商店街をはじめ地縁・人縁にいたる情報をよく知っている。それが会員制に裏付けられる「絆」を支える基盤である。具体的には、労働金庫にあっては、多重債務回避に向けた普及啓発活動の無償展開であり、信用金庫においては、たとえきちんとした決算書がない零細企業や法人成りしていない個人事業主に対しても貸出を実行して地域経済を支えてきたのである。つまり、貸出先がメイン会員であれば協同金融におけるリレーションシップとか、メインバンクリレーション

---

21 具体的な検討施策案として、①既存顧客とのリレーションシップ強化、②雇用環境・産業構造の変化への的確な対応、③金融ナビゲーターとしての役割発揮、④公共性の発揮、⑤新たな市場開拓、⑥次代の労働金庫運動を創造する仕組みづくり、とした六つの観点から議論がなされている（全国労働金庫協会理事会資料より）。

シップというアプローチが重視され、会員として金利優遇や付加価値支援を実施してきた。この相互扶助ともいえる絆が地域社会と協同組織金融の成長を支えるモデルとして機能してきた。一方、そこでは「会員が成長する局面が続けば（儲かるときは）収益をあげられたが、会員の状況が悪くなった場合も、なかなか簡単には手放さない」というパターンが定着した。すなわち、取引会員の状況が芳しくなくても協同組織金融機関は運命共同体として会員と一緒になりリスクを許容するというビヘイビアが重要視されてきた。

一方、銀行では取引先企業の株式を大量に保有したり、あるいはそうした取引先にOBを出向させたりしながらファイナンス面のみならず組織面からもしっかりと組み合わさった経営を行ってきた。こうした慣習は拡大再生産経済では上手く機能した反面、銀行と取引先企業の関係があまりにも密着した結果、歴史的な経過のなかで次第に双方にリスクを増大させる関係構造をつくりあげた。つまり、バブル経済の崩壊期にみられた、取引先企業の経営リスクが顕在化して銀行として貸出方針を見直すべき判断を迫られた場合にも、関係を簡単に切れない関係構造が継続し、裏付けのない追加貸出を続けてしまった。これが不良債権処理の長期化を招いた主たる構造的な要因といえる。

また、貸金業法の改正の観点からは、他多重債務者対策の円滑かつ効果的な推進を図るため、内閣府に多重債務者対策本部が設置され、カウンセリング体制の充実やセーフティネットの整備、金融経済教育の強化、ヤミ金融の取締強化など、政府全体で多重債務問題の解決に向けた取組みが緒に就いたばかりという状況のなかで、労働金庫業界は早くから「クレ・サラ対策」として、職域を中心に勤労者の多重債務予防講座や自己破産や個人の民事再生などの相談業務を全国的に展開してきた。なお、今回の法律改正の影響を受けて業界全体として業者数は減少傾向を示し、実際の貸出残高も減少を続けており、すでに中小の貸金業者では事業規模の縮小や廃業に向けて回収に専念する業者が増えている。

現在、少子化により総人口が減少に転ずるなかで、貸出対象とならないリ

タイアメント層は高齢社会の進展により増加を続け、たとえば自動車の新車販売台数でみると、平成11（1990）年の778万台をピークに平成24（2012）年では421万台にまで減少している[22]。とりわけ人口減少が進む地域や都市では対象顧客数の減少に伴うボリュームの縮小傾向は避けられず、住宅ローンを含む個人金融マーケットを取り巻く環境は厳しさを増すと考えられる。こうした店舗は貸出の伸びは鈍化せざるをえず、むしろ高齢者層に個人金融資産がシフトしていく状況を反映して、高齢世帯中心で地盤が安定している地域では、貸出ニーズよりはむしろ金融資産を預かる資金ポートフォリオに対するアドバイスニーズが増えよう。

したがって、今後は会員企業や公的機関が多い、現役世代が集中する中心市街地エリアにおける店舗では、職域個人の取引拡大を目指す推進活動のなかで個人ローン推進に経営資源を重点配分すべき時期にさしかかっている。この観点からは、現役世代という職域を中心として活動を展開する労働金庫は、その強みをいっそう発揮しなければならない環境にあるといえる。すなわち、伝統的な住宅、車という人生における2大商品はもとより、それ以外のニーズ発掘がどこまでできるか、また、日常の買回り品や衣食住関連消費はもとより、教育、趣味、習い事、スポーツなどライフステージ、ライフスタイルに関する決め手となる無担保貸出のニーズに的確に応えていけるかどうかが焦眉の課題であるといえる。さらには、クレジットカード戦略と組み合せて個人ローン取引の継続性（リテンションの向上）を高め、加えて複数の利用目的に広がるような資金需要を喚起できる取引（クロスセル）を行う体制を構築することが必要となる。

今後のわが国においては間接金融（銀行貸出）のウエイトが相対的に下がり、貸出の入口の部分もマーケット型の直接金融、投資銀行などが主導権を握っていくように変わっていく流れは止められまい。わが国企業群の特色と

---

[22] http://www.jada.or.jp/contents/data/type/index00.php （一般社団法人日本自動車販売協会連合会より）。

してあげられる少数の大企業をピラミッドの頂点とした大多数の中小企業からなる産業構造を念頭に置いた場合、大企業や中堅企業のクラスでは、多様化する直接金融の手法を駆使した独自のコーポレートファイナンスの領域が財務戦略上の主流を占めることとなり、間接金融の比率は低下するであろう。

しかし、その一方で、個人金融においては従来型の貸出取引の形態が今後とも続く。個人にとっての直接金融による資金調達の手法はいまだ確立していないのが現状であり、それが住宅ローン債権の流動化など、各種リスク分散を含みながらいろいろな観点からのマーケット型手法も織り込んで、徐々に全体として安定感の高い市場メカニズムに移行しながらも、貸出（金融機関からの借入れ）中心に継続するといえよう。そこでは、間接金融に依存せざるをえず、それは金融機関の貸出基準が依然として、住宅ローンにおいては、不動産担保主義による審査システムと無担保ローンについては年収と延滞履歴、保証会社[23]の体力などに基づき推移するためである。

こうしたなかで、労働金庫の無担保貸出では、会員との関係・接点をもつ強みを活かしつつ、途上与信管理や他の取引振りを総合的に勘案するなど審査基準や項目の洗い直しを実施して審査能力のレベルアップを図ることにより、きめ細かいアプローチを行う必要がある。さらに、流動化対応の観点からは、住宅用不動産は、借り手が資産保有者本人であり、日々の生活を営むという観点から資金使途は限定され、返済責任に対する意識も強く、さらにベースとなる担保がもつ商品の同一性から値決めの容易性が高い点など、証券化に適した特性をもつ商品である点に着目しながら、単発的な住宅ローン推進や借換え競争に傾注している営業推進手法を改革する時期がきている。

## (2) リレーションシップバンキング

金融の自由化の道程をたどりつつ、この間の金融業界全体の経営ビヘイビ

---

[23] 労働金庫では日本労働者信用基金協会。

アの変化を振り返り、その時々における課題を整理した。労働金庫における協同組織性を起点とした、「労働金庫版リレーションシップバンキング」に求められる条件や機能について論ずることとしたい。

　金融庁が主導するリレーションシップバンキングの議論が事業性中心であるため、中小企業取引（法人企業取引）になじみの薄い労働金庫にとってのリレーションシップバンキングは、金融審議会での議論が意図するリレーションシップバンキング（「地域密着型金融の取組み」）とは趣旨・内容が必ずしも一致しているわけではなかった。こうしたなか金融庁は平成22（2010）年度より「各財務（支）局・沖縄総合事務局（以下、財務局等）においては、「中小・地域金融機関向けの総合的な監督指針（Ⅱ4－4「地域密着型金融の推進における監督手法・対応」(3)）」に基づき、地域金融機関（地域銀行、信用金庫、信用組合）の地域密着型金融に関する「特に先進的な取組み」や「広く実践されることが望ましい取組み」を評価し、その取組みの深化・定着を図るための動機付け・環境整備の一環として顕彰を行っております。顕彰の対象については、「中長期的な視点に立った組織全体としての継続的な取組み」や「コンサルティング機能を発揮している取組み」を重点的に財務局等において選定しております。また、本年度は、改正貸金業法の完全施行後の最初の年であることを踏まえ、一部の地域金融機関において既に進められている「健全な消費者金融市場の形成に向けた取組み」についても、顕彰の対象とすることとしております。」として、リテール分野についてもその対象として、リレーションシップバンキングの機能強化を進めることとなった[24]。この観点からは、地域や企業で働く勤労者や地域市民に対して、古くから多重債務者向け相談や教育活動に力を入れてきた労働金庫が、地域密着金融の強化の面から機能する意義は大きい。

　まず、各地域金融機関は、それぞれの「地域密着型金融推進計画」に基づ

---

[24] 「地域密着型金融」http://www.fsa.go.jp/news/22/ginkou/20110222-1.html （金融庁HPより）。

く施策の進捗状況について半年ごとに公表することとされ、これまで金融庁において、アクションプログラム等に基づき金融機関の取組み実績について公表した。この時点で金融庁は、これまでは金融政策を中心にマクロ経済政策、デフレの克服を目指すことが先決であることを示しつつ、同時に銀行が好き好んで不良債権問題[25]を先送りしたり、バブル期のように野放図に新たな不良債権を発生させているのではないことに一定の理解を示した。さらに「有効需要政策＝インフレ政策」をとりながら、景気をコントロールするという金融政策の原理原則が、デフレ状態の継続（超低金利の継続）では十分機能しないため、量的緩和政策をとりながら、本来的な「有効需要政策＝インフレ政策」への回帰を目指すなかで、地域金融機関は、目利きや相談業務の推進によりきめ細かな貸出を推進することにより、企業活動を活性化させ、さらに雇用や賃金に好影響をもたらすことにより景気浮揚をねらってきた。

　ところが、それぞれの地域経済圏単位で事情は異なるとはいいながら、格差社会は、ますます拡大している。たとえば人口減少が著しい県や地町村では地域経済は地盤沈下が続き、その地域を担当する金融機関の店舗では厳しい状況が続き、店舗の統廃合が余儀なくされている。少子高齢社会の進展と相まって、日本の市区町村別将来推計人口などの統計からも明らかなように、こうした格差がマイナスに拡大する地域の集大成が全国規模になり、現在、わが国全体を覆う景気の不均衡感を形成する一因となっているのではないだろうか[26]。これは、雇用対策や少子化対策同様に、もはや国策として取り組まなければ、平成の大合併や地方分権の推進をはじめとする地域の自助

---

25　全国労働金庫協会および全国信用金庫協会「平成22（2010））年度決算資料」によれば、平成22（2010）年3月末における不良債権比率は信用金庫が5.7％、信用組合が8.2％とピーク時に比べれば格段に処理は進んでいるとはいえ、主要銀行の1.8％や地方銀行3.0％、第二地方銀行の4.0％、に比較すると依然として高い水準にある。なお、労働金庫は1.2％となっている。
26　「日本の市区町村別将来推計人口」国立社会保障人口問題研究所（平成20（2008）年12月）。

努力だけでは解決しえない問題であるのかもしれない。突破口がみえないまま閉塞感が続く状況で、家計や個人に対しても十分な資金が回らず、所得格差が進み、無担保貸出の利用者と利用金額が増える。勤労者や生活者の立場からは、返済能力が十分に見込める（審査をパスする）利用者層は問題ない。ここでは、今回のグレーゾーン金利の廃止・存続をめぐって論議が尽くされた、真面目に働いていても信用力が低く貸出が受けられない層に対して誰が資金を手当するのか、というテーマが残る。資金使途が遊興費や余暇費用ではなく、生活資金や教育資金に充てるための貸出が受けられない層にとっては死活問題である。たとえば、金融広報中央委員会「家計の金融行動に関する世論調査」によると、預貯金や株式などの金融資産を「保有していない」という回答の割合が、例年と比べて著しく増加している。過去5年間の状況は平成19（2007）年20.6％、平成20（2008）年22.1％、平成21（2009）年22.2％、平成22（2010）年22.3％、平成23（2011）年28.6％となっている。さらに、厚生労働省が発表した「福祉行政報告例」によると、平成24（2012）年3月に生活保護を受けた人数は202万2,333人となり、59年ぶりに200万人の大台を超えた。こうした事態への対処が急務となっている。

つまり、リレーションシップバンキングの議論からすれば、これまで地域金融機関は、地域の個人から資金を預かり、主に企業に貸し付ける。それにより地域企業や経済が繁栄し、同時にそこで働く従業員（個人世帯）の生活も向上し、それに応じて地域金融機関も利益を得て成長する。いわゆる地域金融機関は地域経済と運命共同体・一心同体であるという価値観が存在してきた。このメカニズムは右肩上がりの経済においてはすばらしい機能を果たした。ある程度、信用のおける担保を設定し、一族郎党の長の第三者保証があれば、ほとんど審査基準を満たし、現実的にも多くの企業はその貸出を拡大再生産の原動力として成長を持続し、従業員への賃金上昇を確保できた。それが、今般の長く低迷する景気のなかで、多くの地域金融機関で有効に機能しなくなってきている。

現在、社会環境の変化を受けて企業行動は二極化している。一つの企業の

タイプは、無理をしない、設備投資をはじめ事業規模を無理に拡大しないタイプの企業で、これら企業はいわば「無借金経営」を目指せる先で、資金の調達構造の多様化や内部留保の積増しと相まって、地域金融機関にとってビジネスチャンスに結びつきにくいため、貸出案件そのものが減少している。もう一方のタイプは、後ろ向きな貸出先で、バブル崩壊による不良債権処理は収束したとはいえ、いわゆる破綻懸念を含む分類債権先として貸出条件に制限を設ける必要のある先である。これら企業に追加貸出を行う場合、「貸し手側の責任」も問われるため、実態的に「貸渋り」や「貸剥がし」といわれる状態にならざるをえない先があるわけである。こうした先は「経営改善計画」の作成支援や提出をしても、多くの場合、改善しにくいのが現実で、この状況をなんとか打破・改善しようと経営資源を最大限投入しても、企業と金融機関の努力だけでは限界がある場合が多い。この状況が続けば地域金融機関の経営内容は、ますます「劣化」せざるをえず、ひいては、企業の資本力を削ぎ、労働金庫の主たる顧客である従業員個人へも十分な資金（賃金）が回らず、結果的に地域経済を潰すことにつながりかねない。こうした都市間格差や地域間格差が広がり続け、「逆スパイラル現象」が地域金融機関と地域企業の行動や勤労者の生活の狭間で発生している。今後の課題として、リレーションシップバンキングの文脈からすると、情報の非対称性の少ないメインバンクは信用保証協会による信用保証に依存しなくても、中小企業に貸出ができる環境は整っており、経済活性化による地域景気浮揚の観点からも提案型の「目利き」を効かした貸出行動が望まれている[27]。リレーションシップバンキング以降の主要金融機関の中期計画や経営課題への対応の方向性をディスクロージャー誌や専門誌[28]の情報からまとめると次のとおりである（図表2－4参照）。

---

[27] 家森信善『金融経済研究特別号』「金融危機下での中小・地域金融」PP159～162　日本金融学会（平成25（2013）年）。
[28] 地方銀行上位10行と週刊「金融財政事情」月刊「金融ジャーナル」など専門誌からまとめた。

図表2-4　中期経営計画や経営課題の立案・検証

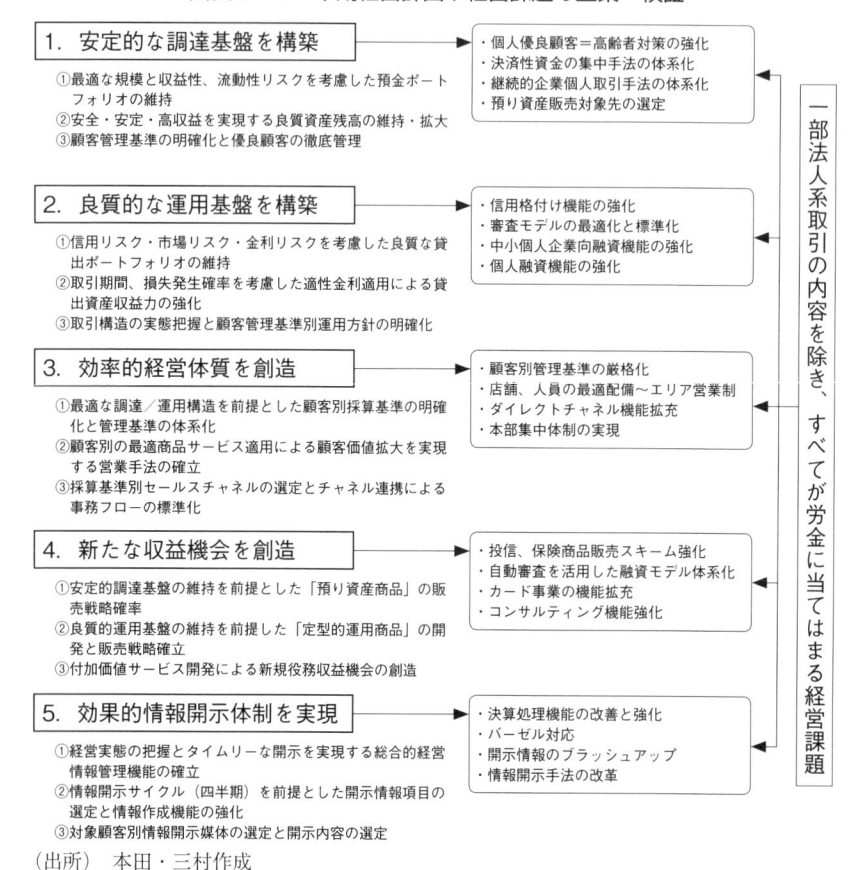

| 1. 安定的な調達基盤を構築 | → | ・個人優良顧客＝高齢者対策の強化<br>・決済性資金の集中手法の体系化<br>・継続的企業個人取引手法の体系化<br>・預り資産販売対象先の選定 |
|---|---|---|
| ①最適な規模と収益性、流動性リスクを考慮した預金ポートフォリオの維持<br>②安全・安定・高収益を実現する良質資産残高の維持・拡大<br>③顧客管理基準の明確化と優良顧客の徹底管理 | | |

| 2. 良質的な運用基盤を構築 | → | ・信用格付け機能の強化<br>・審査モデルの最適化と標準化<br>・中小個人企業向融資機能の強化<br>・個人融資機能の強化 |
|---|---|---|
| ①信用リスク・市場リスク・金利リスクを考慮した良質な貸出ポートフォリオの維持<br>②取引期間、損失発生確率を考慮した適性金利適用による貸出資産収益力の強化<br>③取引構造の実態把握と顧客管理基準別運用方針の明確化 | | |

| 3. 効率的経営体質を創造 | → | ・顧客別管理基準の厳格化<br>・店舗、人員の最適配備～エリア営業制<br>・ダイレクトチャネル機能拡充<br>・本部集中体制の実現 |
|---|---|---|
| ①最適な調達／運用構造を前提とした顧客別採算基準の明確化と管理基準の体系化<br>②顧客別の最適商品サービス適用による顧客価値拡大を実現する営業手法の確立<br>③採算基準別セールスチャネルの選定とチャネル連携による事務フローの標準化 | | |

| 4. 新たな収益機会を創造 | → | ・投信、保険商品販売スキーム強化<br>・自動審査を活用した融資モデル体系化<br>・カード事業の機能拡充<br>・コンサルティング機能強化 |
|---|---|---|
| ①安定的調達基盤の維持を前提とした「預り資産商品」の販売戦略確率<br>②良質的運用基盤の維持を前提した「定型的運用商品」の開発と販売戦略確立<br>③付加価値サービス開発による新規役務収益機会の創造 | | |

| 5. 効果的情報開示体制を実現 | → | ・決算処理機能の改善と強化<br>・バーゼル対応<br>・開示情報のブラッシュアップ<br>・情報開示手法の改革 |
|---|---|---|
| ①経営実態の把握とタイムリーな開示を実現する総合的経営情報管理機能の確立<br>②情報開示サイクル（四半期）を前提とした開示情報項目の選定と情報作成機能の強化<br>③対象顧客別情報開示媒体の選定と開示内容の選定 | | |

（右側注記：一部法人系取引の内容を除き、すべてが労金に当てはまる経営課題）

（出所）　本田・三村作成

　また、多重債務者や自己破産問題を起点にして、地域格差や所得格差の拡大、産業の空洞化やソフト化、少子高齢社会の進展にまで視野を広げて「個人金融」のあり方を考えた場合、これからの個人金融は、単に金利の幅や貸出金額の多寡だけでは論じきれない「個人版リレーションシップバンキング」の必要性を真剣に論議すべき段階に入っているといえまいか。格差社会が進むなかで、事態は深刻化しつつあり、金融機関や地域企業の業績回復に

は、いましばらく時間がかかりそうである。業績回復が見込みにくい地域で働く人たちの所得は伸び悩む。そのため当該地域における資金循環は通貨量的にも通貨の回転速度にも低位であると予想される。この点に、地域における中小企業金融のあるべき姿として「リレーションシップバンキング」が抱える今日的な難解さがある[29]。同時に、個人生活を窮乏化から救い、生活応援という観点から上手に資金を供給・手当する手段としての消費者金融の大切さが増しているといえる。

リレーションシップバンキング以降の主要金融機関の中期計画や経営課題の立案・検証の状況についての資料[30]を掲げるが、どの要素も労働金庫に当てはまるのであると考えられる（図表2－4参照）。

### (3) 労働金庫版リレーションシップバンキング

労働金庫が目指すべきリレーションシップバンキングを提起するにあたり、労働金庫の取引の特徴をあらためて整理すると、先にも述べた「団体主義」の中枢機能をなすビジネスモデルが今日まで労働金庫の成長を有効に支えてきた原動力かつ推進力であった反面、個人の顔やニーズがみえにくく、労働金庫の職員が金融のプロとして個々の間接構成員（組合員）にきめ細かく対応する機会が少ないという弱みがある。それはすなわち、リレーションシップバンキングが示唆する「目利き」の必要性の個人版とでもいうべき力にほかあるまい。つまり、地方銀行や信用金庫がリレーションシップバンキングにおいて主な対象とする地域企業を労働金庫においては会員（団体組織としての労働組合や生活協同組合など）と見立て、協同組織性を活かした労働金庫に求められる機能を「労働金庫版リレーションシップバンキング」と位置づけ、それら団体組織を構成する一人ひとりの構成員（間接構成員）＝個

---

[29] 齋藤正『地域経済を支える地域・中小企業金融』PP39～44　自治体研究社（平成21（2009）年）。
[30] 本田伸孝・三森仁『住宅ローンのマネジメント力を高める』金融財政事情研究会（平成24（2012）年）。

人顧客に対してきめ細かなファイナンシャルサービスを提供する必要性があろう。こうした課題を解決するために、現在、各労働金庫では、会員への質の高いサービスの提供、個別相談業務の強化、ネットワーク強化によるダイレクトチャネルの整備や集配金業務のパート化による相談・提案業務活動時間の創出が進んでいる。そこでは、個別利用者へのアプローチ機会の増強を進め、利用者一人ひとりの顔がみえる環境の整備がなされている。さらには、取引複合化促進に向けた取引基盤項目獲得の強化策として、ローンセンターや相談窓口の強化、住宅ローン取引の推進のみならず、給与振込・公共料金・年金をセットする家計メイン口座確保に向けたクロスセル取引の推進が進められている。

　そのためには、まず、本部機能の強化があげられる。メイン会員や重点会員には、業界知識や専門業務知識と提案能力を身につけた（スキルアップされた）会員ごとの専門担当者を配置する必要がある。リレーションシップバンキングの流れを受けて、地方銀行や信用金庫では、メインバンク機能を十分に果たすため本部や地域本部に個別業種や個別企業を専門に担当する部署や担当者が配備されるケースが多い。メガバンクでは、上場企業が抱えるニーズや業界動向、全国に拠点をもつ工場や支店網への事業調査機能や経営改善提案、経理の効率化提案、職域取引提案（福利厚生）までを関連部署や営業店と連携しつつ、専門で受けもつ組織・体制ができている。

　労働金庫の場合も本部が担当営業店を支援する体制はとるものの、日々の管理は営業店に任せるケースが大宗である。さらに、労働金庫は1県1庫主義に基づき設立されたため、全国各労働金庫が地域の会員を都道府県別に担当することが営業推進の常識とされてきた。そのため、たとえば、全国横断的に個別会員（ある特定の労働組合）向けキャンペーンが実施されるケースは稀である。労働金庫の主な出資者や労働金庫運動を支える労働組合は全国規模の組織が多く、会員（労働組合）活動を本気で支えるためには、労働金庫都合のキャンペーン依頼や労働金庫商品の一方的な紹介だけではワン・ウエイのプロダクト・アウト型ビジネスにしかなりえない。すなわち、勤労者

自主福祉金融機関として全国レベルで十分に機能しえないことは、ひいては地域や中小企業で働く勤労者や地域市民に対しても、十分なサービスを提供することができないことを意味する。また、労働金庫の場合は会員組織が全国組織である場合も多いため、逆もまた真なりであるといえよう。したがって、現状追認的なサービス手法では、現在、高利用の会員といえども、これ以上の関係強化は望めない。会員（労働組合）ニーズを支援できる、マーケット・イン型ビジネスを実現する体制の構築が何よりも望まれる（ギブ・アンド・テイクの関係づくり）。

　すなわち、営業店の最前線では、金融や福祉のプロフェッショナルとしての知識をもつ人材の育成が急務であるが、本部には、生活者の福利厚生問題や労働環境問題にまつわる法改正動向はもとより、地域の個別会員事情や金融面では景気や金利の独自性などにも精通し、会員（労働組合）と同じ目線で意見・情報交換や課題の解決策を提案できる組織の組成と担当者の育成が必須である。

　さらに、ダイレクトチャネルの整備による利用者との接点を考えるうえでは、労働金庫の強みを活かして、利用率の高い会員や全国組織の会員に対しては、会員別に専用HPを設け、独自の情報提供やサービスにインターネットバンキング、コールセンターなどの機能を組み合せて差別化を図るなどの仕組みづくりが有効である。それにより、労働金庫と労働組合が共同して身近な情報や労働金庫でしかできないサービスを間接構成員（労働組合員）に対して提供することが可能となる。こうした取組みを実現することにより、組織団体へのお願いセールスから個人への提案型セールス（オンリーワン）戦略へ転換できるのである。

## まとめ

　「労働金庫版リレーションシップバンキング」の実現のためには、現在13金庫で会員ごとや店舗ごとに異なる業務・事務処理のプロセスを標準・統一

化する必要がある。同時に、各金庫比較では基準があいまいなメイン化基準を比較・検討し、地域の事情を勘案しつつも、全国統一した会員別採算管理制度を確立する必要がある。その際に最も重要な点は、従来の団体主義が定着している会員に対しては、会員、労働金庫双方がメリットを享受できる仕組みづくりを行うことである。会員側も組合員数の減少や経営効率化、人員削減などの影響により、組織力の維持低下を余儀なくされる事情があるなかで、それをサポートしメリットを実感できる仕組みづくりの提供を希求している。また、団体主義ゆえに、労働組合側の事務負担が増えることを懸念して取引を敬遠する低利用・未利用会員や貸出の申込みが職場の同僚（組合）を経由するためプライバシーの観点から利用しないなどの課題を克服せねばならない。

　まず利用が低・未利用な会員向けには、伝統的な「団体主義」手法と決別した「新たな団体主義」ともいえる提案を行いたい。そこでは、貸出金利の優遇など会員であるメリットは従来どおり積極的にアピールしながら、間接構成員が直接アクセスできるチャネル（インターネットバンキング、各種コールセンターや相談センター）を充実させ、ダイレクトに利用者ニーズに対応できるインフラを構築する必要がある。そして利用者が労働金庫を認知（PR）する初動段階では、従来の組合執行部に協力を要請するが、取引口座の開設以降の各種商品サービスの申込みや相談は、直接、労働金庫が受け付けるスタイルにして、中間の事務負担をすべてなくすビジネスモデルを構築すべきである。そこには現行の集配金業務は存在せず、担当者は個別利用者の相談業務や職場内での提案活動、相談会の開催に注力することをねらいとする。

　かつ、さらなる展開を実践可能とする新たな発想や考え方に基づく利用者との関係づくりが求められている。また、その際には、現役時代と退職後、さらには職域と地域をつなぐための関係づくりが急務である。これらの実現に向けては、労働金庫の地域社会における協同組織としての存在意義に最大限配慮しつつ、同時に全国の英知を集中させ、それを最適かつ有効に配分す

る必要がある。そのためには、労働組合の理解と協力を得ながら全国の労働金庫のみならず、生活協同組合をはじめとする協同組織や労働者福祉協議会を核とする勤労者福祉、地域貢献活動など労働金庫の活動目的に合致する団体やNPOと協力・提携関係を強化し、勤労者や地域市民相互を含むリレーションシップを構築することが肝要である。

　協同組織としての「理念」を継承しつつ、英知や人材、蓄積されたノウハウを集結させ、リレーションシップバンキングが説く「目利き」に代表されるクオリティの高い新たな勤労者福祉金融モデルの構築を目指すことができれば、それこそが、わが国における21世紀のリテールファイナンスのあるべき姿を示すことにつながろう。

　第3章では、こうした仮説を裏付けるために、財務分析を中心とした労働金庫の構造分析を行い、具体的な構造改革の方向を提示する。

# 第3章

## 労働金庫の財務分析

## はじめに

　第3章では、これまでの歴史的な経緯や金融制度改革の進展、他業態の動向、業界を取り巻く環境変化をふまえて、現在の労働金庫が直面する課題を、「全国労働金庫経営分析表」(平成13 (2001) 〜23 (2011) 年度) を用いて財務面を中心に時系列分析によりその実態を明らかにし、13金庫体制で新たなステージに臨む労働金庫が、いかに勤労者自主福祉金融機関として機能し、協同組織金融の一翼を担い利用者からの負託に応えるべきか考察する。

　財務分析、経営分析から得た結果に基づき課題を抽出することにより、第2章で述べた「労働金庫版リレーションシップバンキング」に関する仮説に考慮しつつ、最近の金融審議会での議論を参考として、労働金庫の構造改革や収益改革を実現するための具体策を提起、整理したい。

　とりわけ、労働金庫業界の経営特性をふまえて、資産負債の構造および資金利鞘の改革、役務収益の改革、業務経費の改革、リスク回避からアプローチを行い、労働金庫経営の今後の方向性を示す[1]。

## 1　会員と間接構成員の推移と出資金

### (1)　会員の推移

　安倍内閣の成立により、①大胆な金融政策、②機動的な財政政策、③民間投資を喚起するという「三本の矢」を成長戦略の柱と掲げた積極的な政策がとられるなかで、内需の拡大を図るためには賃金の上昇が重要である点が強調され、活発な議論が展開されている。異次元緩和[2]と呼ばれるインフレ・

---

[1] 平成25 (2013) 年5月に全国労働金庫協会から出された「労金業態におけるこれからのビジネスモデルの具体化に向けて (案)」を念頭に置いて検討を行った。

[2] 黒田東彦「量的・質的金融緩和と金融システム−活力ある金融システムの実現に向けて」日本金融学会特別講演 (平成25 (2013) 年5月26日)。

ターゲット政策[3]による円安・株高の進行により輸出企業をはじめとした企業の業績は上向き、一部の大企業による一時金の増額支給などにより、景気の緩やかな回復に期待感が広がる一方で、円安によるガソリンや食料品をはじめとする輸入産品の価格上昇、電力料金や消費税のアップ、など一般消費者の日常生活への影響も懸念され、近年の「金融政策論争」[4]の功罪を含む今後の景気の動向に注目が集まっている。

　一方、労働金庫に関連する金融制度面での動向では、平成18（2006）年12月下旬、内閣府規制改革・民間開放推進会議における「規制改革・民間開放の推進に関する第３次答申－さらなる飛躍を目指して－」公表[5]のなかで「協同組織金融機関に関する法制の見直し」については平成19（2007）年度より検討を開始することが盛り込まれた。その内容は、業務や資金調達手段の制約や税制上の優遇措置、また株式会社組織金融機関など業務面とあわせて組織面での制度の整備などが対象となっている。これらの制度見直しにより、協同組織金融機関のさらなる合併・再編が予測され、結果的に規模の拡大化が進む可能性が指摘されている。平成21（2009）年６月29日に「中間論点整理報告書」が公表されたが、一部の報道で信用金庫と信用組合の区分廃

---

3　わが国におけるインフレ・ターゲット政策が議論され始めた平成11（1999）年、平成12（2000）年当時の日本銀行は、インフレ・ターゲット政策を「調整インフレ論」としてとらえ、「中央銀行として採り得ない政策であるという点で見解の一致をみた」（日本銀行金融政策決定会合記録『通貨及び金融』P66　（平成12（2000）年６月）、「現在のデフレ的な経済状況を打破するために、やや高めの目標インフレ率を設定して、これが達成されるまであらゆる手段を総動員する、という考え方です。目標が達成されないのであれば、中央銀行は、長期国債や株式、場合によっては、不動産さえ購入すべきであるという主張につながります。いわば、インフレターゲティングに名を借りた一種の「調整インフレ論」ということができます」日本銀行調査月報　PP12〜13　（平成11（1999）年12月号）として全面的に否定的な見解を示していた。原薫『現代インフレーションの諸問題1985-99年の日本経済』PP157〜163　八朔社（平成13（2001）年）。
4　川波洋一・上川孝夫編『現代金融論』PP197〜198　有斐閣（平成16（2004）年）。
5　「協同組織金融機関は、業務や資金調達手段が制約されているため、今日の環境のなかでその制約を見直すことにより協同組織金融機関が一層そのあるべき機能を発揮できるようになるとの指摘がある一方、協同組織金融機関については税制上の優遇措置が認められており、今後、銀行と同一の条件で業務を行っていくのであれば、税制上の優遇措置の根拠を何に求めるのか再検討が必要になると考えられる」。

止が話題とされ議論を呼んだ。信用金庫、信用組合を議論の対象とする文脈であるが、労働金庫についても協同組織いう点では事情は同質と考えられる。とりわけ、「株式会社組織の金融機関に比べれば、ガバナンスが十分に機能していないとの指摘もあり、業務面と合わせて組織面での制度の整備も必要であると考えられる。」との指摘は重要である。

さらに最近の金融審議会の動向をみると、平成24（2012）年3月12日に開催された「我が国金融業の中長期的な在り方に関するワーキング・グループ」（第12回）における「個人向け金融サービス」の問題提起では、「国民のニーズに合った金融サービスを提供するためには、顧客目線のマーケティングに本格的に取り組んでいく必要がある。」との提案がなされている。

こうした諸点に考慮しつつ、平成9（2001）年度（同年4月1日）から平成23（2011）年度（平成24（2012）年3月31日）までの11年間の労働金庫の経営指標を社団法人全国労働金庫協会発行『全国労働金庫経営分析表』に基づき取りまとめた。

労働金庫業界の概況は平成24（2012）年8月末現在で全国に13金庫、642店舗、預金残高178,477億円、融資残高115,450億円となっている。全国労働金庫における、ここ約10年間の会員数の推移をみると、企業の合併倒産や労働組合数の減少に伴い、平成20（2008）年度の民間労働組合での237会員の増加を除くと、民間労働組合、官公労働組合の会員ともに一貫して減少傾向が続いている。

会員数の推移をみると、平成13（2001）年度末の69,216会員から平成23（2011）年度末には56,636会員と12,580の減少となっている。まず、その内訳を労働組合会員についてみると、平成13（2001）年度末と平成23（2011）年度末の11年間を比べると、平成13（2001）年度末に51,978あった会員数は、平成23（2011）年度末には42,676会員と9,302の減少となっている。その内訳を会員種別でみると、平成13（2001）年度末に民間労働組合38,338会員（1号会員）、官公労働組合13,640会員（3号会員）であった会員数は、平成23（2011）年度末では、民間労働組合33,335会員（5,003減）、官公労働組

図表3−1　労働組合員数の推移（昭和50（1975）〜平成21（2009）年度）

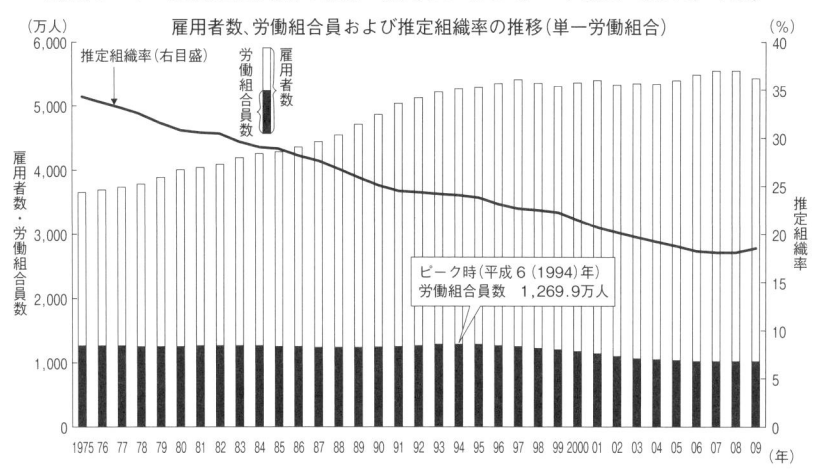

雇用者数、労働組合員および推定組織率の推移（単一労働組合）

ピーク時（平成6（1994）年）
労働組合員数　1,269.9万人

（出所）　厚生労働省『平成21年労働組合基礎調査』より

図表3−2　会員数の推移（平成13（2001）〜23（2011）年度）

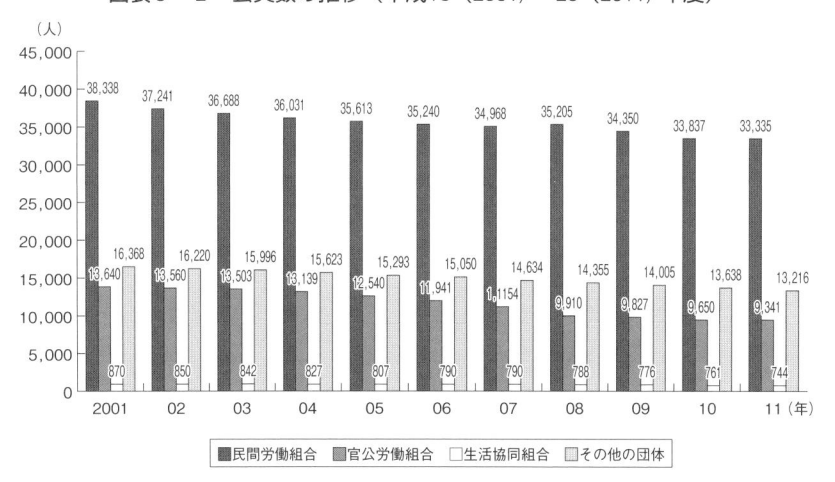

| 年 | 民間労働組合 | 官公労働組合 | 生活協同組合 | その他の団体 |
|---|---|---|---|---|
| 2001 | 38,338 | 13,640 | 870 | 16,368 |
| 02 | 37,241 | 13,560 | 850 | 16,220 |
| 03 | 36,688 | 13,503 | 842 | 15,996 |
| 04 | 36,031 | 13,139 | 827 | 15,623 |
| 05 | 35,613 | 12,540 | 807 | 15,293 |
| 06 | 35,240 | 11,941 | 790 | 15,050 |
| 07 | 34,968 | 11,154 | 790 | 14,634 |
| 08 | 35,205 | 9,910 | 788 | 14,355 |
| 09 | 34,350 | 9,827 | 776 | 14,005 |
| 10 | 33,837 | 9,650 | 761 | 13,638 |
| 11 | 33,335 | 9,341 | 744 | 13,216 |

合9,341会員（4,299減）となっている（図表3－2参照）。

次に、また労働組合以外の会員種別では、平成13（2001）年度末には、生活協同組合870会員（2号会員）、その他団体16,368会員（4号会員）であった会員数は、平成23（2011）年度末には生活協同組合744（126減）、その他団体13,216（3,152減）となっている。この要因は、労働力人口の減少や労働組合員の減少の影響はもとより、民間労働組合においては企業の合併や倒産による影響、地方工場や拠点の中国などアジア移転による閉鎖、産業のソフト化の進行により労働組合組織率の高い第二次産業から組織率の低い第三次産業へのシフトなどが考えられる。また、官公労働組合については、平成17（2005）年度以降、平成の大合併による地方自治体（基礎自治体）数の減少（労働組合の統合による数の減少）や平成20（2008）年度の減少が1,244会員と際立って多いことから、官公労働組合であった会員が民営化などの措置により民間労働組合会員へ計算上移行した可能性が指摘されよう。この点については今後精査する必要があるが、郵政民営化に伴い、全逓、全郵政労働組合が、JP労働組合などに移行するなどが要因としてあげられよう。

これを増減率でみても、この11年間、すべての会員で毎年1～2％程度のペースで会員数は減り続けており、労働組合数の減少に影響を受けているとはいいながら、労働金庫業界において新規会員獲得の取組みが求められよう。このままのペースで会員数の減少が続くと、労働金庫の根幹をなす、団体主義に裏付けられた会員制度の弱体化を招きかねない（図表3－1～3－4参照）。

また、これを会員構成比からみると、平成13（2001）年度末では、民間労働組合会員（1号会員）55.4％、官公労働組合会員（3号会員）19.7％、生活協同組合会員（2号会員）1.3％、その他団体23.6％が、平成23（2011）年度末では、民間労働組合会員（1号会員）58.9％、官公労働組合会員（3号会員）16.5％、生活協同組合会員（2号会員）1.3％、その他団体23.3％となっている。この11年間で、民間労働組合会員が増加した分、官公労働組合会員が減少するという傾向をみせている。ただ、この傾向を官公労働組合の組

図表3－3　会員数の増減（前年比）（平成13（2001）～23（2011）年度）

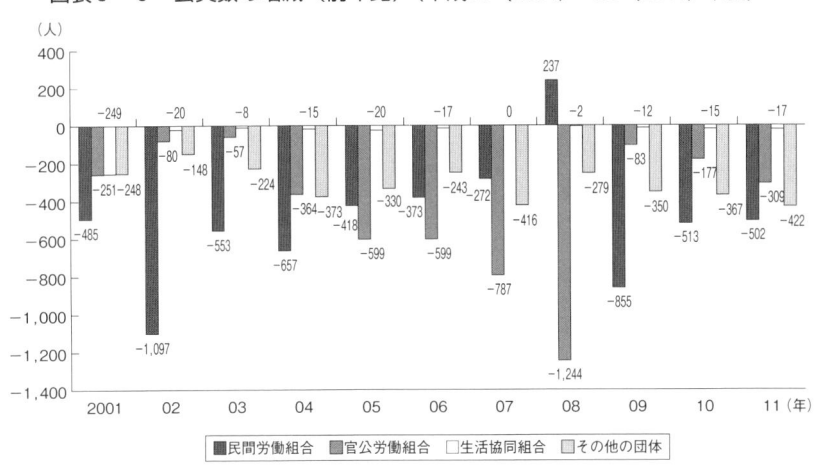

図表3－4　会員数の増減率（前年比）（平成13（2001）～23（2011）年度）

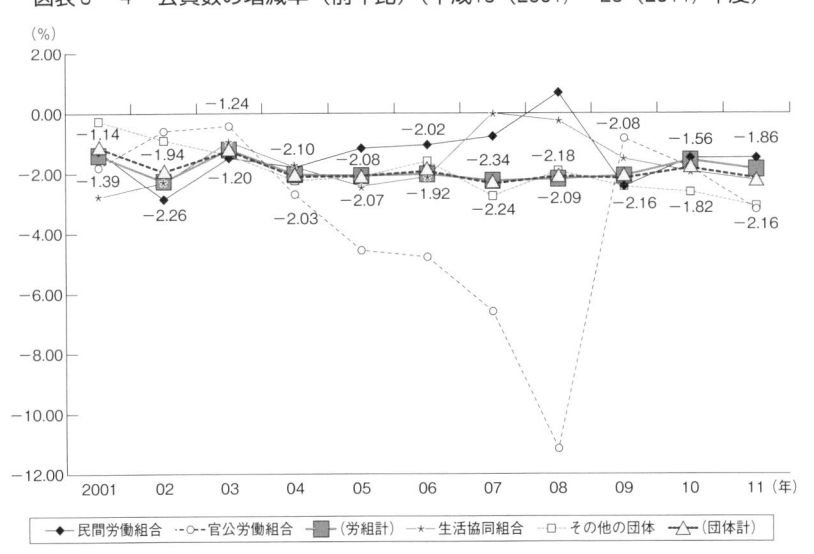

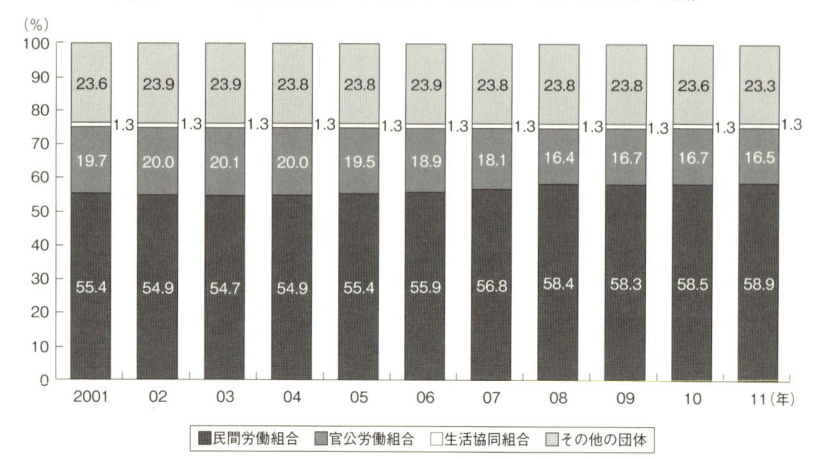

図表3-5　会員構成率（平成13（2001）～23（2011）年度）

| 年 | 民間労働組合 | 官公労働組合 | 生活協同組合 | その他の団体 |
|---|---|---|---|---|
| 2001 | 55.4 | 19.7 | 1.3 | 23.6 |
| 02 | 54.9 | 20.0 | 1.3 | 23.9 |
| 03 | 54.7 | 20.1 | 1.3 | 23.9 |
| 04 | 54.9 | 20.0 | 1.3 | 23.8 |
| 05 | 55.4 | 19.5 | 1.3 | 23.8 |
| 06 | 55.9 | 18.9 | 1.3 | 23.9 |
| 07 | 56.8 | 18.1 | 1.3 | 23.8 |
| 08 | 58.4 | 16.4 | 1.3 | 23.8 |
| 09 | 58.3 | 16.7 | 1.3 | 23.8 |
| 10 | 58.5 | 16.7 | 1.3 | 23.6 |
| 11 | 58.9 | 16.5 | 1.3 | 23.3 |

織・団体が民営化などの措置により、民間労働組合に移行したためとみれば、21世紀以降は、会員数は大幅に減少するも、構成率にはさほど変化がないとみることもできよう（図表3-5参照）。

(2) 間接構成員

　間接構成員の数をみると、全体で平成13（2001）年度末に1,057万人あった間接構成員は、平成23（2011）年度末で1,004万人と53万人の減少となっている。その内訳を、会員種別でみると、まず労働組合会員では、平成13（2001）年度末と平成23（2011）年度末の11年間を比べると、平成13（2001）年度末に929万人あった間接構成員数は、平成23（2011）年度末には857万人と72万人の減少となっている。その内訳を会員種別でみると、平成13（2001）年度末に民間労働組合703万人（1号会員）、官公労働組合226万人（3号会員）であった会員数は、平成23（2011）年度末では、民間労働組合667万人（36万人減）、官公労働組合190万人（36万人減）となっている。また労働組合以外の会員種別では、平成13（2001）年度末では、生活協同組合

1万8,000人(2号会員)が、平成23(2011)年度末では3万6,000人(1万8,000人増)と2倍の増加を示している。また、その他団体は平成13(2001)年度末で126万人(4号会員)であった間接構成員数が、平成23(2011)年度末には142万人(16万人増)となっている。

つまり、間接構成員数では、労働組合会員に属する間接構成員数は減少し、団体会員に属する間接構成員が増加している。ただ、生活協同組合会員に属する間接構成員の推移のうちで、平成14(2002)年度から平成15(2003)年度に一気に間接構成員が1万人増加、平成20(2008)年度から平成21(2009)年度に2万1,000人増加した年もあれば、平成21(2009)年度から平成22(2010)年度にみられる1万6,000人の減少など1年間での増減が激しい年もあり、なお詳細な事情や要因を分析する必要あろう(図表3-6～3-8参照)。

また、これを間接構成員構成率からみると、平成13(2001)年度末では、民間労働組合間接構成員(1号会員)66.5%、官公労働組合間接構成員(3号会員)21.4%、生活協同組合間接構成員(2号会員)0.2%、その他団体間

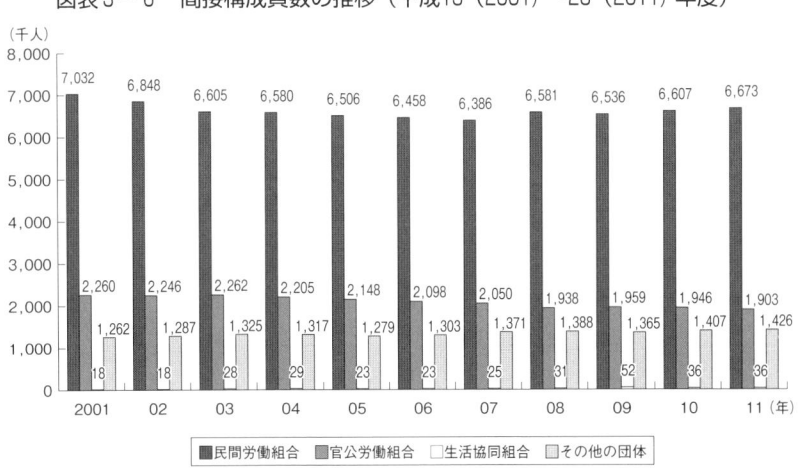

図表3-6 間接構成員数の推移(平成13(2001)～23(2011)年度)

(千人)

| 年 | 民間労働組合 | 官公労働組合 | 生活協同組合 | その他の団体 |
|---|---|---|---|---|
| 2001 | 7,032 | 2,260 | 18 | 1,262 |
| 02 | 6,848 | 2,246 | 18 | 1,287 |
| 03 | 6,605 | 2,262 | 28 | 1,325 |
| 04 | 6,580 | 2,205 | 29 | 1,317 |
| 05 | 6,506 | 2,148 | 23 | 1,279 |
| 06 | 6,458 | 2,098 | 23 | 1,303 |
| 07 | 6,386 | 2,050 | 25 | 1,371 |
| 08 | 6,581 | 1,938 | 31 | 1,388 |
| 09 | 6,536 | 1,959 | 52 | 1,365 |
| 10 | 6,607 | 1,946 | 36 | 1,407 |
| 11 | 6,673 | 1,903 | 36 | 1,426 |

図表3－7　間接構成員数の増減（前年比）（平成13（2001）～23（2011）年度）

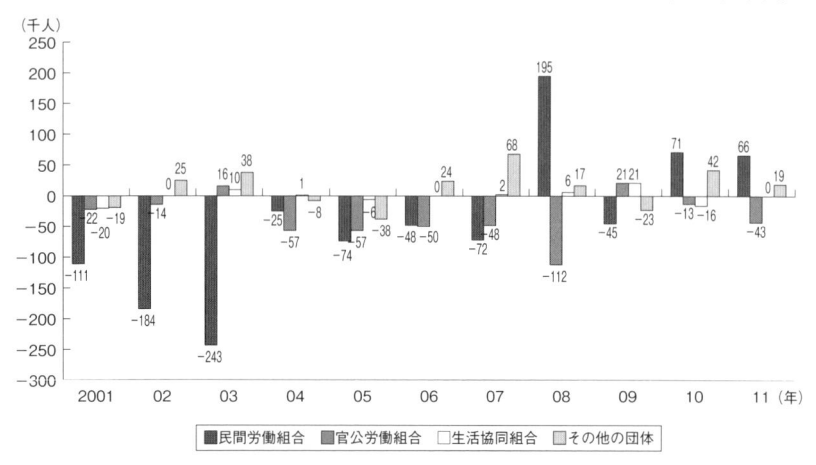

図表3－8　間接構成員数の増減率（前年比）（平成13（2001）～23（2011）年度）

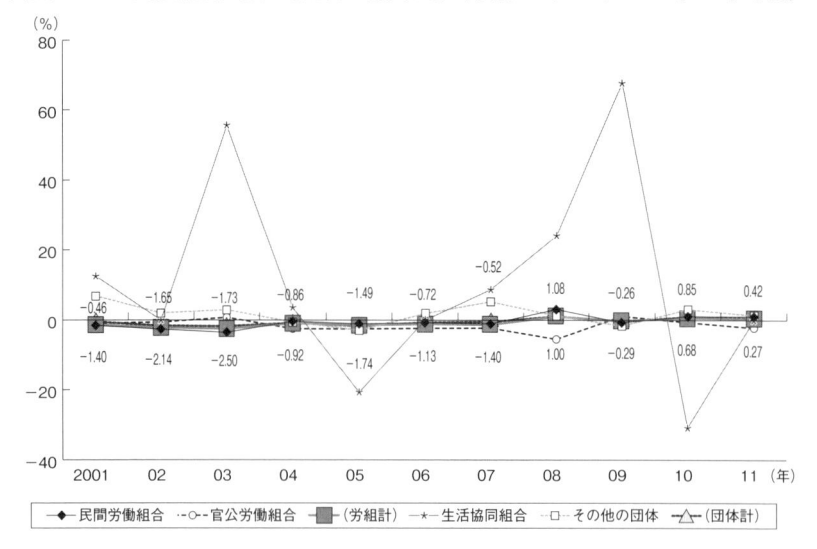

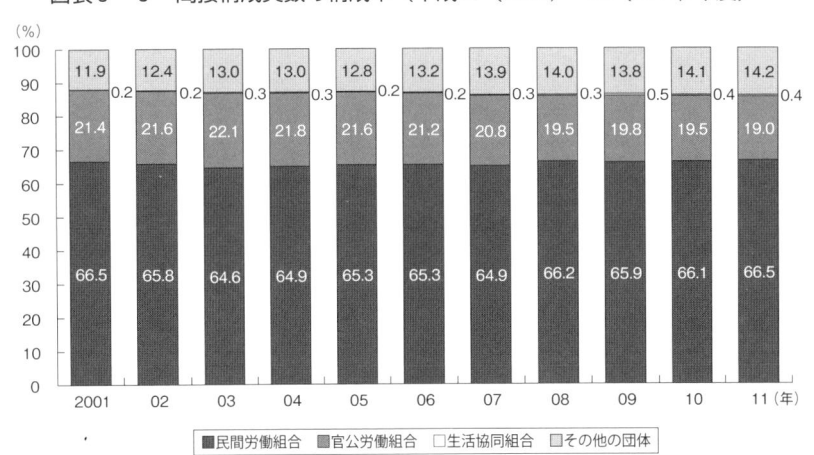

図表3-9　間接構成員数の構成率（平成13（2001）～23（2011）年度）

| 年 | 民間労働組合 | 官公労働組合 | 生活協同組合 | その他の団体 |
|---|---|---|---|---|
| 2001 | 66.5 | 21.4 | 0.2 | 11.9 |
| 02 | 65.8 | 21.6 | 0.2 | 12.4 |
| 03 | 64.6 | 22.1 | 0.3 | 13.0 |
| 04 | 64.9 | 21.8 | 0.3 | 13.0 |
| 05 | 65.3 | 21.6 | 0.2 | 12.8 |
| 06 | 65.3 | 21.2 | 0.2 | 13.2 |
| 07 | 64.9 | 20.8 | 0.3 | 13.9 |
| 08 | 66.2 | 19.5 | 0.3 | 14.0 |
| 09 | 65.9 | 19.8 | 0.5 | 13.8 |
| 10 | 66.1 | 19.5 | 0.4 | 14.1 |
| 11 | 66.5 | 19.0 | 0.4 | 14.2 |

接構成員11.9%が、平成23（2011）年度末では、民間労働組合会員（1号会員）66.5%、官公労働組合会員（3号会員）19.0%、生活協同組合会員（2号会員）0.4%、その他団体14.2%となっている。この11年間で、民間労働組合間接構成員は横ばい、官公労働組合間接構成員が減少を続けるなかで、その他団体に属する間接構成員が伸びるという傾向をみせている（図表3-9参照）。

## (3) 出資金の推移

次に出資金についてみると、平成13（2001）年度741億円が平成23（2011）年度には960億円とほぼ毎年増加している。主な増加要因は民間労働組合からの出資によるもので、平成13（2001）年度387億円が平成23（2011）年度には538億円と151億円の伸びを示している。出資金の内訳を構成率でみると、民間労働組合会員が、52.3%から56.0%と約4％増加し、官公労働組合会員は22％前後で推移、生活協同組合が6.4%から5.0%へ微減、その他団体が13.0%から12.1%とほぼ横ばいとなっている（図表3-10、3-11参照）。

さらに、普通出資金を1会員当りの金額推移でみると、最も出資額が大き

図表3-10 普通出資金の推移（平成13（2001）～23（2011）年度）

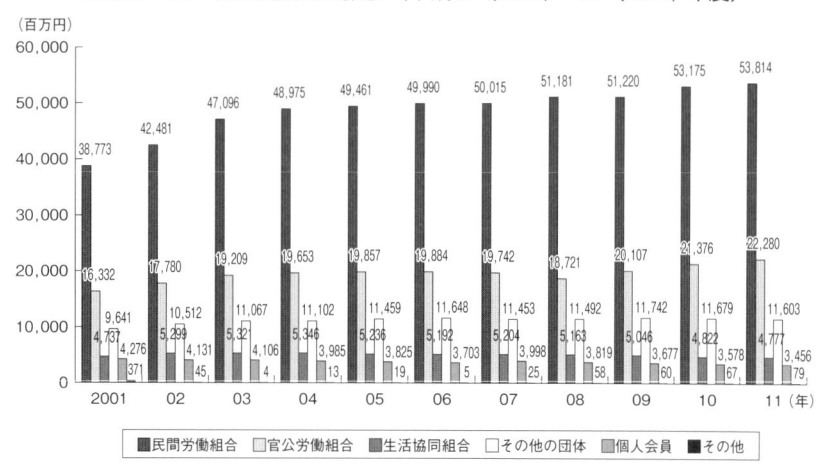

図表3-11 普通出資金の構成率（平成13（2001）～23（2011）年度）

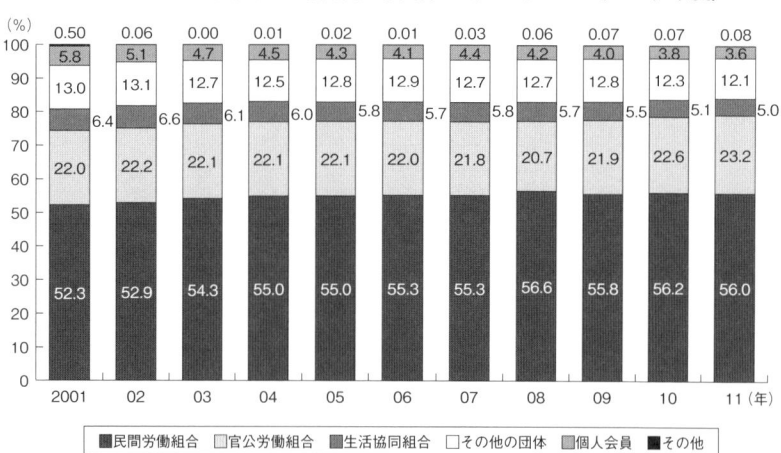

い生活協同組合では、平成13（2001）年度の544万円から平成19（2007）年度の658万円まで増加を続け、平成23（2011）年度では若干減少して642万円となっている。次いで、官公労働組合は、平成13（2001）年度119万円から毎

図表3−12　1会員当りの普通出資金の推移（平成13（2001）〜23（2011）年度）

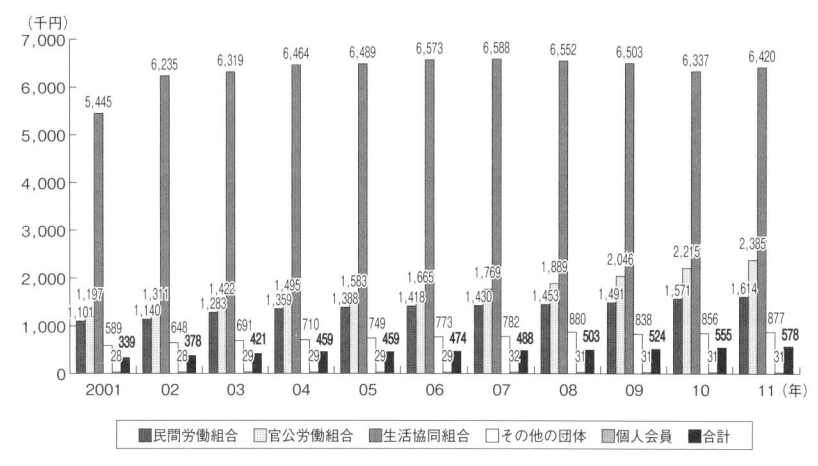

(千円)

| 年 | 民間労働組合 | 官公労働組合 | 生活協同組合 | その他の団体 | 個人会員 | 合計 |
|---|---|---|---|---|---|---|
| 2001 | 1,101 | 1,197 | 589 | 28 | | 5,445 |
| 02 | 1,140 | 1,311 | 648 | 28 | 378 | 6,235 |
| 03 | 1,283 | 1,422 | 691 | 28 | 421 | 6,319 |
| 04 | 1,359 | 1,495 | 710 | | 459 | 6,464 |
| 05 | 1,388 | 1,583 | 749 | 29 | 459 | 6,489 |
| 06 | 1,418 | 1,665 | 773 | 29 | 474 | 6,573 |
| 07 | 1,430 | 1,769 | 782 | 32 | 488 | 6,588 |
| 08 | 1,453 | 1,889 | 880 | 31 | 503 | 6,552 |
| 09 | 1,491 | 2,046 | 838 | 31 | 524 | 6,503 |
| 10 | 1,571 | 2,215 | 856 | 31 | 555 | 6,337 |
| 11 | 1,614 | 2,385 | 877 | 31 | 578 | 6,420 |

年増加を続け、平成23（2011）年度末では238万円と10年間で約2倍の増加となっている。その要因は、平成17（2005）年あたりから平成の大合併により、地方自治体の数が減少した分、自治体労働組合も合併して出資金が合計されたためであると考えられる（図表3−12参照）。

## 2　預金の推移

### (1)　預金積金口数

　まず、預金積金を口数の推移でみると、平成13（2001）年度は普通預金857万口で構成率は4.6％、定期預金1億7,418万口で構成率95.1％であった。その後、普通預金口数は順調に増加し、平成23（2011）年度で975万口、同構成率4.9％となっている。定期預金は平成20（2008）年度1億8,777万口まで増加を続けたが、平成21（2009）年度に1億8,725万口と51万口の減少に転じた。しかし、平成23（2011）年度には1億8,733万口、同構成率95.0％と、口数では平成19（2007）年度の水準まで回復した。定期預金の口数構成率が95.0％と高い特徴として、労働金庫は財形預金の口数が最も高い業態で

あり、毎月の積立ごとに定期預金が1本ずつ増加するという特徴を有しているためと推測される。そのため、1口当り金額では、普通預金が44万9,000円に対して定期預金が6万7,000円となっている（平成23（2011）年度）。労働金庫が貯蓄メインの金融機関であることをうかがえる（図表3－13～3－

図表3－13　種類別預金積金（口数、1口当り）（平成13（2001）～23（2011）年度）

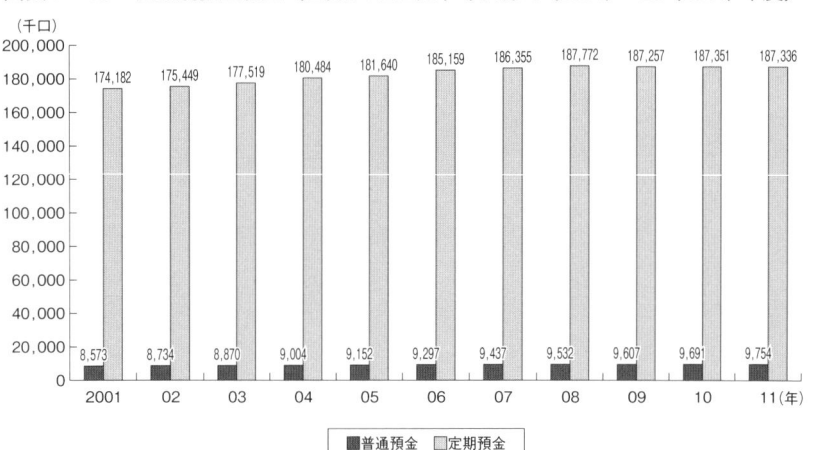

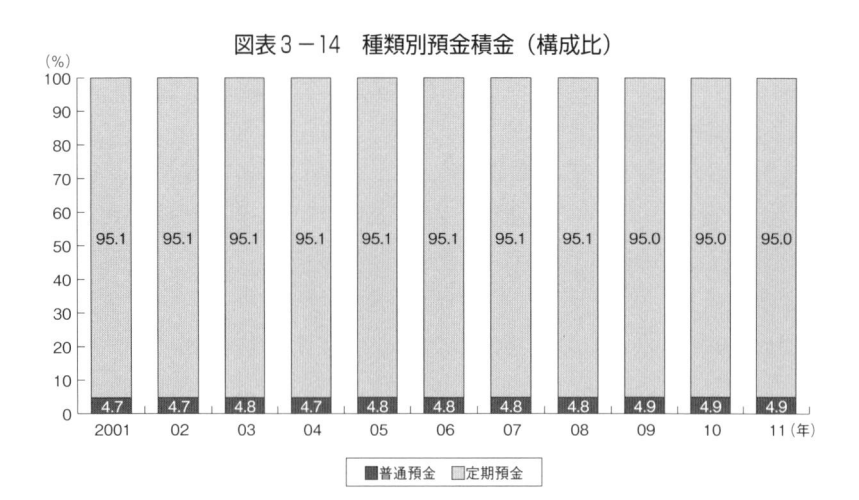

| 年度 | 普通預金 | 定期預金 |
|---|---|---|
| 2001 | 8,573 | 174,182 |
| 02 | 8,734 | 175,449 |
| 03 | 8,870 | 177,519 |
| 04 | 9,004 | 180,484 |
| 05 | 9,152 | 181,640 |
| 06 | 9,297 | 185,159 |
| 07 | 9,437 | 186,355 |
| 08 | 9,532 | 187,772 |
| 09 | 9,607 | 187,257 |
| 10 | 9,691 | 187,351 |
| 11 | 9,754 | 187,336 |

（千口）

図表3－14　種類別預金積金（構成比）

| 年度 | 普通預金(%) | 定期預金(%) |
|---|---|---|
| 2001 | 4.7 | 95.1 |
| 02 | 4.7 | 95.1 |
| 03 | 4.8 | 95.1 |
| 04 | 4.7 | 95.1 |
| 05 | 4.8 | 95.1 |
| 06 | 4.8 | 95.1 |
| 07 | 4.8 | 95.1 |
| 08 | 4.8 | 95.1 |
| 09 | 4.9 | 95.0 |
| 10 | 4.9 | 95.0 |
| 11 | 4.9 | 95.0 |

図表3-15　業態別財形貯蓄実施状況（平成23（2011）年3月末）

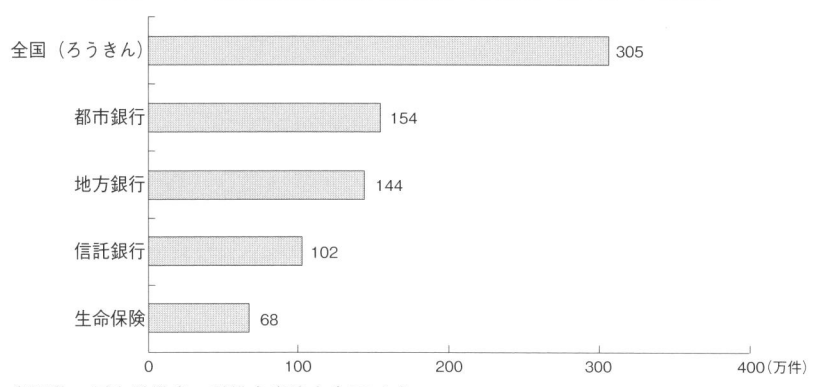

- 全国（ろうきん）：305
- 都市銀行：154
- 地方銀行：144
- 信託銀行：102
- 生命保険：68

（単位：万件）

（出所）　厚生労働省、労働金庫連合会HPより

図表3-16　種類別預金積金（金額、1口当り）（平成13（2001）～23（2011）年度）

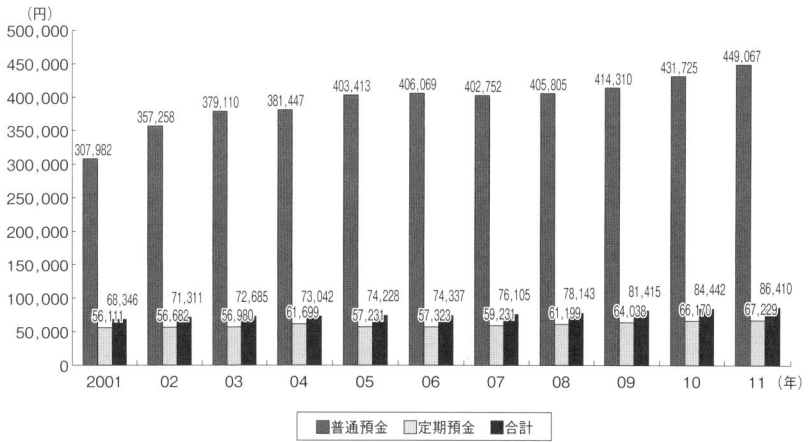

| 年度 | 普通預金 | 定期預金 | 合計 |
|---|---|---|---|
| 2001 | 56,111 | 68,346 | 307,982 |
| 02 | 56,682 | 71,311 | 357,258 |
| 03 | 56,980 | 72,685 | 379,110 |
| 04 | 61,699 | 73,042 | 381,447 |
| 05 | 57,231 | 74,228 | 403,413 |
| 06 | 57,323 | 74,337 | 406,069 |
| 07 | 59,231 | 76,105 | 402,752 |
| 08 | 61,199 | 78,143 | 405,805 |
| 09 | 64,038 | 81,415 | 414,310 |
| 10 | 66,170 | 84,442 | 431,725 |
| 11 | 67,229 | 86,410 | 449,067 |

（単位：円）

16参照）。

## (2) 預金積金残高

　次に預金積金を残高ベースでみると、平成13（2001）年度に12兆5,200億

円であった預金積金は、平成23（2011）年度の17兆420億円まで、順調にその残高を伸ばしてきている。その内訳は、平成13（2001）年度の普通預金残高2兆254億円、同構成比21.0％から、平成23（2011）年度には4.3兆円、同構成比25.7％、平成13（2001）年度の定期預金残高9兆7,735億円、同構成比78.1％から平成23（2011）年度には12兆5,944億円、同構成比73.9％となっている。これを増減率でみると、平成13（2001）年度における普通預金の増加率が異常値ともとれる値（30.4％）を示しているが、これはペイオフの解禁による定期性預金から普通預金へのシフトであると推測できる。ともあれ、労働金庫業態の預金残高における特徴は、普通預金と定期預金の構成比が1：3であるという点である（図表3－17～3－20参照）。

さらに、預金者別に預金積金の推移を口数と1口当り金額でみると図表3－20のとおりである。まず、民間労働組合会員では、平成13（2001）年度の9,071万口であった口数は、平成14（2002）年度と平成21（2009）年度で対前年比減少しているが、ここ10年でほぼ順調に伸ばし、平成23（2011）年度では1億950万口となっている。一方、1口当りの金額は、6万2,000円から5万9,000円へと減少している。次に官公労働組合会員では、平成13

図表3－17　種類別預金積金（残高）（平成13（2001）～23（2011）年度）

| 年度 | 普通預金 | 定期預金 |
|---|---|---|
| 2001 | 2,640,436 | 9,773,580 |
| 02 | 3,120,555 | 9,944,877 |
| 03 | 3,362,957 | 10,115,160 |
| 04 | 3,434,688 | 10,334,817 |
| 05 | 3,692,278 | 10,395,489 |
| 06 | 3,775,283 | 10,614,014 |
| 07 | 3,801,132 | 11,038,104 |
| 08 | 3,868,193 | 11,491,511 |
| 09 | 3,980,306 | 11,911,695 |
| 10 | 4,183,972 | 12,397,133 |
| 11 | 4,380,374 | 12,594,460 |

（百万円）

図表3−18　種類別預金積金（構成比）（平成13（2001）〜23（2011）年度）

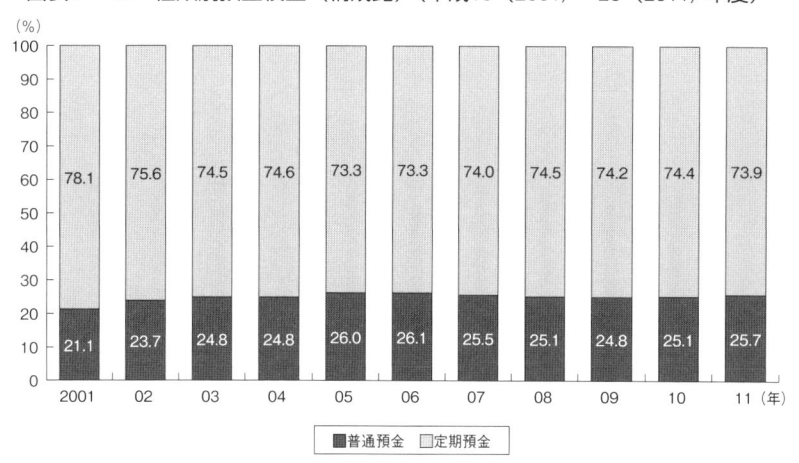

| 年 | 普通預金 | 定期預金 |
|---|---|---|
| 2001 | 21.1 | 78.1 |
| 02 | 23.7 | 75.6 |
| 03 | 24.8 | 74.5 |
| 04 | 24.8 | 74.6 |
| 05 | 26.0 | 73.3 |
| 06 | 26.1 | 73.3 |
| 07 | 25.5 | 74.0 |
| 08 | 25.1 | 74.5 |
| 09 | 24.8 | 74.2 |
| 10 | 25.1 | 74.4 |
| 11 | 25.7 | 73.9 |

図表3−19　種類別預金積金（増減率）（平成13（2001）〜23（2011）年度）

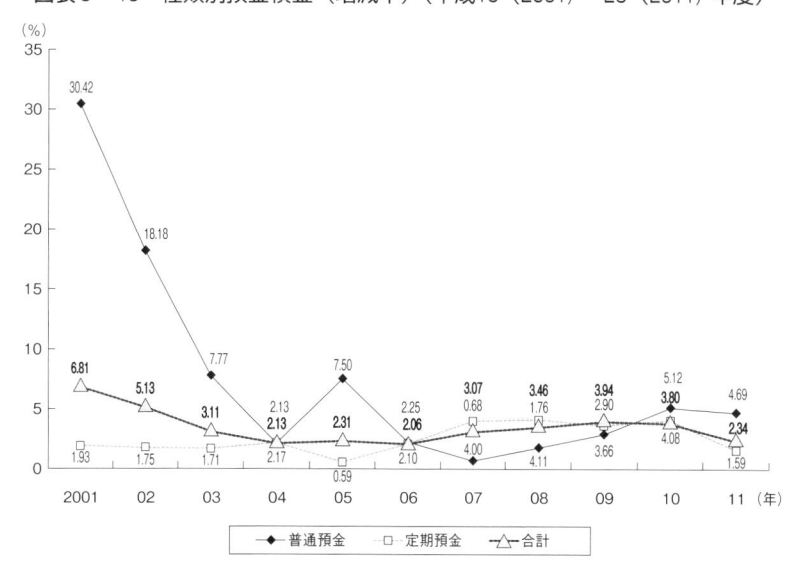

| 年 | 普通預金 | 定期預金 | 合計 |
|---|---|---|---|
| 2001 | 30.42 | 1.93 | 6.81 |
| 02 | 18.18 | 1.75 | 5.13 |
| 03 | 7.77 | 1.71 | 3.11 |
| 04 | 2.13 | 2.17 | 2.13 |
| 05 | 7.50 | 0.59 | 2.31 |
| 06 | 2.25 | 2.10 | 2.06 |
| 07 | 0.68 | 4.00 | 3.07 |
| 08 | 1.76 | 4.11 | 3.46 |
| 09 | 2.90 | 3.66 | 3.94 |
| 10 | 3.80 | 4.08 | 5.12 |
| 11 | 4.69 | 1.59 | 2.34 |

第3章　労働金庫の財務分析　117

図表3-20　預金者別預金積金（口数、1口当り金額）
（平成13（2001）～23（2011）年度）

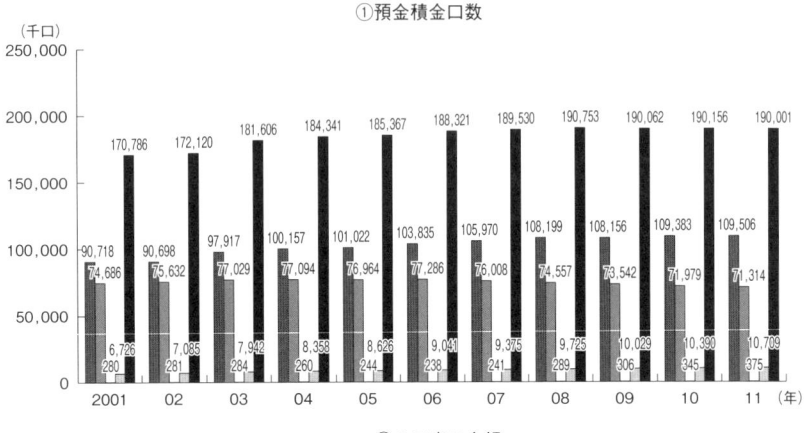

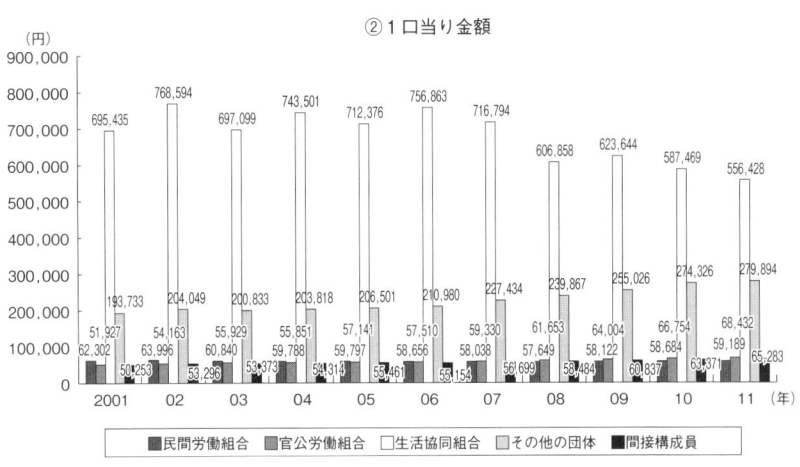

①預金積金口数（千口）

②1口当り金額（円）

凡例：■民間労働組合　■官公労働組合　□生活協同組合　□その他の団体　■間接構成員

(2001) 年度7,468万口が、口数では平成18（2006）年度の7,728万口をピークに減少へと転じ、平成23（2011）年度では7,131万口とピーク時から597万口減少している。ただし、1口当り金額は、5万1,927円から6万8,432円と増加している。官公労働組合会員を民間労働組合会員と比較すると、公務員の数は減少するも賃金は一定水準が保たれているため、口数は減少しても1口

当り金額は増加していると考えられる。

　次に生活協同組合をみると平成13（2001）年度に28万口であった口数は、平成18（2006）年度には23万口まで減少するも、その後増加に転じ、平成23（2011）年度では37万口まで増加している。構成比では細微な数値であるが、生活協同組合の1口当り金額は、他の会員種別に比べ一桁高いため、今後の取引増加に期待がもてよう。さらに、ここ11年で読み取れる注目すべき特徴としては、その他団体の数値である。平成13（2001）年度672万口であった口数は、毎年増加を続け、平成23（2011）年度では1,070万口と上昇している。また、1口当り金額も27万9,894円と間接構成員6万5,283円（平均値）と比べ約4倍であり、今後の推移を注視すべきである。

　なお、1口当りの金額を平成23（2011）年度でみると、生活協同組合55万6,428円、その他の団体27万9,894円、官公労働組合6万8,432円、民間労働組合5万9,189円となっている。生活協同組合とその他団体に比べ、官公労働組合と民間労働組合の金額が低い理由は、官公労働組合と民間労働組合では毎月の組合費の受入口座としてのみの利用者が主流を占めているためと推測され、今後、詳細な検証をすべきテーマである（図表3－20参照）。

　次に預金者別に預金積金の推移を残高ベースでみると図表3－21のとおりである。

　まず、平成13（2001）年度残高では、民間労働組合5兆6,519億円、官公労働組合3兆8,783億円、生活協同組合1,948億円、その他団体1億3,032億円であった。

　このなかで官公労働組合の平成16（2004）年度、生活協同組合の平成15（2003）～17（2005）年度、平成19（2007）年度では対前年比減少に転じているものの、その他の年度では、すべての預金者別で増加を続けており、平成23（2011）年度では、民間労働組合6兆4,816億円、官公労働組合4兆8,802億円、生活協同組合2,092億円、その他団体2兆9,976億円となっている。その結果から、民間労働組合が7％構成比を低下させており、そのかわりその他団体が8％構成比を上昇させている。つまり、主力会員からの預金積金の

図表3−21 預金者別預金積金（残高、増減率）（平成13（2001）〜23（2011）年度）

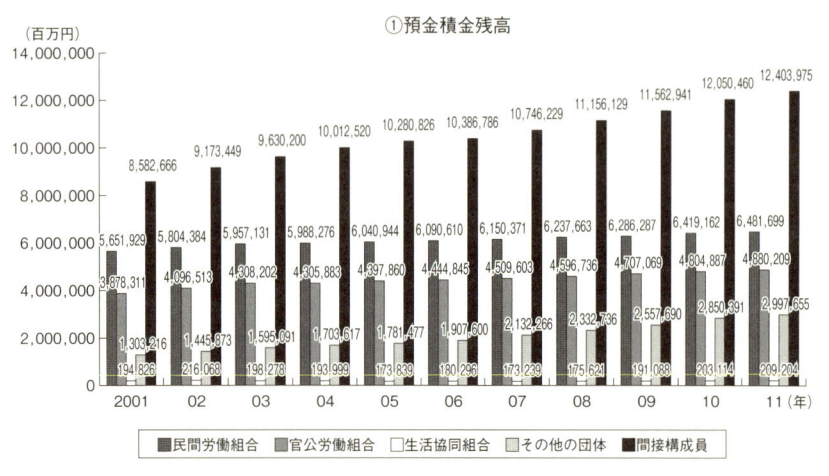

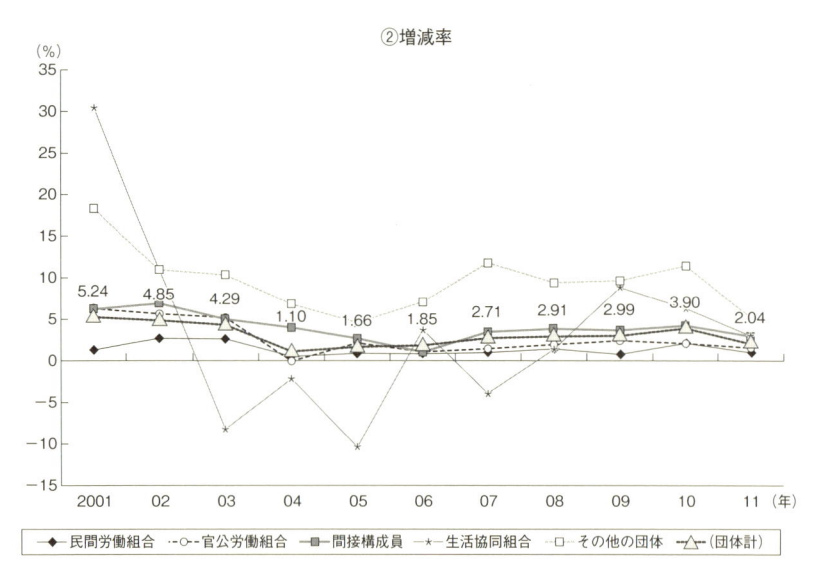

①預金積金残高

（百万円）

| 年 | 民間労働組合 | 官公労働組合 | 生活協同組合 | その他の団体 | 間接構成員 |
|---|---|---|---|---|---|
| 2001 | 3,878,311 | 5,651,929 | 194,826 | 1,303,216 | 8,582,666 |
| 02 | 4,096,513 | 5,804,384 | 216,068 | 1,445,873 | 9,173,449 |
| 03 | 4,308,202 | 5,957,131 | 198,278 | 1,595,091 | 9,630,200 |
| 04 | 4,305,883 | 5,988,276 | 193,999 | 1,703,617 | 10,012,520 |
| 05 | 4,397,860 | 6,040,944 | 173,839 | 1,781,477 | 10,280,826 |
| 06 | 4,444,845 | 6,090,610 | 180,296 | 1,907,600 | 10,386,786 |
| 07 | 4,509,603 | 6,150,371 | 173,239 | 2,132,266 | 10,746,229 |
| 08 | 4,596,736 | 6,237,663 | 175,621 | 2,332,736 | 11,156,129 |
| 09 | 4,707,069 | 6,286,287 | 191,088 | 2,557,690 | 11,562,941 |
| 10 | 4,804,887 | 6,419,162 | 203,114 | 2,850,391 | 12,050,460 |
| 11 | 4,880,209 | 6,481,699 | 209,204 | 2,997,655 | 12,403,975 |

②増減率

| 年 | 団体計(%) |
|---|---|
| 2001 | 5.24 |
| 02 | 4.85 |
| 03 | 4.29 |
| 04 | 1.10 |
| 05 | 1.66 |
| 06 | 1.85 |
| 07 | 2.71 |
| 08 | 2.91 |
| 09 | 2.99 |
| 10 | 3.90 |
| 11 | 2.04 |

凡例：民間労働組合、官公労働組合、間接構成員、生活協同組合、その他の団体、（団体計）

受入れが低下するかわりに、労働組合や生活協同組合団体以外の層からの受入れが伸びていることを意味している。

主力会員（主要な出資会員）からの預入が長期的に低下すると、その他団体に属する一般の勤労者の労働金庫利用をベースに主力会員である出資者に利用配当を行うという、本来の協同組織性を歪める事態に陥りかねない点が懸念される。協同組織金融機関におけるガバナンスの問題について、今後、さらなる議論が求められるところである（図表3－21参照）。

## 3　貸出金の推移

### (1)　新規貸出金

　次に平成14（2002）年度から平成23（2011）年度の10年間における貸出金の推移についてみる。まず、年度ごとの新規貸出金について、資金使途別に件数の推移をみる。平成14（2002）年度では、賃金手当対策資金109件（0.03％）、生活資金25万1,073件（69.4％）、福利共済資金1,798件（0.5％）、生協資金137件（0.04％）住宅資金10万8,488件（30.0％）となっており、その構成比は生活資金が7割、住宅資金が3割となっている。これが、平成23（2011）年度では、賃金手当対策資金12件（0.00％）、生活資金22万1,792件（67.6％）、福利共済資金348件（0.1％）、生協資金21件（0.01％）、住宅資金9万4,070件（32.2％）となっている（図表3－22参照）。

　件数は各年では増加した年度もあるが、10年間のトレンドの特徴としては漸減傾向を示しながら、賃金手当対策資金、福利共済資金、生協資金は皆無に等しい新規件数にまで細ってきている。その結果、全体で件数は減少しているものの、構成比の生活資金が7割、住宅資金が3割という比率に変化はない。つまり、生活資金と住宅資金への資金使途の固定化が定着しているといえる。これは、賃金遅不払いや人員整理の多発、福利厚生制度の未整備など、1950年代に労働金庫が設立された当時の社会情勢と今日を比べると大きく時代が変化したことに起因すると考えられる[6]。

　同じく、これを金額ベースでみた推移が図表3－23である。まず、最も注目すべき点は、平成14（2002）年度に3,593億円であった福利共済資金が、

図表3−22　使途別貸出金（新規累計件数、構成比）
（平成14（2002）〜23（2011）年度）

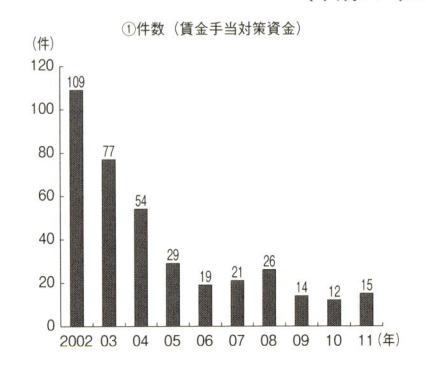

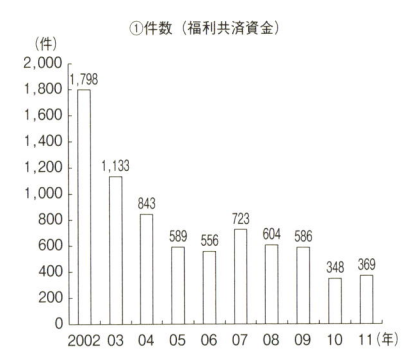

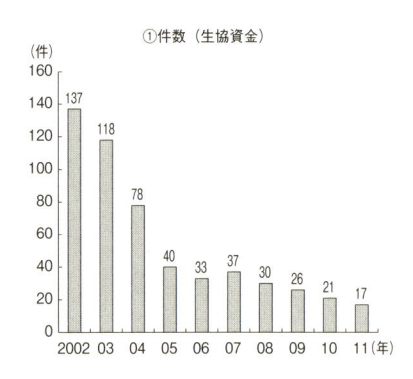

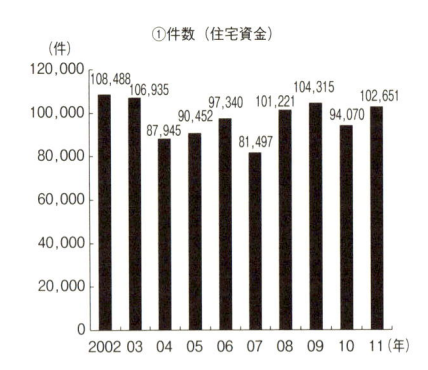

①件数（賃金手当対策資金）（件）

| 年 | 件数 |
|---|---|
| 2002 | 109 |
| 03 | 77 |
| 04 | 54 |
| 05 | 29 |
| 06 | 19 |
| 07 | 21 |
| 08 | 26 |
| 09 | 14 |
| 10 | 12 |
| 11 | 15 |

①件数（生活資金）（件）

| 年 | 件数 |
|---|---|
| 2002 | 251,073 |
| 03 | 207,004 |
| 04 | 184,396 |
| 05 | 168,863 |
| 06 | 171,218 |
| 07 | 170,774 |
| 08 | 177,020 |
| 09 | 211,762 |
| 10 | 221,792 |
| 11 | 215,463 |

①件数（福利共済資金）（件）

| 年 | 件数 |
|---|---|
| 2002 | 1,798 |
| 03 | 1,133 |
| 04 | 843 |
| 05 | 589 |
| 06 | 556 |
| 07 | 723 |
| 08 | 604 |
| 09 | 586 |
| 10 | 348 |
| 11 | 369 |

①件数（生協資金）（件）

| 年 | 件数 |
|---|---|
| 2002 | 137 |
| 03 | 118 |
| 04 | 78 |
| 05 | 40 |
| 06 | 33 |
| 07 | 37 |
| 08 | 30 |
| 09 | 26 |
| 10 | 21 |
| 11 | 17 |

①件数（住宅資金）（件）

| 年 | 件数 |
|---|---|
| 2002 | 108,488 |
| 03 | 106,935 |
| 04 | 87,945 |
| 05 | 90,452 |
| 06 | 97,340 |
| 07 | 81,497 |
| 08 | 101,221 |
| 09 | 104,315 |
| 10 | 94,070 |
| 11 | 102,651 |

②構成比

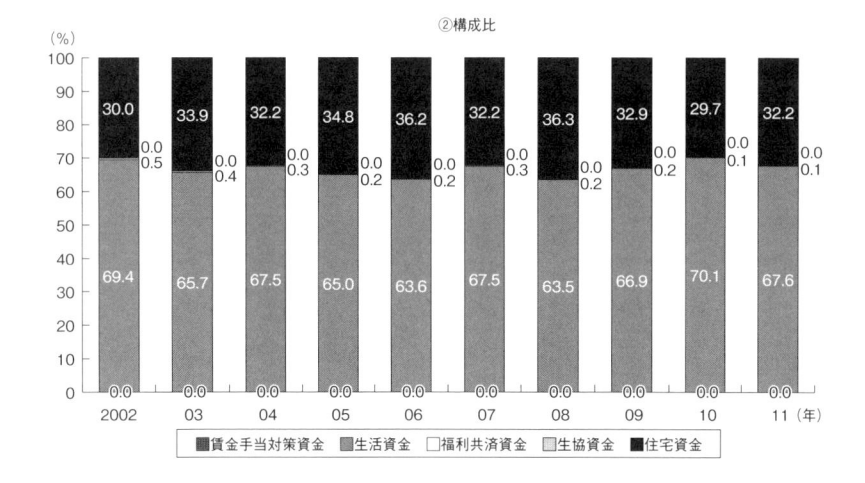

| 年 | 賃金手当対策資金 | 生活資金 | 福利共済資金 | 生協資金 | 住宅資金 |
|---|---|---|---|---|---|
| 2002 | 0.0 | 69.4 | 0.0 | 0.5 | 30.0 |
| 03 | 0.0 | 65.7 | 0.0 | 0.4 | 33.9 |
| 04 | 0.0 | 67.5 | 0.0 | 0.3 | 32.2 |
| 05 | 0.0 | 65.0 | 0.0 | 0.2 | 34.8 |
| 06 | 0.0 | 63.6 | 0.0 | 0.3 | 36.2 |
| 07 | 0.0 | 67.5 | 0.0 | 0.2 | 32.2 |
| 08 | 0.0 | 63.5 | 0.0 | 0.2 | 36.3 |
| 09 | 0.0 | 66.9 | 0.0 | 0.2 | 32.9 |
| 10 | 0.0 | 70.1 | 0.0 | 0.1 | 29.7 |
| 11 | 0.0 | 67.6 | 0.0 | 0.1 | 32.2 |

平成15（2003）年度には、1,964億円と1,628億円の大幅な減少を示した点である。平成16（2004）年度には365億円増加し、2,330億円まで戻したものの、平成17（2005）年度には再び1,085億円減少して1,244億円と4年間で約3分の1まで減少した。その後も新規金額は低下して、平成23（2011）年度には、472億円と平成14（2002）年度の7分の1以下の水準まで減少している。

この原因は、福利共済事業の内訳が運営資金と設備資金に分かれており、会員労働組合などが企業の経営難や労働組合の財政難により福利厚生施設を縮小、あるいは手放すケースが増えているため、それに伴い資金需要が年度ごとに全体で縮小しているためと推測される。勤労者ニーズの多様化により、会社や労働組合の保養所や福利厚生施設の利用は低下するなか、長引く低成長経済の継続により、勤労者の福利厚生制度は後退を余儀なくされる状

---

6　兵庫労働金庫創設当時1年間（昭和25（1950）年12月〜26（1951）年12月の13カ月間）の使途別貸出金累計額の比率は賃金26.8％、1時金18.8％、生活・医療16.3％、生協9.1％、住宅9.0％、福利・共済8.2％、高利肩替・税金6.7％、冠婚葬祭・進学その他4.8％となっている。『労働金庫運動史』P130　兵庫労働金庫より引用。

図表3－23　使途別貸出金（新規累計金額、構成比）
（平成14（2002）～23（2011）年度）

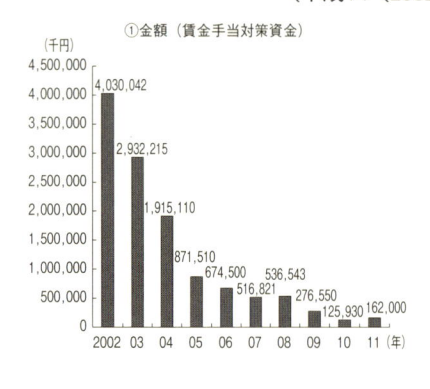

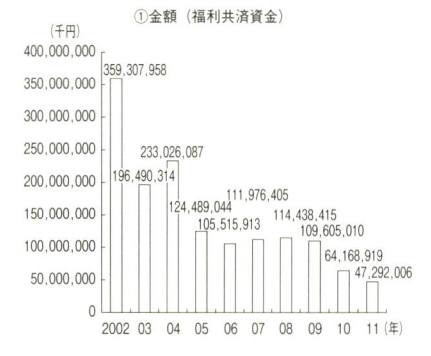

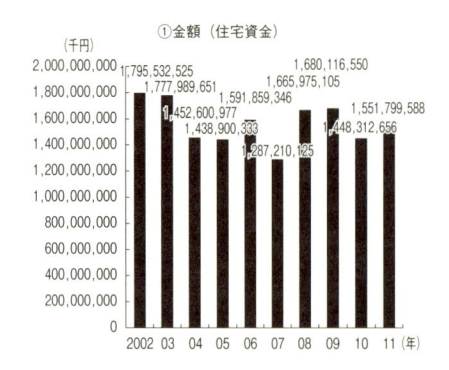

①金額（賃金手当対策資金）（千円）
- 2002: 4,030,042
- 03: 2,932,215
- 04: 1,915,110
- 05: 871,510
- 06: 674,500
- 07: 516,821
- 08: 536,543
- 09: 276,550
- 10: 125,930
- 11: 162,000

①金額（生活資金）（千円）
- 2002: 429,075,782
- 03: 355,389,898
- 04: 308,910,559
- 05: 282,579,680
- 06: 293,753,649
- 07: 289,608,096
- 08: 288,910,031
- 09: 324,568,055
- 10: 295,723,025
- 11: 294,517,722

①金額（福利共済資金）（千円）
- 2002: 359,307,958
- 03: 196,490,314
- 04: 233,026,087
- 05: 124,489,044
- 06: 105,515,913
- 07: 111,976,405
- 08: 114,438,415
- 09: 109,605,010
- 10: 64,168,919
- 11: 47,292,006

①金額（生協資金）（千円）
- 2002: 9,675,280
- 03: 7,793,900
- 04: 6,210,208
- 05: 2,254,450
- 06: 3,156,450
- 07: 2,696,600
- 08: 2,481,300
- 09: 3,372,800
- 10: 1,202,370
- 11: 1,284,800

①金額（住宅資金）（千円）
- 2002: 1,795,532,525
- 03: 1,777,989,651
- 04: 1,452,600,977
- 05: 1,438,900,333
- 06: 1,287,210,125
- 07: 1,591,859,346
- 08: 1,680,116,550
- 09: 1,665,975,105
- 10: 1,448,312,656
- 11: 1,551,799,588

②構成比

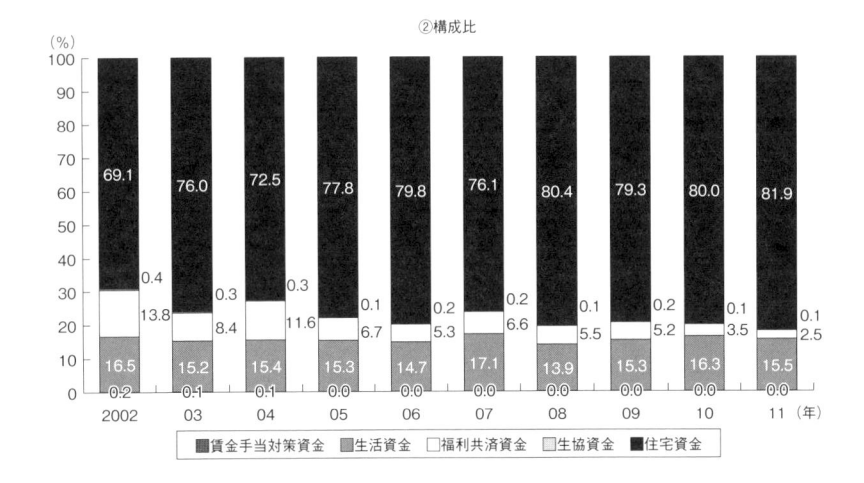

| 年 | 住宅資金 | 生協資金 | 福利共済資金 | 生活資金 | 賃金手当対策資金 |
|---|---|---|---|---|---|
| 2002 | 69.1 | 0.4 | 13.8 | 16.5 | 0.2 |
| 03 | 76.0 | 0.3 | 8.4 | 15.2 | 0.1 |
| 04 | 72.5 | 0.3 | 11.6 | 15.4 | 0.1 |
| 05 | 77.8 | 0.1 | 6.7 | 15.3 | 0.0 |
| 06 | 79.8 | 0.2 | 5.3 | 14.7 | 0.0 |
| 07 | 76.1 | 0.2 | 6.6 | 17.1 | 0.0 |
| 08 | 80.4 | 0.1 | 5.5 | 13.9 | 0.0 |
| 09 | 79.3 | 0.2 | 5.2 | 15.3 | 0.0 |
| 10 | 80.0 | 0.1 | 3.5 | 16.3 | 0.0 |
| 11 | 81.9 | 0.1 | 2.5 | 15.5 | 0.0 |

況下で、労働金庫は、銀行など一般金融機関のサービスとの差異化を明示・推進する必要があり、生活資金（無担保融資、進学ローンなど目的別ローン）や住宅資金（住宅ローン）など一般金融機関と同じ土俵での商品・金利競争に偏重すると、労働金庫の理念や運動、存在意義そのものに影響するおそれがあろう。

さらに、経済環境、社会環境の変化に伴い少子高齢化の急速な進行や地域間格差の問題、労働組合の組織課題、金融機関利用者の貯蓄消費やローン利用の行動に大きな変化が生じ、さらには金融界における規制緩和・競争激化、ITネットワーク利用の進展などの流れと相まって、その収益構造の根幹が縮小するおそれが指摘される事態となってきた。つまり、今後の金融市場や金利水準の中長期予測からは、従来の預金・貸出による利鞘確保のみに収益の源泉を求める経営体質を継続するならば、13の労働金庫すべてにおいて、時期的な差こそあれ、「組織体としての存続」としてのゴーイングコンサーンそのものが危ぶまれる状況に陥る可能性が指摘されている[7]。

---

7　「全国労働金庫合併検討委員会」資料　全国労働金庫協会（平成18（2006）年10月）。

また、非正規雇用労働者や失業率が増大する時代において、過去の争議による賃金手当対策資金とは性格を異にするものの、不安定な雇用条件での勤労者を救済するような賃金手当対策資金の創出を考えることはできまいか[8]。加えて、生協の運営資金や設備資金に対する資金需要も減少傾向を続けている。この点は、労働金庫の設立時における理念からみて残念な結果となっていると先人からは受け止められよう。

　一方で、肝心の生活資金や住宅資金についても新規金額は、平成14（2002）年度の生活資金4,290億円、住宅資金1兆7,955億円から平成23（2011）年度では生活資金2,945億円、住宅資金1兆5,518億円とともに年度によって増減を繰り返すも長期的な減少傾向に歯止めがかからない状況となっている。これは、日本経済の低迷や銀行のリテール戦略へのシフト、金利の自由化による競争の激化、少子高齢社会の進行による資金需要の変化など、さらに多面的な分析を行わねばならないものの、労働金庫に内在する原因も同時に探る必要があろう。つまり、貸出新規金額の合計が平成14（2002）年度で2兆5,976億円あったものが、平成23（2011）年度では1兆8,950億円と約3分の2に減少している。この原因の早期究明が焦眉の課題であるといえよう（図表3-23参照）。

### (2) 貸出残高（口数、金額）

　さらに使途別貸出残高を口数と金額でみることにより、個別の特徴を明らかにする。

　まず、口数では、平成14（2002）年度の生活資金172万7,427（口）が、平成23（2011）年度では132万1,606（口）と40万5,821（口）、23％の減少となっている。一方で住宅資金の残高口数は平成14（2002）年度の60万1,762（口）が、平成22（2010）年度では75万3,755（口）と15万1,993（口）、25％の増加となっている。つまり、生活資金の貸出口座数は、ほぼ毎年減少してい

---

[8] 麻生内閣の緊急雇用対策資金の窓口が労働金庫になった経緯がある。

るのに対して、住宅資金の貸出口座数は順調に増加している。それを構成比でみると平成14（2002）年度生活資金74％、住宅資金26％であったものが、平成23（2011）年度では、生活資金64％、住宅資金36％と、生活資金が10％低下した分、住宅資金が10％伸びるという結果になっている。

次に資金使途別の残高ベースでみると、平成14（2002）年度では生活資金1兆7,106億円、同構成比19.6％、住宅資金6兆6,477億円、同構成比76.2％であったものが、平成23（2011）年度では生活資金1兆2,424億円、同構成比10.7％と9％減、住宅資金10兆696億円、同構成比87.0％は11％増となっている。また、平成23（2011）年度では賃金手当対策資金構成比0.00％、福利共済資金構成比2.2％、生協資金構成比0.1％となっており、貸出金全体では平成14（2002）年度の8兆7,266億円から平成23（2011）年度の11兆5,708億円と順調に残高を伸ばしているものの、その資金使途では住宅資金への偏重が急速に進んでおり、その実態は住宅ローン金融機関へとなりつつある。

この点は金融庁[9]が経営内容に偏りがありすぎると懸念を示すことからも明らかなように、住宅貸出へのリスク管理を誤ると、経営に大きな影響を及ぼす恐れがあることを意味している[10]（図表3－24、3－25参照）。

### (3) 貸出先別貸出金

次に貸出先別に貸出金の推移について平成13（2001）年度から平成23（2011）年度までの11年間についてその特徴を探る。

まず、先数についてみると、全体で平成13（2001）年度に185万4,000先であった先数は平成23（2011）年度では162万2,000と23万2,000先減らしている。その内訳は、民間労働組合が平成13（2001）年度の105万2,000先から平成23（2011）年度に80万9,000先と24万2,000先減らし、次いで官公労働組合が平成13（2001）年度の39万6,000先から平成23（2011）年度の29万7,000先

---

[9] 第2章第4節参照。
[10] 1980年代における米国貯蓄貸付組合（Savings and Loan Association; S&L）経営破たんの教訓。

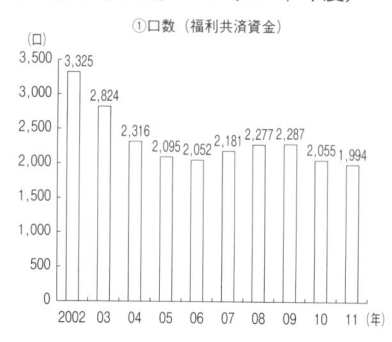

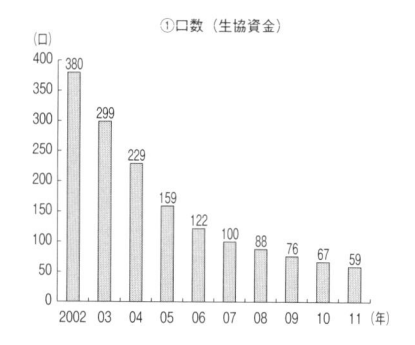

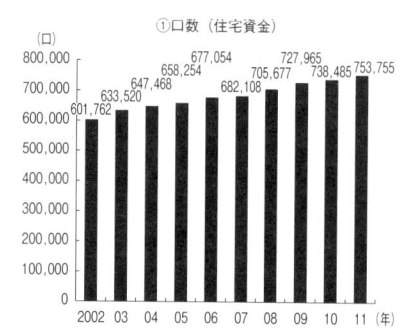

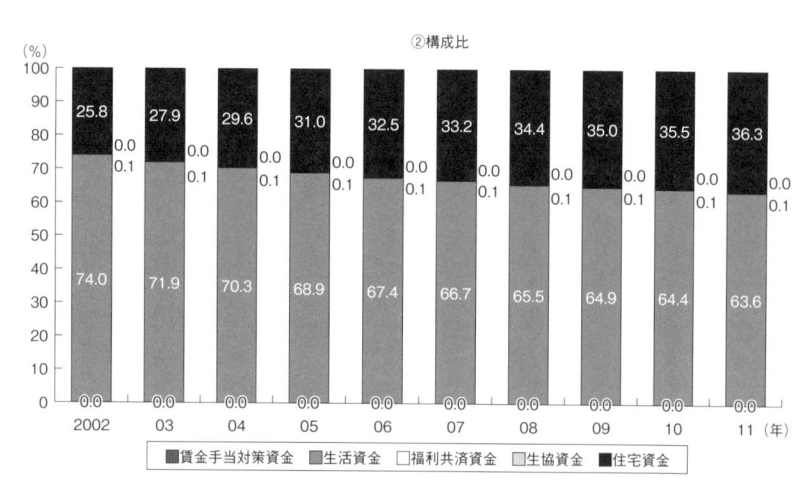

図表3-24　使途別貸出金（残高口数）（平成14（2002）～23（2011）年度）

①口数（生活資金）

| 年 | 口数 |
|---|---|
| 2002 | 1,727,427 |
| 03 | 1,632,422 |
| 04 | 1,539,076 |
| 05 | 1,460,885 |
| 06 | 1,405,480 |
| 07 | 1,368,969 |
| 08 | 1,344,215 |
| 09 | 1,348,328 |
| 10 | 1,340,705 |
| 11 | 1,321,606 |

①口数（福利共済資金）

| 年 | 口数 |
|---|---|
| 2002 | 3,325 |
| 03 | 2,824 |
| 04 | 2,316 |
| 05 | 2,095 |
| 06 | 2,052 |
| 07 | 2,181 |
| 08 | 2,277 |
| 09 | 2,287 |
| 10 | 2,055 |
| 11 | 1,994 |

①口数（生協資金）

| 年 | 口数 |
|---|---|
| 2002 | 380 |
| 03 | 299 |
| 04 | 229 |
| 05 | 159 |
| 06 | 122 |
| 07 | 100 |
| 08 | 88 |
| 09 | 76 |
| 10 | 67 |
| 11 | 59 |

①口数（住宅資金）

| 年 | 口数 |
|---|---|
| 2002 | 601,762 |
| 03 | 633,520 |
| 04 | 647,468 |
| 05 | 658,254 |
| 06 | 682,108 |
| 07 | 677,054 |
| 08 | 705,677 |
| 09 | 727,965 |
| 10 | 738,485 |
| 11 | 753,755 |

②構成比

| 年 | 賃金手当対策資金 | 生活資金 | 福利共済資金 | 生協資金 | 住宅資金 |
|---|---|---|---|---|---|
| 2002 | 0.0 | 74.0 | 0.0 | 0.1 | 25.8 |
| 03 | 0.0 | 71.9 | 0.0 | 0.1 | 27.9 |
| 04 | 0.0 | 70.3 | 0.0 | 0.1 | 29.6 |
| 05 | 0.0 | 68.9 | 0.0 | 0.1 | 31.0 |
| 06 | 0.0 | 67.4 | 0.0 | 0.1 | 32.5 |
| 07 | 0.0 | 66.7 | 0.0 | 0.1 | 33.2 |
| 08 | 0.0 | 65.5 | 0.0 | 0.1 | 34.4 |
| 09 | 0.0 | 64.9 | 0.0 | 0.1 | 35.0 |
| 10 | 0.0 | 64.4 | 0.0 | 0.1 | 35.5 |
| 11 | 0.0 | 63.6 | 0.0 | 0.1 | 36.3 |

図表3－25　使途別貸出金（残高金額）（平成14（2002）～23（2011）年度）

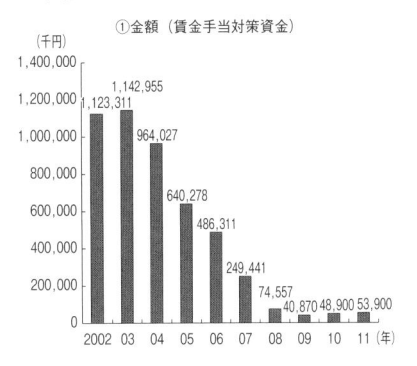

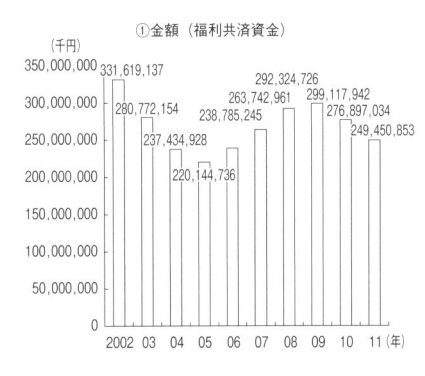

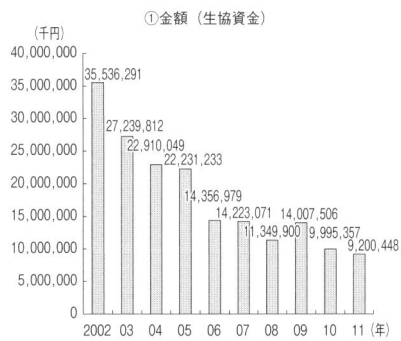

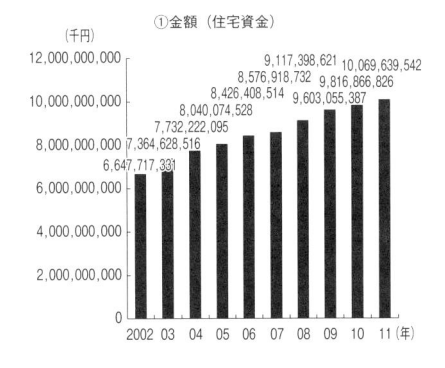

①金額（賃金手当対策資金）（千円）

| 年 | 金額 |
|---|---|
| 2002 | 1,123,311 |
| 03 | 1,142,955 |
| 04 | 964,027 |
| 05 | 640,278 |
| 06 | 486,311 |
| 07 | 249,441 |
| 08 | 74,557 |
| 09 | 40,870 |
| 10 | 48,900 |
| 11 | 53,900 |

①金額（生活資金）（千円）

| 年 | 金額 |
|---|---|
| 2002 | 1,710,668,081 |
| 03 | 1,592,643,416 |
| 04 | 1,495,194,480 |
| 05 | 1,426,419,309 |
| 06 | 1,372,645,718 |
| 07 | 1,334,247,520 |
| 08 | 1,298,850,077 |
| 09 | 1,302,160,544 |
| 10 | 1,268,712,045 |
| 11 | 1,242,479,241 |

①金額（福利共済資金）（千円）

| 年 | 金額 |
|---|---|
| 2002 | 331,619,137 |
| 03 | 280,772,154 |
| 04 | 237,434,928 |
| 05 | 220,144,736 |
| 06 | 238,785,245 |
| 07 | 263,742,961 |
| 08 | 292,324,726 |
| 09 | 299,117,942 |
| 10 | 276,897,034 |
| 11 | 249,450,853 |

①金額（生協資金）（千円）

| 年 | 金額 |
|---|---|
| 2002 | 35,536,291 |
| 03 | 27,239,812 |
| 04 | 22,910,049 |
| 05 | 22,231,233 |
| 06 | 14,356,979 |
| 07 | 14,223,071 |
| 08 | 11,349,900 |
| 09 | 14,007,506 |
| 10 | 9,995,357 |
| 11 | 9,200,448 |

①金額（住宅資金）（千円）

| 年 | 金額 |
|---|---|
| 2002 | 6,647,717,331 |
| 03 | 7,364,628,516 |
| 04 | 7,732,222,095 |
| 05 | 8,040,074,528 |
| 06 | 8,426,408,514 |
| 07 | 8,576,918,732 |
| 08 | 9,117,398,621 |
| 09 | 9,603,055,387 |
| 10 | 9,816,866,826 |
| 11 | 10,069,639,542 |

第3章　労働金庫の財務分析

②構成比

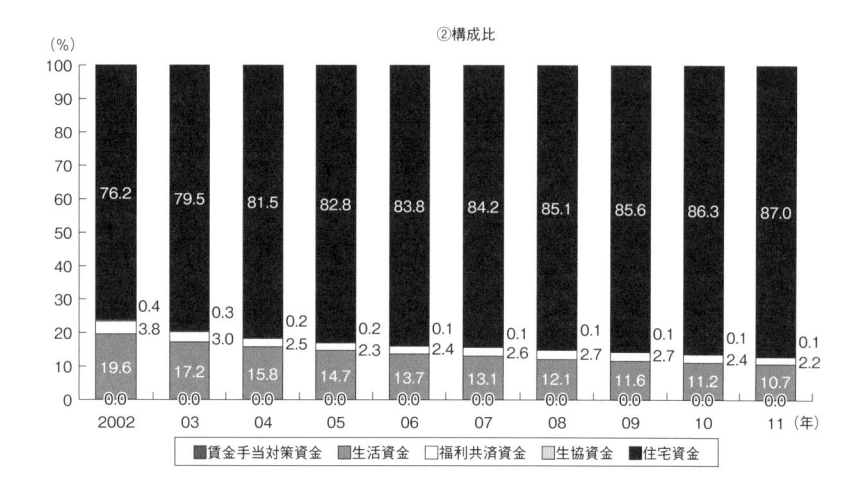

| 年 | 賃金手当対策資金 | 生活資金 | 福利共済資金 | 生協資金 | 住宅資金 |
|---|---|---|---|---|---|
| 2002 | 0.0 | 19.6 | 0.4 | 3.8 | 76.2 |
| 03 | 0.0 | 17.2 | 0.3 | 3.0 | 79.5 |
| 04 | 0.0 | 15.8 | 0.2 | 2.5 | 81.5 |
| 05 | 0.0 | 14.7 | 0.2 | 2.3 | 82.8 |
| 06 | 0.0 | 13.7 | 0.1 | 2.4 | 83.8 |
| 07 | 0.0 | 13.1 | 0.1 | 2.6 | 84.2 |
| 08 | 0.0 | 12.1 | 0.1 | 2.7 | 85.1 |
| 09 | 0.0 | 11.6 | 0.1 | 2.7 | 85.6 |
| 10 | 0.0 | 11.2 | 0.1 | 2.4 | 86.3 |
| 11 | 0.0 | 10.7 | 0.1 | 2.2 | 87.0 |

へと9万8,000先減らしている。一方で、生活協同組合は平成13（2001）年度6,000先から平成23（2011）年度3万2,000先へと2万5,000先増加している。労働組合との比較ではその数は微細であるが、増減率にすると3.8倍と大幅に伸ばしている。

また、その他団体も平成13（2001）年度34万4,000先から平成23（2011）年度39万3,000先へと4万8,000先増加している。全体として先数の長期減少傾向がみられるなかで、主力会員の民間労働組合と官公労働組合の利用がともに減少し、生活協同組合とその他団体が先数を伸ばしている。その構成比は、平成13（2001）年度では民間労働組合56.7％、官公労働組合21.4％、生活協同組合0.4％、その他団体18.6％が、平成23（2011）年度では民間労働組合49.9％（－6.9％）、官公労働組合18.3％（－3.0％）、生活協同組合2.0％（＋1.7％）、その他団体24.2％（＋5.7％）と、労働組合会員以外の利用件数が増加している（図表3－26参照）。

それを貸出先別に金額ベースでみると、次のとおりとなっている。

まず、全体残高では、すでに先の使途別でみたとおり、平成13（2001）年度の8兆1,054億円が平成23（2011）年度では11兆5,708億円と3兆4,654億円

増加しているが、その内訳は、平成13（2001）年度、民間労働組合3兆5,186億円が平成23（2011）年度では5兆2,056億円と1兆6,869億円増加し、構成比では平成13（2001）年度43.4%が平成23（2011）年度では45.0%とわずかながら増加している。この理由は預金の項目でみた要因が影響していると推測されるが、メイン会員の利用が横ばいで推移している点は評価できよう。

図表3－26　貸出先別貸出金（先数、構成率）（平成13（2001）～23（2011）年度）

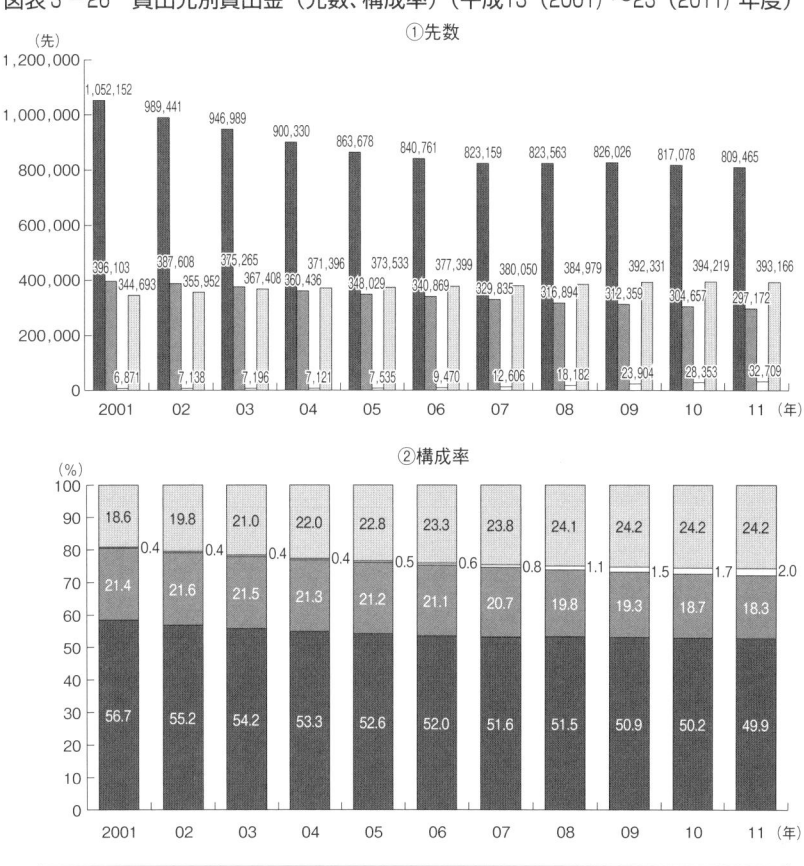

①先数

| 年度 | 民間労働組合 | 民間労働組合以外労組及び公務員団体 | 消費生活協同組合及び同連合会 | その他の団体 |
|---|---|---|---|---|
| 2001 | 1,052,152 | 396,103 | 6,871 | 344,693 |
| 02 | 989,441 | 387,608 | 7,138 | 355,952 |
| 03 | 946,989 | 375,265 | 7,196 | 367,408 |
| 04 | 900,330 | 360,436 | 7,121 | 371,396 |
| 05 | 863,678 | 348,029 | 7,535 | 373,533 |
| 06 | 840,761 | 340,869 | 9,470 | 377,399 |
| 07 | 823,159 | 329,835 | 12,606 | 380,050 |
| 08 | 823,563 | 316,894 | 18,182 | 384,979 |
| 09 | 826,026 | 312,359 | 23,904 | 392,331 |
| 10 | 817,078 | 304,657 | 28,353 | 394,219 |
| 11 | 809,465 | 297,172 | 32,709 | 393,166 |

②構成率（%）

| 年度 | 民間労働組合 | 民間労働組合以外労組及び公務員団体 | 消費生活協同組合及び同連合会 | その他の団体 |
|---|---|---|---|---|
| 2001 | 56.7 | 21.4 | 0.4 | 18.6 |
| 02 | 55.2 | 21.6 | 0.4 | 19.8 |
| 03 | 54.2 | 21.5 | 0.4 | 21.0 |
| 04 | 53.3 | 21.3 | 0.4 | 22.0 |
| 05 | 52.6 | 21.2 | 0.5 | 22.8 |
| 06 | 52.0 | 21.1 | 0.6 | 23.3 |
| 07 | 51.6 | 20.7 | 0.8 | 23.8 |
| 08 | 51.5 | 19.8 | 1.1 | 24.1 |
| 09 | 50.9 | 19.3 | 1.5 | 24.2 |
| 10 | 50.2 | 18.7 | 1.7 | 24.2 |
| 11 | 49.9 | 18.3 | 2.0 | 24.2 |

また、官公労働組合については平成13（2001）年度1兆7,792億円が平成23（2011）年度では2兆825億円と3,032億円増加したものの構成比では平成13（2001）年度22.0％が平成23（2011）年度では18.0％と4％減少している。

さらに、生活協同組合は平成13（2001）年度920億円から平成23（2011）年度3,629億円へと2,708億円伸ばし、構成比でも平成13（2001）年度1.1％から平成23（2011）年度3.1％へと2％増加している。また、その他団体も平成13（2001）年度2兆2,835億円から平成23（2011）年度3兆4,765億円へと1兆1,929億円増加している。構成比でも平成13（2001）年度28.2％から平成23（2011）年度30.0％へと2％増加している（図表3-27参照）。

残高を金額についてみてもその他団体への貸出が伸びている点に留意する必要がある。

## 4　貸借対照表と損益計算書

### (1)　貸借対照表（資産の部）

資産の部からその特徴を貸借対照表（資産の部・平成23（2011）年度）からみる（貸借対照表の掲載は紙幅の都合上省略した）。まず、預け金であるが、金融機関の預け金勘定には、日本銀行預け金、郵便振替預け金、同業者等への預け金、譲渡性預け金がある。労働金庫の場合、協同組織金融機関の特徴として系統金融機関である労働金庫連合会への預け金が大きなウェイトを占めている。

平成14（2002）年度の資産総額は、14兆3,756億円で、その内訳は、預け金は3兆6,604億円（25.5％）、有価証券1兆4,131億円（9.8％）、貸出金8兆7,266億円（60.7％）であった。それが、平成23（2011）年度では、資産総額は、18兆7,075億円と4兆3,319億円の増加となっている。その内訳は、預け金4兆7,570億円（25.4％）、有価証券1兆7,825億円（9.5％）、貸出金11兆5,708億円（61.9％）となっており、ここ10年間でボリュームは増加しているが、その構成比は一定のまま推移している。

図表3-27　貸出先別貸出金（残高、構成率）（平成13（2001）～23（2011）年度）

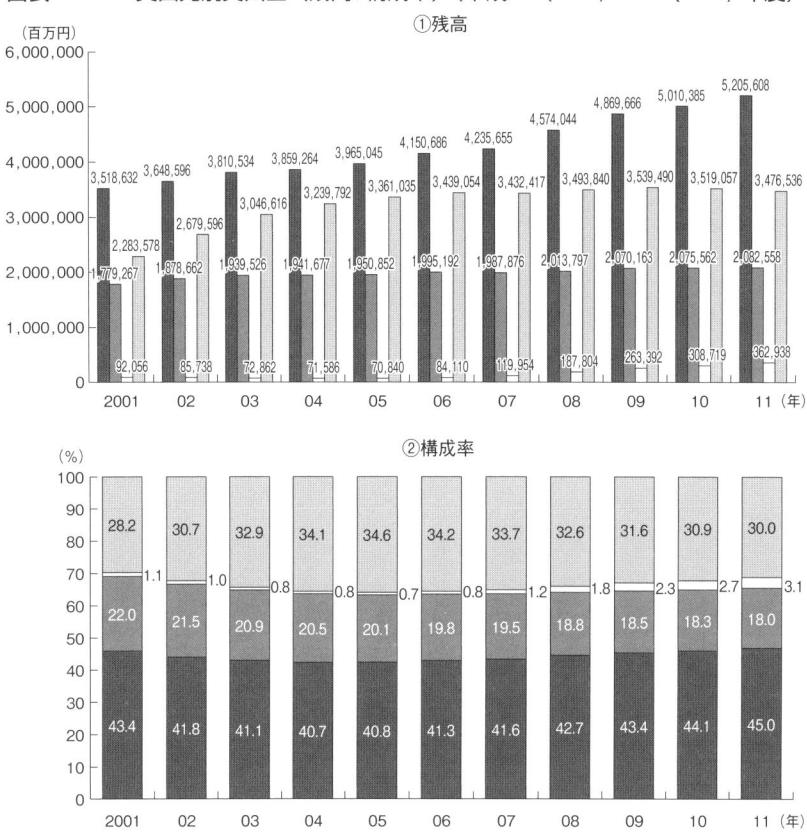

①残高 (百万円)

| 年 | 民間労働組合 | 民間労働組合以外労組及び公務員団体 | 消費生活協同組合及び同連合会 | その他の団体 |
|---|---|---|---|---|
| 2001 | 1,779,267 | 3,518,632 | 92,056 | 2,283,578 |
| 02 | 1,878,662 | 3,648,596 | 85,738 | 2,679,596 |
| 03 | 1,939,526 | 3,810,534 | 72,862 | 3,046,616 |
| 04 | 1,941,677 | 3,859,264 | 71,586 | 3,239,792 |
| 05 | 1,950,852 | 3,965,045 | 70,840 | 3,361,035 |
| 06 | 1,995,192 | 4,150,686 | 84,110 | 3,439,054 |
| 07 | 1,987,876 | 4,235,655 | 119,954 | 3,432,417 |
| 08 | 2,013,797 | 4,574,044 | 187,804 | 3,493,840 |
| 09 | 2,070,163 | 4,869,666 | 263,392 | 3,539,490 |
| 10 | 2,075,562 | 5,010,385 | 308,719 | 3,519,057 |
| 11 | 2,082,558 | 5,205,608 | 362,938 | 3,476,536 |

②構成率 (%)

| 年 | 民間労働組合 | 民間労働組合以外労組及び公務員団体 | 消費生活協同組合及び同連合会 | その他の団体 |
|---|---|---|---|---|
| 2001 | 43.4 | 22.0 | 1.1 | 28.2 |
| 02 | 41.8 | 21.5 | 1.0 | 30.7 |
| 03 | 41.1 | 20.9 | 0.8 | 32.9 |
| 04 | 40.7 | 20.5 | 0.8 | 34.1 |
| 05 | 40.8 | 20.1 | 0.7 | 34.6 |
| 06 | 41.3 | 19.8 | 0.8 | 34.2 |
| 07 | 41.6 | 19.5 | 1.2 | 33.7 |
| 08 | 42.7 | 18.8 | 1.8 | 32.6 |
| 09 | 43.4 | 18.5 | 2.3 | 31.6 |
| 10 | 44.1 | 18.3 | 2.7 | 30.9 |
| 11 | 45.0 | 18.0 | 3.1 | 30.0 |

　さらに詳細にみると、有価証券の特徴としては、国債や地方債がふえた分、外国証券や社債などリスクの高い証券の比率が低下している。労働金庫の安全性重視の余裕資金運用姿勢をうかがうことができる。また、貸出金では、証書貸付が4％増加した分、手形貸付や当座貸越が減少している。これは住宅ローンの比率が上昇していることを表している。ただし、資産全体の構成比でみると大きな変動はないといえよう。

### (2) 貸借対照表（負債及び会員勘定の部）

次に負債及び会員勘定について貸借対照表（負債及び会員勘定・平成23（2011）年度）からみる。預金の動向については、先に述べたため省略し、ここでは、預金積金と会員勘定についてその構成比をみる（貸借対照表の掲載は紙幅の都合上省略した）。

平成14（2002）年度では預金積金構成比91.6％、会員勘定構成比4.8％であり、その後も若干の構成比率に変動が認められるものの、平成23（2011）年度では預金積金構成比91.1％、会員勘定構成比4.9％と大きな変化はないといえる。

なお、ここでの会員勘定とは、いわゆる自己資本を指し、会計的には総資産から総負債を差し引いた残余として計算される。この会員勘定は労働金庫の経営の根幹をなすもので、「狭義の自己資本」にあたり、成長とともに増殖されるべきものである。その点では、比率に変化はないものの、金額ベースでは増加している点を指摘しておきたい。なお、この会員勘定に引当金を加えたものが「広義の自己資本」となる[11]。

### (3) 損益総括と余剰金処分

続いて、損益総括と余剰金処分についてみる。

まず、経常収益は、平成14（2002）～15（2003）年度に対前年度比落ち込みがみられるものの、その後は平成21（2009）年度までは増加し、平成22（2010）年度以降、やや減少している。内訳では、資金運用収益がウェイトの大宗を占めている。特に金融機関では財務構造改革に取り組むなかで、手数料収入の上積みを目標に掲げ、役務取引等収益の増大を急ピッチで進めているが、労働金庫においてはいまだそのウェイトは小さく、平成23（2011）年度で99億円と伝統的な資金運用収益に頼る経営が続いている実態が読み取れる。

---

11 『銀行経理の実務（第8版）』金融財政事情研究会（平成24（2012）年）。

また、経常費用のうち、役務取引等費用が平成14（2002）年度の218億円からコンスタントに毎年増加し、平成23（2011）年度では329億円となっている。これは労働金庫の顧客が他金融機関を利用して年金などを払い戻した際のATM手数料をキャッシュバックするための費用等であり、役務取引等費用が同収益を3倍強上回っている点は、顧客本位を目指す労働金庫の特色であると評価できるとはいえ、経営面からは経常利益を圧迫する要因になっており、金利競争が厳しさを増すなかで、今後の体質改善が求められよう。

　さらに、経常収益から経常費用を差し引いた経常利益は、この10年間で増減を繰り返し、とりわけ平成20（2008）年度の落ち込みが激しく303億円となっている。その後、平成23（2011）年度では566億円まで利益を回復している。これは当期純利益にも反映し、平成17（2005）年に414億円を達成した後、平成20（2008）年度では210億円まで落ち込み、平成23（2011）年度では350億円まで回復している。平成20（2008）年度に着目して、この要因を探ると資金調達費用の増大があげられる。これはリーマンショックの影響による可能性が指摘されるが、労働金庫業界では、個別労働金庫も労働金庫連合会もサブプライム商品への資金運用をほとんど行っておらず、その影響は軽微[12]であったとされる。

　加えて、損益の総括と余剰金の処分（平成14（2002）〜23（2011）年度）から剰余金処分額についてみると、最も注目すべき項目は平成21（2009）〜23（2011）年度の機械化積立金であり、平成20（2008）年度には65億円が、平成21（2009）年度159億円、平成22（2010）年度194億円、平成23（2011）年度163億円と急速にその額をふやしてきている。これは全国合併が延期されたために、当初、全国単一システムとして開発が進んでいた次世代システムが、既存の13金庫のままのシステムで開発運用しなければならない影響を受

---

[12] 「2007年度業績は、総資産4兆5,226億円、預金残高3兆9,358億円、当期純利益91億90百万円、自己資本比率20.24％となりました。金利動向もあり前年度に比べ若干の減益となっていますが、サブプライムローン関連の損失は全く受けておりません」（ディスクロージャー誌「労働金庫連合会2008」より抜粋）。

けたためと推察される。今後、次世代システム稼動によりコスト削減効果が期待されるものの、その一方で、追加的な開発コストが労働金庫全体の経営に影響を与えることが予想される。

すなわち、金利自由化の影響により、収益の確保が預貸金利鞘のみに頼る経営が厳しい状況下において、前述のとおり、役務収益の確保が重要な経営課題となっている点を重視すべきであり、また、労働金庫においては「次世代システム構築」というシステムの全国一斉全面更改（勘定系システム、情報系システム、営業店システム、渉外支援系システム、ネットワーク系システム等フルラインシステムの更改）を進めるなかで、追加的な機械化投資が避けられない状況を勘案すると、組織体制の見直しを含め、経営の効率化をいかに進めるかが最大の課題となっている。

## 5　諸利回り、諸比率および諸効率指標

### (1) 諸利回り

最後に、諸利回りや諸比率および諸効率指標について考察を行う。

まず、有価証券利回りについては、ここ10年間、1.06～1.30％の幅で推移している。次に貸出金利回りは平成14（2002）年度の2.70％から平成18（2006）年度まで低下し、その後平成20（2008）年度まで上昇し、再び平成23（2011）年度2.06％まで低下している。預金利回りは平成14（2002）年度0.10％から平成17（2005）年度までは低下し、その後平成20（2008）年度に0.34％まで上昇、その後平成23（2011）年度では0.19％まで低下している。また、経費率は平成14（2002）年度の1.42％から平成23（2011）年度では1.08％と漸減傾向を示している。

こうしたなか総資金利鞘は平成14（2002）年度に0.41％であったものが、平成23（2011）年度では0.37％へと縮小している。この間、0.37～0.41％の幅で上下しているものの、利鞘の確保が年々厳しさを増しつつある点が懸念される。つまり、経費率を下げるなど経営改善に向けた努力が続いているに

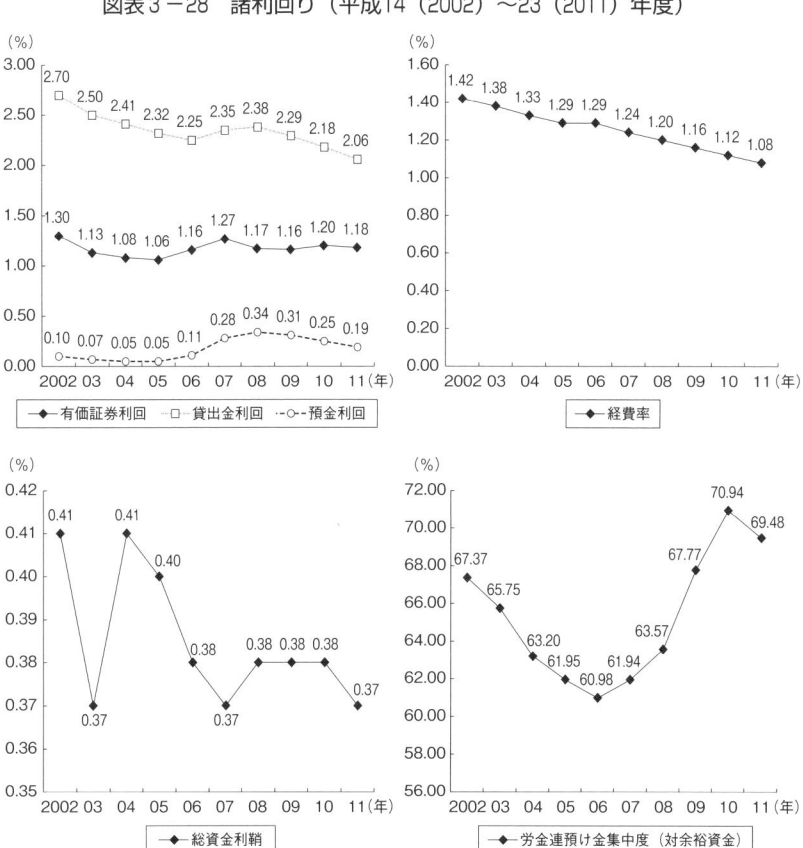

図表3-28 諸利回り（平成14（2002）～23（2011）年度）

もかかわらず、経営全体の数字は厳しさを増しているといえる。

また、こうした事情を反映してか、余裕資金の労働金庫連合会への集中は平成18（2006）年度の60.98％から平成22（2010）年度には70.94％と一時70％を超えるまで5年間で10％アップした。平成23（2011）年度は69.48％と若干下降したが、系統金融機関への依存度が高い水準で推移している（図表3-28参照）。

第3章 労働金庫の財務分析　137

## (2) 諸比率および諸効率

最後に主な諸比率および諸効率についてみる。

まず、自己資本比率であるが、これは平成14（2002）年度の9.37%から平成18（2006）年度では11.79%まで厚みをつけ、その後、平成23（2011）年度には11.24%と安定的に推移している。次に預貸率であるが、平残ベースでみると平成14（2002）年度の62.37%から上昇傾向を示し、若干の増減を繰り返しながら平成23（2011）年度では65.77%となっている。ちなみに地銀と地銀Ⅱは70%台で推移し、信用金庫、信用組合では50%台前半まで低下している。

また、定期性預金比率（平残）はこの10年間、75%前後で推移している。また、業務収益率、同費用率、同収支率等の係数については増減を繰り返すものの比較的安定的に推移している。また、役職員数については、平成15（2003）年度、平成16（2004）年度に大幅な削減があったものの、平成19（2007）年以降は増加傾向を示し平成23（2011）年度末で1万1,322人となっている。一方、店舗数については、平成14（2002）年度の688店舗から平成23（2011）年度では642店舗と、この10年間で全国において46店舗の廃店を実施している（図表3-29参照）。

# 6　収益構造改革

## (1) 金融仲介機能と決済機能

以上の全国労働金庫の経営分析から、この10年間で、労働金庫の顧客である会員や間接構成員の預金や貸付行動に変化が生じていることが明らかとなった。詳しくは第4章で後述する、金融審議会「我が国金融業の個人向け金融サービス」で大垣尚司委員が指摘しているとおり、他の業態においても、環境変化のなかで、多くの金融機関が抜本的な経営戦略の方向転換を余儀なくされている。その一方で、経済や金融環境が変化したとしても金融機関の「金融仲介機能」と「決済機能」の2大機能が、経済社会のなかで担っ

図表3-29 諸比率および諸効率（平成14（2002）～23（2011）年度）

**自己資本比率（%）**
- 2002: 9.37
- 03: 9.58
- 04: 9.84
- 05: 9.77
- 06: 11.79
- 07: 11.52
- 08: 11.37
- 09: 11.15
- 10: 11.21
- 11: 11.24

**預貸率（平残）／定期性預金比率（平残）（%）**
| 年 | 預貸率 | 定期性預金比率 |
|---|---|---|
| 2002 | 62.37 | 76.29 |
| 03 | 64.91 | 75.15 |
| 04 | 65.96 | 74.71 |
| 05 | 65.83 | 74.12 |
| 06 | 67.18 | 73.58 |
| 07 | 66.45 | 74.13 |
| 08 | 66.82 | 74.65 |
| 09 | 67.75 | 74.89 |
| 10 | 66.70 | 75.29 |
| 11 | 65.77 | 74.67 |

**業務収益率／業務費用率（%）**
| 年 | 業務収益率 | 業務費用率 |
|---|---|---|
| 2002 | 2.07 | 1.73 |
| 03 | 1.96 | 1.70 |
| 04 | 1.91 | 1.61 |
| 05 | 1.87 | 1.58 |
| 06 | 1.87 | 1.66 |
| 07 | 2.02 | 1.80 |
| 08 | 2.04 | 1.88 |
| 09 | 1.98 | 1.72 |
| 10 | 1.88 | 1.60 |
| 11 | 1.75 | 1.49 |

**業務収支率（%）**
- 2002: 80.52
- 03: 83.27
- 04: 80.93
- 05: 81.03
- 06: 85.39
- 07: 85.76
- 08: 88.88
- 09: 83.64
- 10: 82.05
- 11: 81.65

**常勤役職員（期末、人）**
- 2002: 10,949
- 03: 10,823
- 04: 10,605
- 05: 10,609
- 06: 10,622
- 07: 10,726
- 08: 10,953
- 09: 11,284
- 10: 11,303
- 11: 11,322

**店舗数（店舗）**
- 2002: 688
- 03: 685
- 04: 686
- 05: 683
- 06: 683
- 07: 670
- 08: 668
- 09: 665
- 10: 653
- 11: 642

（出所）　業態別預貸率の推移（地方銀行、第二地方銀行、信用金庫、信用組合）

ていかなければならない重要な機能（業務）であることは論をまたない。

ここでいう金融仲介機能とは、労働金庫では、家計や会員から余剰資金を「預金」として預け入れ、資金を必要とする家計や会員へ「貸出」することで社会全体における資金循環を円滑に行う金融システムにほかならないが、労働金庫の伝統的ともいえる貸出利息と預金利息の差（利鞘）は金融機関の収益構造は経営の基本となる。また、決済機能とは、経済活動における資金の請求や支払を振込・為替といった資金移転により円滑に決済する機能であり、当該事務の取扱手数料は金融機関における収益基盤として役務収益の基礎をなすものであり、両機能は金融機関の収益構造の根幹を構成する重要な業務である。財務分析で明らかなとおり、役務収益が役務費用を下回る労働金庫の体質は、もっぱら利鞘による収益に依存しており、この点をいかに改善すべきか考えなければならない。

そもそも金融業が「預金として受け入れた貨幣を支払い準備として自らの手形を発行し（銀行券の出現）、これをもって産業資本家や商業資本家にたいする貸付や商業手形の割引を行ない、また預金の払い戻しに充当するようになる。そして同様にまた、預金として受け入れた貨幣を支払い準備として、預金設定という形で貸付や手形割引を行なうようになる（預金通貨の出現）」[13]という購買手段や支払手段としての機能や預金振替による決済機能を提供することにより、利鞘や手数料（利益）を得るサービス業（間接金融）であるために、一般企業の利益に相当する「利鞘」は限定的なものとならざるをえず、取扱量の拡大が利益確保の大条件という収益構造をもっている。実際、規制金利の時代には、臨時金利調整法により調達金利である預金金利は統一され、運用金利、あるいは貸出金利も各業態内ではほぼ収斂しており、取扱量の大小（資金量）が金融機関の格差として現れていた。また、決済機能に係る事務取扱手数料に関しては、公共性の原則から、ある意味では採算面は

---

13　原薫・遠藤茂雄『現代通貨論』PP92～93、PP100～101　法政大学出版局（昭和59（1984）年）。

あまり考えずに非常に低位に抑えられていた。さらに財務分析で明らかなとおり、他の金融機関を利用した際のATM手数料を労働金庫側が負担することにより、役務費用が役務収益を上回る体質をもっている。すなわち、勤労者取引が主体の労働金庫経営を流通業にたとえれば「薄利多売の専門業者」と位置づけられよう。

　こうした事情から、取り扱う商品は同質かつ利幅はわずかなため、その結果、収益をあげるにはボリュームを確保しなければならず、ボリュームを維持・確保するためには設備（店舗・機械）と人員が必要とならざるをえない。加えて、金融システム改革の流れは、金融機関内部の要因というよりは社会や経済全体の変化を反映した、外生的な要因による影響が大きいことも事実であり、「社会環境」「経済環境」「政治環境」の急激な変化、とりわけ、金融の自由化と円の国際化が本格化して以降は、金融機関経営に大きな影響をもたらし続けている。これはすべての金融機関に共通する課題であるが、労働金庫の収益面に焦点を絞れば、利鞘確保により成り立っていた収益構造の根幹が変化する状況で、預金・貸出による収益（利鞘）に頼った従来の経営内容を継続するならば、「企業としての存続」としてのゴーイングコンサーンが危ぶまれる状況になりつつあるといえ、経営の「グランドデザイン」といえる運営方針を根本から見直す時期が到来している[14]。

　それでは、急激な諸環境の変化は、労働金庫の経営、特に収益構造にどのような影響を与えているのであろうか。まず、労働金庫の資産負債＝B/S（貸借対照表）とP/L（損益計算書）の内容がいかに変化してきたのかを検討する。労働金庫の収益の根幹を担っている勘定科目は「貸出金勘定（運用勘定）」と「預金勘定（調達勘定）」である。これは、金融仲介機能そのものにほかならない。これまで預金や貸出の残高は伸びを続けているものの、主たる取引先である１号会員および３号会員の取引構成が低下傾向を続け、ま

---

[14] 「全国労働金庫合併検討員会」第２回検討員会野村総合研究所および拙者提出資料（非公開）（平成18（2006）年７月６日）。

た、収益面からも業務純益が細りつつある。つまり、運用資産勘定および資金運用収益では、①金融自由化や各種業務規制の緩和は、従来の預金から証券化商品への転換を加速させ、リスク商品への資産の多様化が一定程度進み、加えて、１号会員や３号会員の労働金庫利用の低下により、預金の伸びが減少することとなり、将来的に運用原資の先細りが予想される。②バーゼル自己資本比率規制の強化は貸出資産の圧縮と優良資産偏重の経営を助長することとなり、貸出資産や運用資産の選別が起こると同時に、資産圧縮の手段として、債権の流動化も積極的に行われる傾向が強まることが想定される。こうした債権の流動化は、短期的には資産圧縮・キャッシュフローの改善効果があろうが、長期的には収益減少の要因の可能性が懸念されるため、新たな運用主体として、比較的高収益が期待できる団体向け融資や個人ローンの重要性が高まる。ただし、規制緩和により金融機関同士の競争に加え、消費者金融会社をグループに収めたメガバンクや他業態から参入したセブン銀行やイオン銀行などの台頭により競争は激化し、従来の収益確保はむずかしくなる。こうしたなかで、資金運用収益は、競争激化による運用利回りの低下により縮小傾向とならざるをえない。

　次に、調達負債勘定および資金調達費用面では、①運用商品の選択肢増加により、個人金融市場内における競争は加速し、労働金庫における個人の定期預金は先数、残高ともに伸び率は減少傾向を示している。労働金庫としては、金融商品の自由化、多様化の進展にあわせて、いわゆる個人金融資産の争奪戦が本格化するなかで、従来からの財形預金を核とした定期預金の受入れによる安定的な資金調達以外にも、たとえば確定拠出年金の元本保証型商品として提供している「ろうきん確定拠出年金定期預金（スーパー型）」[15]の取引を拡充することにより、将来にわたる調達負債勘定の安定化を図るなど

---

[15] http://www.rokinren.com/kakuteikyo/teikiyokin/siryo1.pdf#search='%E5%8A%B4%E5%83%8D%E9%87%91%E5%BA%AB%E9%80%A3%E5%90%88%E4%BC%9A%E5%AE%9A%E6%9C%9F%E9%A0%90%E9%87%91'（労働金庫連合会確定拠出年金部資料より）

新たな施策を講ずる必要性がある。②労働組合や生活協同組合などの団体資金面では、資金の効率的運用や資金決済の効率化ニーズの増大により、定期性預金や流動性預金の残高の伸びは期待しにくい。③定期性預金の減少により資金調達費用は減少傾向となり、経営の合理化により営業経費の削減も進むが、次世代システムの構築や当面の維持コスト負担の増加により機械化関連費用の削減は厳しい状態が続く。

つまり、こうした競争激化は、労働金庫の収益の根幹である「預金」と「貸出」のボリュームと利鞘を全般的に縮小傾向に向わせ、また、収益の面においても経営効率化による継続的な経費削減を行っても「新たな費用負担＝機械化関連費用」の増加により収益の大幅な改善は厳しい情勢が続くことから、従来の金融仲介機能にのみ頼る収益構造では今後の環境変化に対応しきれなくなる可能性が高い。さらに、事務取扱手数料（役務収益）に関しても、コンビニエンスストアに代表される公共料金等の取扱いは、労働金庫をはじめ従来の金融機関が担ってきた口座振替業務そのものを脅かすものである。つまり、口座振替業務が細ることは、決済性の高い流動性資金の滞留量を減少させることにほかならず、これは、収益面はもとより、流動性リスクの観点からも危惧されるべき傾向である。

以上を総合して考えた場合、今後の労働金庫経営は『縮小均衡』の道をたどる可能性が指摘され、従来以上に徹底した効率化経営と新たなビジネスモデルの構築が焦眉の急であるといえる。

### (2) 財務構造改革

財務分析の結果、伝統的な経営だけでは、経営そのものが成り立たなくなりつつあることが検証された。では、今後の労働金庫の経営はどうあるべきであろうか。収益構造に論点を絞りまとめると、環境が大きく変化したとしても、個人取引において金融仲介機能は、今後も基本業務であり、本質は変わるまい。しかし構造は「低利な資金調達と安全、高利な資金運用という、総資金利鞘の改善（ROA重視の経営）」を重視した経営を目指すことになろ

う。また、安定的な収益を確保するためには「利鞘確保型経営を維持するための効率的運営として、OHR（オーバヘッドレシオ）の改善」を行う必要がある。そのためには、次に示す、①資産負債構造の改革（資金利鞘の改善）、②役務利益の改革、③営業経費の削減、④各種リスクからの回避などの諸点を実現しなければならない。

### ①　資産負債構造改革（資金利鞘の改善）

資産負債構造の改革（資金利鞘の改善）とは、金融機関本来の機能である「預貸取引」を通じて安定的な収益基盤を確立することである。この場合、第一に必要なことは、現在の資産負債構造および収益構造がどのようになっているのか把握することが重要であり、同時に、環境変化により今後どのように変化する可能性があるのかを明確に把握・予想し対応策を的確に確立・実施することが重要となる。現在、労働金庫においては、リスクの高い取引、不採算取引を圧縮し、安全かつ収益性の高い取引の先数・残高を増やすために、安全性かつ収益性が高い優良会員向けの無担保融資（マイプラン）や、長期間の取引が可能な住宅ローン取引に傾斜・重点が置かれている。この傾向は、金融機関の規模の大小に関係なく重要視されるはずであり、労働金庫が、競争を勝ち抜くためには、これまで以上に、会員や間接構成員の顧客構造分析や収益構造分析を行い、労働金庫の強みが最大限に発揮できる独自性をもった施策、手法を確立することが課題となろう。その実現のためには、次世代情報系システムにこうした分析機能をもたせることが必須の条件となる。また、効率化の観点からは、最小限の経営資源で最大限の効果を引き出すことが重要であり、従来とは異なる営業戦略を構築する必要がある。つまり、強固な収益基盤を構築するために、効率性・収益性を考慮した新たなリテール戦略の推進体制を整備することが喫緊の課題といえる。

その具体的な方策を示す。一般的に金融機関の場合、取引親密度が低い先（たとえば、預金残高が平残ベース10万円以下で他の取引がない先）が、取引先数全体の80％前後を占めている。こうした低未利用先をボリューム面でみれば、全体の20〜30％を占めるという結果が得られている[16]。しかし、労働金

庫の場合、会員の実態を把握するための情報を他の金融機関より豊富に有しているという協同組織・会員制の強みを発揮し、それら低未利用な取引先からメイン取引に成長する可能性を秘めた取引先を効率的かつ効果的に抽出・分析することにより、顧客にとって有益な提案を行い、ひいては取引を拡大・深耕することは可能である。こうしたマーケティング戦略と呼ぶべき施策を講ずることにより、ボリュームや収益を向上させる体制を構築すべきである。これら実態把握を行い、マーケティング戦略を立案するうえで最も重要な点は、『顧客の取引実態とニーズ』を仮説・検証したうえで、いかにして顧客のニーズを把握し、適切な商品サービスを効率よく提供できるか、そのシナリオとビジネスモデルを描くことである。そのための基礎となるものが、顧客の各種情報が整備・蓄積された顧客データベースの構築であり、さらに、対象顧客を多面的かつ効果的に分析することであろう。

　また、メイン先である取引親密先会員については、従来の取引関係に安住するのではなく、新たな諸サービスを適宜提供できる体制を整備することが必要となるはずである。IT・ネットワークシステムの高度化やインターネットバンキング等の普及が、金融機関と顧客の接点（チャネルの拡大）を多様化させるなか、有力チャネルである店舗（営業店の役割）、営業形態も機能分化を進めている。そこでは、店舗が相談業務展開の拠点として、今後も重要な役割を担うに相違ない。営業店の来店客数の多くが自動化機器コーナーの利用といわれるなかで、いかに気軽に顧客が相談業務として窓口を利用するように改革できるかが重要なポイントとなろう[17]。すなわち、相談業務対応窓口としての営業店やローンセンターの役割は今後も重要視されるべきであり、こうした業務に対応できる人材育成が急務である。

　その意味で、資産負債の構造および収益構造、すなわち資金利鞘の内容を

---

16　拙者が金融財政事情研究会に在籍した当時に実施した複数の銀行や信用金庫に対する分析結果より。
17　金融財政事情研究会「金融マーケティング研究会」および金融システム総合研究所調査による。

把握するためには、営業店を基軸とした店舗の構造分析(エリアマーケティング)が重要となる。また、労働金庫の場合、エリア単位の会員取引の内容・構造分析とともに住域と職域の連関を洗い出し、貯蓄メインの職域中心取引から家計メインの住域取引へとウイングを広げる施策が求められる。そのためには、職域と住域の双方を営業店別に分析して、その重なりを抽出して有効なアプローチを実施するための顧客情報を活用したデータベースマーケティングの考え方が必要となる。

さらに、営業経費の削減(経営の効率化)の観点からすれば、資源(ヒト・モノ・カネ)をいかに効率よく効果的に活用する体制を整備するかということも重要な課題となる。つまり、金融界ではあまり重要視されてこなかった「マーケティング」の概念を、先の大垣氏が指摘するとおり、積極的に取入れた新たな経営戦略を構築することが、「安定的な収益基盤を構築」するための有効な施策となる。

② 役務利益改革

労働金庫のビジネスモデルの根幹である利鞘を核とした収益基盤だけでは今後の環境変化に対応することは厳しい時代が訪れており、収益基盤の核となる新たな事業への進出(グランドデザイン)を再構築することが求められている。ここでは、役務費用が役務収益を上回る状態が続いている労働金庫の収益構造の課題について、その解決に向けた方向性を提起する。現在、ほぼすべての金融機関において、役務収益の底上げが収益構造改革の方向として重視されている。まず、伝統的な手数料として収入源となってきた為替・付随業務については、その役務利益としての拡大には限界があり、そのためには、新たな役務利益の核となる業務を開拓する必要がある点が指摘されて久しい。こうしたなかで、一般の金融機関では、クレジットカードによる手数料収入、投資信託の販売手数料や証券化ビジネスに関する手数料収入重視の方針が維持されている。また、資産圧縮の手段として今後活発に行われる証券化に絡む手数料収入にも期待が寄せられている。

すでに、銀行本体によるクレジットカード業務の取扱いは、昭和58

(1979) 年4月より認められ、地域金融機関では地方銀行協会加盟の銀行が発行する地銀協のバンクカードがその嚆矢となった（発行開始は昭和58 (1983) 年。ただしバンクカード取扱銀行は加盟数が減り、平成25 (2013) 年7月1日現在で11の地方銀行が発行中）。労働金庫がクレジットカード業務を本体で行う目的とねらいは、会員制度もつ優位性を再確認して、労働金庫の強みに厚みを加えるための方策として、魅力度のあるカードサービスを構築することにより、会員制度を強化すると同時に新たな手数料収入とフロー資金としての低利資金を確保することである。クレジットカード機能とは、利用者にとっては、商品購買時に一定期間後に決済する手段を提供することである。また、商品を提供する商店側（加盟店）にとっては、後払いという決済機能と利便性を提供することで販売を促進させる機能を提供することである。またカード会社にとっては、加盟店側が負担している加盟店手数料（3％強）が収益の源となっており、本来の手数料収入の源であるクレジットカード業務を関連会社[18]に任せ加盟店手数料は関連会社の収益として、金融機関側はカード決済に伴う低利流動性資金の預金口座滞留に重点を置いた営業戦略を展開してきた。

　つまり、カードの本体発行に期待されるメリットをまとめると、①利用頻度引上げによる加盟店手数料（新たな手数料収入）の増加、②決済性資金滞留額の増加（フロー性資金のメイン化による流動性資金のアップ）、③新たなネットワークサービスとICカードを組み合わせた新商品開発による顧客取引関係の強化による既存先の取引深耕と新規顧客開拓「前払い（プリペイド）、即時払い（デビッド）、後払い（クレジット）決済機能の1枚化」、④クレジットカードによる手数料収入の向上[19]、⑤クレジットカード事業の一体

---

18　労働金庫業界においては昭和58 (1983) 年8月20日設立の株式会社労金カードサービス（会員数15万2,000人、取扱高195億円（平成24 (2012) 年度））。
19　仮に、本体発行クレジットカード利用による年間買物金額を50億円、費用を控除した純粋手数料率を2％と仮定すると年間に1億円の収入となる。これは運用利鞘1％と想定した場合、年間100億円の預金と貸出を増加させる効果を生む計算になる。

化による個人向け無担保融資の統合（与信の統合管理を含む）、⑥顧客の消費行動情報入手による顧客行動分析の実現（顧客行動パターン分析による顧客ニーズの把握）、などが考えられる。特に、⑥のマーケティングにかかわる領域については、公共料金等口座振替の情報や、銀行サービス・施設の利用状況によっても顧客行動パターンの分析は推測できるが、消費支出に直接関係するクレジットカードの利用状況は、金融機関情報では得られない新たな情報源であるといえ、マーケティング手法の精度を高める効果がある。こうした戦略は、流通小売業と金融業をあわせて展開するイオングループにおける「ＷＡＯＮ」カードに代表されるように、これからの個人金融の主流となる可能性を秘めている。

　こうした状況を利用者の立場で考えると、金融機関（銀行系）のクレジットカードは他業態のクレジットカードと比較してもカード機能そのものに対する優位性（付帯サービス）や魅力（業態連携による複合サービス）に乏しく、金融機関本体では、営業店への獲得目標設定による非効率な拡販戦略を続けるケースが多かった。そのため発行枚数のわりに利用頻度がさほど高くないという課題を抱えており、労働金庫の場合は、間接構成員の数に比べて発行枚数も少ないのが現状である。最近では、金融機関本体によるクレジットカード機能と他業態との提携によりカードの魅力度を高めようとする傾向が顕在化している。つまり、金融商品と一般商品の購買や交通系カード等を組み合わせることにより、クレジットカード機能の向上を図り、他業態カードにはない新たな優位性を付加することで従来以上に保有意識を高め、利用頻度を引き上げるビジネスモデルに注目が集まっている。ただし、それを実現するためには、クレジットカード取引を意識したリテール戦略を展開するためのマーケティング発想と仕組みづくりが必要となる。

　労働金庫の場合、そのポイントが勤労者や退職者を中心とした生活福祉でつながる協同組織や非営利組織との提携である。こうした協同組織や非営利組織との連携のなかで、手数料収入の増強や低利の決済性資金取込みとともに、マーケティング発想による経営戦略の考え方を進め、収益構造を改善す

べきである。それは、ひいては生活協同組合やNPOなどの協同組織や非営利セクターとの連携を強化する観点からも機能面で重要な役割を担う可能性がある。生活協同組合やNPOは、地域との関連性のなかで主たる活動を展開している。一方、労働金庫には、職域と住域をつなぎ勤労者や退職者の暮らしを、金融サービスを核として日用品や買回り品から、教育、住環境、医療・介護、食育や子供の見守り、グリーンイノベーションまで連携できる体制を構築することにより、利用者の職域と住域での暮らしを結び、新たなる勤労者福祉金融サービスを展開する仕組みづくりが求められている。さらにこうした取引の実現が、利用者のニーズを正確にキャッチし、必要なタイミングで、必要な商品・サービスを、必要なチャネルで提供するマーケティング戦略の礎としてのデータベースの構築につながると考えたい。そのためのカード戦略を再構築したい。

③　営業経費改革

次に、営業経費の削減について検討する。経費削減については、単に費用を削減するという目的から「店舗の見直し・人員構成の見直し・人件費の見直し・営業諸経費の見直し」という観点から述べられる場合が多い。実際に労働金庫においても店舗の統廃合が続いている。こうした背景を理解しながら、今後の労働金庫経営において重要な点は、現在の経営資源と取引会員・間接構成員の取引振りを基準として、現状の資産構造や収益構造を精緻に分析したうえで、今後の進むべき道としてのグランドデザイン（経営方針）を決めたうえで、経営の効率化（経費の削減）に継続的に取り組むべきであると考える。

経営方針の策定に際して重視すべき具体的な検討項目としては、①顧客推進戦略（メイン化・シェアアップ・リテンション）、②価格戦略（適性金利・適性価格・適性手数料）、③商品戦略（商品開発・商品改廃）、④チャネル戦略（開発・見直し）などが考えられる。これらの推進戦略の柱ともいえる検討項目を、効率的かつ効果的に可視化するためには、今回分析を行った財務・経営分析をさらに詳細な項目まで精緻に分析を行うことによる「経営資源の最

適投入計画」が必要となる。これは、会員・間接構成員（顧客）別・商品別・地域別に最重点ターゲットを選定し、ターゲット毎に「ヒト・モノ・カネ」の経営資源をいかに最適配分できるかを検討することにほかならない。つまり、経営の正確な実態分析に基づき、「経営資源の最適投入計画」を描き、その策定したシナリオに基づき営業経費を削減していくことが必要となる。こうした経営方針の明確化による営業経費の削減を実現するためには、業務のBPR（Business Process Reengineering）やコスト分析の実施と、それを支える仕組みとして「次世代システムの本格運用」に期待が寄せられているところである。

　こうした事情をふまえて、近年の急激な技術革新が、わが国はもとより、欧州やアジア諸国をはじめ、広く金融機関のシステム投資・維持コストを増大[20]させるなかで、労働金庫においては次世代システムの稼動を迎え、財務分析でも明らかなとおり、機械化のあり方が、経営の未来像に影響を与えることとなる。つまり、労働金庫の事務の負荷の大きさは、会員ごとに異なる事務処理を行っている点に原因があることが明らかにされ、全国の金庫職員で編成された「労働金庫次世代システム検討プロジェクト」において、その効率化に向けた議論がなされてきた。これは、「職場推進機構」という会員自身が労働金庫業務の事務処理部門を担っているという独自性に起因する。この会員の職場事情にあわせて事務処理を行うという仕組みが、労働金庫の独自性の担保と成長の原動力となってきた。その一方で、渉外職員が帰店後も内部事務処理を負担するといった非効率性を生んできた事実も看過できまい。平成26（2014）年1月に稼動した「次世代システム」では、想定される勘定系、さらには情報系システムの機能拡充を補うべく、13金庫の独自性を

---

[20] 「情報システムについての多面的なベンチマーク調査」（マッキンゼー　ビジネス・テクノロジー・グループ、欧州とアジア74銀行を対象に毎年調査）（日経ビジネス「銀行システムにまつわる幻想」平成19（2007）年11月5日号）。
　「基幹システム投資、変化への柔軟性、完全性がトレンドに」Oracle Financial Services 商品管理部門 バイスプレジデントAshwin Goyal（NTT DATA　グローバルレポート　平成25（2013）年2月12日）。

どこまで認め、極力、統合・統一的な商品サービス、事務処理体系を構築することにより、全国労働金庫の営業経費を削減できるか、こうした諸点をふまえて、さらなる体制の整備が求められる。

④ リスク低減とガバナンス改革

最後に、労働金庫のリスク低減とガバナンスの問題について、協同組織性と理念を念頭に置いた勤労者福祉金融の展開という観点から論点を整理する。リスクといってもさまざまある。労働金庫の主力商品である住宅ローンは30年に及ぶ取引であり、比較的期間の短い利用目的が決まった無担保ローンでも効果的に取引が継続されれば、かなりの長期間にわたり取引されるケースがありうる。個人ローンの推進に重点が置かれるならば、多重債務者対策など社会的にも健全性が問われるなかで、当然に、審査時点から借入期間中の顧客の信用状態をいかに把握するかという、信用リスク管理が重要となってくる。その点を解決する手段として考えられるのが、個人顧客の情報をデータベース化するマーケティング手法にほかならない。この発想の背景には個人情報保護法に十分に重視した適正な業務を遵守しながら、個人情報を活用したマーケティング戦略を活用して取引親密度を深め、リテンションを高めるとした考え方が貫徹している。またこうした取引行動により、信用リスクのみならず、流動性リスク（解約リスク）が軽減され、取引顧客の構造・商品構造の把握により金利リスクを回避することができる。

その理由は、財務分析でも考察したとおり、労働金庫取引の特徴は、個人取引の住宅貸出と無担保貸出が大宗を占めており、その貸出業務の特徴として、取引期間が長期であることがあげられる。つまり、銀行や信用金庫は、預金の約70〜80％は個人からの預入れであり、余資運用部分を除く（預貸率を考慮しない）資金の70％前後を法人に貸し出す。その残りの部分が個人向け貸出を構成している。一方、労働金庫は、ほぼ100％が個人からの預金で、融資先もほぼ100％が個人向け融資である。会員である労働組合や生活協同組合からの団体資金の預入れが細っている点は、大きな経営課題ではあるが、現状では個人から受け入れた預金を原資として、貸出の80％を個人向

け住宅ローンとして貸し出している。つまり、短期貸出を行う法人向けに当たる貸出がない労働金庫にとっては、長期型の貸出が大部分を占めている点を信用リスク管理の観点から重視する必要がある。加えて無担保貸出の分野における労働金庫の課題（脅威）についてみると、貸金業大手を参加に収めたメガバンクにおいては、彼らの強みであった途上与信管理のノウハウと、本来、メガバンクがもつ総合性をあわせ活かした新たな商品提供やサービス推進策を展開しつつある。また、前述のとおり、異業種からリテール分野に参入したイオン銀行に代表される、流通小売業の利点を活かした総合的なカードビジネスを核とした取組みも本格化しつつある。こうした諸点を勘案して、労働金庫業界としては、理念に基づく協同組織金融としての独自性を発揮した、生活協同組合、全労済をはじめとする協同組織やNPOなどの非営利セクターと連携した、新たなビジネスモデルに基づく信用リスク管理体制を構築すべき必要があると考えるためである。

すなわち、会員や間接構成員の個別取引振りが解析できれば、彼らのニーズを適切に読み解くことができる。そして同時に信用リスクを適正にテイクしながら、その情報を非対称なままにすることなく、分析・開示して伝えることにより、相互にプラスの効果をもたらすことこそが、協同組織金融の相互性、互恵性を確実にすることにつながるためである。こうしたリスクの低減を可能にすることにより、全体としてガバナンス改革を実現する経営デザインを描くべきである。「一人は万人のために、万人は一人のために」という本来目指すべき姿を実現するためにも、「次世代システム」による顧客管理システムの構築によるきめ細かい顧客分析から信用リスク等の各種リスクを管理できる仕組みを形成し、ひいては強固なガバナンス体制の確立を目指したい。

### (3) 他業態との比較

さらに労働金庫の特徴を詳しく考察するために、平成16（2004）年度時点で資金規模が約4兆円と同クラスであった中央労働金庫と京都銀行の平成16

(2004)年3月末と平成25(2013)年3月末を取り上げて経営内容の比較を行った(図表3-30、3-31参照)。なお、平成25(2013)年3月末現在の資金量比較では、中央労働金庫が約5兆円、京都銀行が約6兆円と1兆円の差がついている点を付言しておく。

① 平成16(2004)年度末の中央労働金庫と京都銀行

まず、平成16(2004)年3月末の両機関の損益計算書を比較すると、業務粗利益を構成する①資金利益面では、資金運用収益が並ぶなか、中央労金が資金調達費用を京都銀行の約半分に抑えているため、中央労金がまさっている。次に②役務収益面では、中央労金は京都銀行と比較にならぬほど低いど

図表3-30 財務諸表からみた比較(平成16(2004)年3月末)

| 中央労働金庫 | | 比較 | 京都銀行 | |
|---|---|---|---|---|
| 費用 | 収益 | | 費用 | 収益 |
| 資金調達費用 31億円 | 資金運用収益 724億円 | ≧ 資金利益では好成績 | 資金調達費用 62億円 | 資金運用収益 741億円 |
| ①資金利益 693億円 | | | ①資金利益 678億円 | |
| 役務取引等費用 76億円(銀行の支払為替手数料) | 役務取引等収益 22億円 | < 役務収益拡大策が急務の課題 | 役務取引等費用 54億円(銀行の支払為替手数料) | 役務取引等収益 115億円 |
| ②役務取引等利益 △53億円 | | | ②役務取引等利益 61億円 | |
| その他業務費用 10億円(債券売却損) | その他業務収益 19億円 | 債券運用では大きく上回る好成績 | その他業務費用 64億円(債券売却損) | その他業務収益 10億円 |
| ③その他業務利益 10億円 | (外為売買益・債券売却益) | | ③その他業務利益 △54億円 | (外為売買益・債券売却益) |
| 一般貸倒引当金繰入額 15億円 | 業務粗利益 649億円 | < 業務粗利益は上回るも経費が高すぎるため業務純益がベタ負けしている | 一般貸倒引当金繰入額 △23億円 | 業務粗利益 685億円 |
| 経費 547億円 | ①資金利益 693億円 ②役務取引等利益 △53億円 ③その他業務利益 10億円 | | 経費 473億円 | ①資金利益 678億円 ②役務取引等利益 61億円 ③その他業務利益 △54億円 |
| 業務純益 87億円 | | | 業務純益 235億円 | |
| 臨時費用 43億円(不良債権処理) | 業務純益 87億円 | ≦ 不良債権額の少なさで経常利益をやや挽回 | 臨時費用 144億円(不良債権処理) | 業務純益 235億円 |
| 経常利益 56億円 | 臨時収益 12億円(株式等売却益等) | | 経常利益 124億円 | 臨時収益 33億円(株式等売却益等) |
| 特別損失・法人税 35億円 | 経常利益 56億円 | < 当期純利益で2倍の差が生じている | 特別損失・法人税 94億円 | 経常利益 124億円 |
| 当期純利益 51億円 | 特別利益30億円 (厚年基金代行返上益等) | | 当期純利益 108億円 | 特別利益79億円 (厚年基金代行返上益等) |

第3章 労働金庫の財務分析 153

ころか、役務費用のほうが上回り、その結果役務利益がマイナス53億円となっている。この結果は憂慮せざるをえない状況であるといえ、金利の完全自由化により、預貸金利鞘の確保がむずかしくなる環境下で、新たな商品・サービスの提供による収益構造改革の検討が急務であったといえる。

一方、その他業務収益をみると債権売却等による収益確保は、中央労金が京都銀行を大きく上回り、さらに、京都銀行が64億円の売却損を出し最終的にマイナスの利益損となるなか、中央労金は10億円の利益を生み出している。この結果、これら①～③のトータルである業務粗利益は、中央労金が649億円、京都銀行が685億円とほぼ拮抗する結果となっている。ただし、経

図表3-31 財務諸表からみた比較（平成25（2013）年3月末）

## 中央労働金庫

| 費用 | 収益 |
|---|---|
| 資金調達費用 87億円 | 資金運用収益 808億円 |
| ①資金利益 721億円 | |
| 役務取引等費用 97億円（銀行の支払手数料） | 役務取引等収益 31億円 |
| ②役務取引等利益 △66億円 | |
| その他業務費用 2億円（債券売却損） | その他業務収益 33億円（外為売買益・債券売却益） |
| ③その他業務利益 31億円 | |
| 一般貸倒引当金繰入額 0億円 | 業務粗利益 686億円<br>①資金利益 721億円<br>②役務取引等利益 △66億円<br>③その他業務利益 31億円 |
| 経費 542億円 | |
| 業務純益 144億円 | |
| 臨時費用 6億円（不良債権処理） | 業務純益 144億円 |
| 経常利益 175億円 | 臨時収益 37億円（株式等売却益等） |
| 特別損失・法人税 52億円 | 経常利益 175億円 |
| 当期純利益 124億円 | 特別利益 2億円（固定資産処分益等） |

## 京都銀行

| 費用 | 収益 |
|---|---|
| 資金調達費用 76億円 | 資金運用収益 790億円 |
| ①資金利益 713億円 | |
| 役務取引等費用 67億円（銀行の支払手数料） | 役務取引等収益 136億円 |
| ②役務取引等利益 69億円 | |
| その他業務費用 18億円（債券売却損） | その他業務収益 93億円（外為売買益・債券売却益） |
| ③その他業務利益 74億円 | |
| 一般貸倒引当金繰入額 △33億円 | 業務粗利益 857億円<br>①資金利益 713億円<br>②役務取引等利益 69億円<br>③その他業務利益 74億円 |
| 経費 555億円 | |
| 業務純益 336億円 | |
| 臨時費用 113億円（不良債権処理） | 業務純益 336億円 |
| 経常利益 247億円 | 臨時収益 25億円（株式等売却益等） |
| 特別損失・法人税 105億円 | 経常利益 247億円 |
| 当期純利益 144億円 | 特別利益 2億円（厚年基金代行返上益等） |

中央の注記:
- 資金利益では中央ろうきんがやや上回る
- 中央ろうきんは役務取引等利益が大きくマイナス
- 債券運用の安全性を重視した姿勢
- 資金利益ほぼ同額ながら役務取引等利益、その他業務利益で大きく差が開き、経費がほぼ同額のため、業務純益は2分の1
- 不良債権額の少なさで経常利益をやや挽回
- 当期純利益では20億円の差があるがほぼ拮抗している

費面で京都銀行が473億円であるのに対し、中央労金は547億円と経費の割合が高いため、業務純益では京都銀行が235億円と好成績をあげるなか、中央労金は87億円にとどまっている。ただし、京都銀行は不良債権処理等に144億円のコストを要したため、経常利益は124億円まで低下し、不良債権の少ない中央労金は56億円の経常利益を確保した。最後に当期純利益をみると、京都銀行が経常利益に厚生年金基金の代行返上等による臨時収益79億円を加え、逆に特別損失、法人税等94億円を差し引いた結果、108億円を確保した。同じく中央労金は、特別利益と特別損失・法人税等が拮抗しているため、最終的に51億円の当期純利益を確保している。これら結果から推察されるポイントは、①京都銀行は不良債権処理を着実に進めながら、投資信託や保険商品など、規制緩和により自由化された金融商品の取扱いを核に、手数料収入の拡大を図っている。一方、中央労金では伝統的な財形をはじめとする預金商品のシェアが主流であるといえよう。多くの金融機関が預金から預り資産へ財務体質を変革するなか、今後の役務収益確保に向けた取組みをいかに考えていくべきか、その対応が当時の課題となっていた。②また、労働金庫は勤労者自主福祉金融機関という個人顧客中心の取引特性をもつため、法人取引にウェイトを置く銀行に比べ、コストが割高になってしまう点はある程度やむをえない。しかし、経費が利益を圧迫する最大のファクターである点は否めず、本格的に着手した人事制度改革とともに最新ITの有効活用による、経費の圧縮が、最大のテーマになっている（図表3－30参照）。

② 平成25（2013）年度末の中央労働金庫と京都銀行

次に平成25（2013）年3月末現在の両機関の損益計算書を比較すると、まず、預金量で京都銀行が中央労金に対して1兆円を上回る伸びを示している。業務粗利益を構成のうち①資金利益面に着目すると、資金運用収益は約18億円中央労金が上回る分、資金調達費用は京都銀行のほうが中央労金より11億円低く調達している。次に②役務収益面では、中央労金は京都銀行と比較にならぬほど低いばかりか、逆に役務費用のほうが上回り、その結果役務利益がマイナス66億円となっている。この結果は平成16（2004）年と同じ傾

向が続いており、引き続き打開策を検討せざるをえない状況であるといえ、今後意図せざる金利上昇が現実化した場合に、「量的緩和の副作用や長期金利の急上昇などのリスク」[21]の影響のみならず、金利上昇局面に弱い労働金庫の体質を勘案すると、いっそうの預貸金利鞘の確保がむずかしくなる可能性が高い。

平成25（2013）年5月に全国労働金庫協会が取りまとめた「労働金庫業態におけるこれからのビジネスモデルの具現化に向けて」が指摘するとおり、新たなビジネスモデル商品・サービスの提供による収益構造改革の検討が急務であるといえる。

また、③その他業務収益においても平成16（2004）年では中央労金が京都銀行を上回っていたものが、平成25（2013）年では京都銀行が中央労金に比べ43億円多い収益を生んでいる。この結果、これら①〜③のトータルである業務粗利益は、中央労金が686億円、京都銀行が857億円と171億円の差が開く結果となっている。こうした結果から業務純益でも京都銀行が336億円であるのに対し、中央労金は144億円と倍以上の差がつく結果となっている。ただし、臨時費用（不良債権処理）をみると中央労金は6億円に対して京都銀行は113億円となっており、リテール取引を中心に健全経営を行う中央労金の経営姿勢が読み取れる。その結果、経常利益では、中央労金が175億円、京都銀行が247億円となり、その差は縮小し、さらに特別損失・法人税が中央労金52億円、京都銀行105億円と2倍の開きが出ているために、最終的な当期純利益では、中央労金124億円、京都銀行144億円と20億円の差となっている。なお、平成25（2013）年3月現在で、中央労金の預金量は4.92兆万円、京都銀行は6.09兆万円と平成16（2004）年当時に比べ資金規模で約1兆円の開きが出ていることを勘案すると、総合的には中央労働金庫、京都銀行ともに経営努力を重ねながら健闘しているといえよう。

厳しい経営環境が続くなかで、企業活動の活発や雇用の増大・賃金の上昇

---

21　川波洋一・上川孝夫編『現代金融論』P195　有斐閣（平成16（2004）年）。

による景気回復への期待は高まるものの、さらなる効率経営と顧客志向経営を続けるしかない状況であるといえよう（図表3－31参照）。

## まとめ

　金融機関経営において最も重要なファクターである、収益・リスク・コストの関係についてみると、基本的に収益とリスクは表裏一体の関係があるが、自金庫の体力、資質に適した最適なボリュームを維持するとともに、リスクをいかにして回避し、収益の極大化を図るかがポイントとなる。そこでは、収益性・生産性を高めるためには、最小限の経営資源により最適な資産ボリュームを実現するとともに　最適なリスク回避手段を講じることが重要となる。つまり、各要素のバランスを適切に保ち、資本効率を示す指標であるROE、ROA、生産性を示す指標であるOHRを意識した経営と同時にディスクローズすることにより、経営の健全性を企業外部はもちろん内部に対してもアピールすることが必要である。わが国では、効率化といえばコスト削減＝経費削減というようにマイナスイメージでとらえられがちだが、現在の経営資源を効率よく活用しながらいかにして生産性を高め、最終的に収益を引き上げるか、パーヘッド当りのボリュームと質をいかにして高めるかというようにプラスイメージで考えることが重要である。

　なお、全国労働金庫の財務分析から経費節減を続けても収益改善効果に限界がある点がみてとれる。役務収益対策と人事制度ならびに戦略的なシステム改革に本格着手し、IT・ネットワークの活用による生産性向上や事務の効率化によるパーヘッド当りの経費圧縮に注力すべきであると考える。

# 第4章

## 経営体質改善の道筋

## はじめに

　現在の金融機関のリテール戦略は、長年にわたるデフレと少子高齢化を背景に住宅の着工件数や車の新車登録台数（売れ行き）が伸び悩むなかで、住宅ローンの借換え競争に傾斜している状況にある。借換え自体は実需を生まぬため、金融機関同士の競争ばかりが激しさを増しているのが実情である。また、個人のライフスタイルの多様化や団塊の世代の退職もピークを過ぎ、いわゆる2025年問題[1]と呼ばれる団塊の世代が後期高齢期（75歳以上）に入る超高齢社会への対応を考えねばならない時期にさしかかっている。こうしたなかで、労働力人口のみならず、わが国の人口が減少に転じた状況をふまえて、異なるライフステージ、顧客ニーズに適応しながら、金融機関サイドとしてもよく利用してくれ、収益にも貢献してくれる顧客と、それ以外の顧客を見極めながら、ビジネスを展開すべき必要がある。

　第4章では、最近の個人向け金融のあり方に関する議論に着目して、金融業務のリテール部門強化の観点から注目される金融マーケティング戦略構築の必要性について金融審議会での議論を引きながら持論を述べ、労働金庫のあるべきサービスの方向性について論じる。

## 1　金融マーケティングの必要性

### (1)　金融制度改革とマーケティング

　平成24（2012）年3月12日の発表された、金融審議会「我が国金融業の中

---

[1] 平成27（2015）年には「ベビーブーム世代」が前期高齢者（65～74歳）に到達し、その10年後（平成37（2025）年）には高齢者人口は（約3,500万人）に達すると推計される。これまでの高齢化の問題は、高齢化の進展の「速さ」の問題であったが、平成27（2015）年以降は、高齢化率の「高さ」（＝高齢者数の多さ）が問題となる（厚生労働省資料より）。

長期的な在り方」WGのバックグラウンド・ペーパー・シリーズ（監修：吉野直行座長）のなかで「我が国金融業の個人向け金融サービス」（執筆：大垣尚司委員）から「我が国金融機関が国民のニーズに合った金融サービスを提供するということは、以下三つの営業段階[2]において顧客ニーズを充足することだと考えられる」として、①サービス提供段階、②サービス販売段階、③個人顧客の購入判断時、三つの観点からの指摘がなされている。続けて、「上記のいずれを充足するにも、単なるコンプライアンス（法令遵守）を超えた、個々の金融機関や金融パーソンのイノベイティブ・マインド（新規ビジネスに向けた創意工夫）やプロフェッショナル・レスポンシビリティー（専門性に裏付けられた自律的な職業倫理）の発揮といった自発的取組みが欠かせない」と述べ、さらに「従来の金融機関においては、欧米の先進事例や、他の業態で行っている業務を規制緩和により「解禁」するというかたちで新しい商品やサービスが導入されることが多かった。このため、わが国の金融業は、他の産業におけると同じ意味で、顧客目線のマーケティング（顧客のニーズを汲み上げて商品やサービスを開発し、その情報を顧客に適切に伝達し、効果的なチャネルを通じて販売し、その成果を次の開発につなげる一連の活動）を重視せずに済んできたものと考えられる。しかし、今後国民のニーズに合った金融サービスを提供するためには、顧客目線のマーケティングに本格的に取り組んでいく必要がある」と指摘している。こうした議論をふまえて、金融マーケティングについて、これまでの経緯を振り返りつつ持論を述べ、それに基づいて労働金庫のマーケティング戦略のあり方について提案したい。

---

[2] 大垣氏の提起する3段階、①サービス提供段階：提供機能を担う金融機関が、個人顧客の金融ニーズに合致した適切な金融商品やサービスを提供する。②サービス販売段階：販売機能を担う金融機関が、個人顧客に対してできるだけ幅広い金融商品やサービスのなかから業態横断的に最も適したものを選択できるように、偏らない品揃えと適格な商品情報ならびに評価情報を提供する。③個人顧客の購入判断時：同顧客が販売業者からの情報とは独立した中立的な情報によって自己の判断を検証でき、必要に応じてアドバイスや教育を得ることができる。

さて、一般に、銀行や協同組織金融機関（信用金庫、信用組合、労働金庫、農業協同組合、漁業協同組合、各系統金融機関）は、不特定多数の顧客から金融機関のもつ信用力を背景に資金を預金として受け入れ、それを原資として「貸出業務」を行う。個人が余裕資金をタンスにしまわずに有効利用しようとすれば、誰か資金に困っている人に応分の利子をつけて貸し付ける。しかし、貸し出す先の人（お金に困っている人）を見つけ出すことや当該の人が果たして期限どおりに決められた利子を含む返済を実行してくれるか否かを見極める能力が一般人には乏しい。また、担保価値を算定する力も弱い。そこで、金融機関に預金利息を手に入れる目的で資金を預ける。一方、金融機関は預金を受入れ、預金利息を支払うかわりに、その資金を原資として貸出先を見つけ、そこに「審査」を行い適格と判断した先に貸出を実行し貸出金利息を手に入れる。さらには、その資金が確実に返済されるように「管理」し、万一、滞った際には「回収」に努めることによって安定した経営を維持し、それにより預金者から預かった資金に確実に利子をつけて返すという責任を果たしてきた。当然、一般人には真似のできない業務であるところの、貸し出す際の「審査」「管理」「回収」には専門知識が必要とされ、加えて実作業のコストがかかる。

そのため、預金の金利よりも貸出金の金利のほうが高いのは誰にも納得がいく事象であり、これが間接金融の収益構造を支える「利鞘確保」のシステムとして世間に認められてきた。また、同時に貸出市場においては、公的金融機関の存在を捨象すれば、わが国の産業構造を反映した正当な競争原理が働き、貸出先の状況を的確に見極めた金融機関が適正な金利で貸出しを実行してきた。借り手はその資金を企業経営に投下し、自らの事業の継続・発展に利用する。そこでは、間接金融が大きな役割を果たしてきたといえる。

ところが、個人向けファイナンスの場合は理屈が異なる。改正貸金業法に至る論議のプロセスで論点にあげられた多重債務者と自己破産者の急増という社会問題の背後に潜む、「ゼロ金利時代にあって預金に金利が付かない現実と個人の無担保貸出の金利は業者や金額により差はあるものの高利のまま

で維持されてきた現実のギャップ」に対する国民の批判は大きかった。つまり、個人向けの無担保融資の世界には、金融機関としての貸付業務の良識ある常識が貫徹しておらず、審査でパスした銀行のカードローン利用者に対しては、法律（利息制限法）が定める上限金利（15％から18％）が適用されてきたとはいえ、利用者の信用度合いによって貸出金利に適切な差異をつける行動はほとんど行ってこなかった。その背景には貸金業者や信販会社がどのような条件の顧客に対しても、たとえば新規顧客に関しては、その多くに対してほぼ上限金利（グレーゾーン金利の最高金利29％）で貸し付けるビジネスモデルがあり、銀行も利息制限法の範囲内と貸金業に比べると低利とはいえ、彼らと同じ経営発想で業務を実施してきた経緯がある。

　もちろん金融機関は、従来から特定企業や会員向けの金利優遇サービスや住宅不動産担保（根抵当権）を裏付けとした低金利のフリーローン（有担保ローン）、近年では規制緩和の流れを受けて利用度合いに応じた金利優遇ローンなどいくつかの商品を提供している。しかし、長期的な視座からこれまでの無担保ローンビジネスを振り返れば、本来働くべき市場のマーケットメカニズムや競争原理は、金利においては利息制限法と出資法に規定された上限に張りついたまま硬直化し、有効的に機能しえなかったといえよう。これが、わが国におけるリテールファイナンスの特徴である。

　また、長引く景気の低迷による個人所得の伸び悩みに加え、倒産による失業、派遣社員やアルバイト・パートタイマーなど非正規雇用労働者の増加、フリーターやニートの増加など彼らと正規雇用労働者の所得格差は拡大傾向を示すなかで、多重債務者・自己破産者の増加は社会問題となった。こうしたなか、貸金業法の改正が平成19（2007）年1月20日から3年間かけて4段階に分けて施行され、それにより貸金業者の数は急激に減少し、それに伴い自己破産の申立件数も減少傾向にある。ここに至るプロセスを振り返りながら、そこに潜む課題をあらためて明らかにするとともに、今後の労働金庫のあるべき姿を模索したい（図表4－1、4－2参照）。

図表4－1　自己破産件数の推移

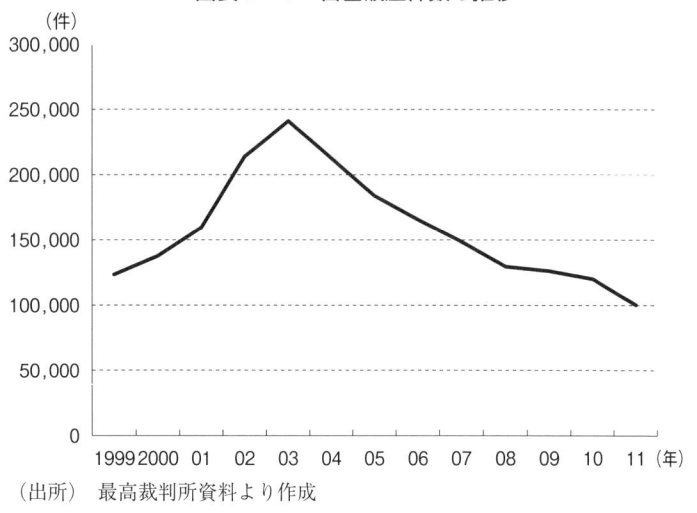

(出所)　最高裁判所資料より作成

図表4－2　貸金業者の推移

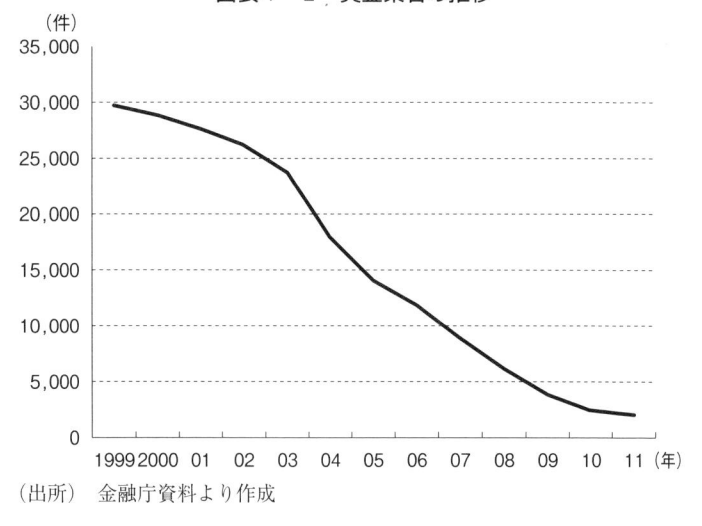

(出所)　金融庁資料より作成

## (2) 時代の変化とマーケティング

　多くのコンビニエンスストアやスーパーマーケット、自治体、病院、大学などにATM（Auto Tellers Machine）が配置されて久しい。加えて、どこの金融機関でもATMの機能・サービスや店頭サービスは類似している。仮に「駅前に軒を連ねる金融機関の一つひとつの特徴・相違点をそれぞれ説明できるか」といわれても、制度や役割上から労働金庫とメガバンク、地方銀行、信用金庫の違いを説明できても、顧客・利用者サイド、すなわち金融機関を利用する側、特に個人顧客の立場からは説明しにくいのが実情であろう。自由競争の時代となり、これからは金融機関といえども一般企業と同じセンスで経営をすべきであるとすれば、はたして国内にこれだけ多くの同業種企業が必要なのかとの疑問を抱かざるをえない。顧客との接点で考えれば、インターネットバンクングやコールセンター、ローンセンターを含め今後とも顧客との接点を増強すべきであろうが、競争原理が貫徹する世界では、類似商品・サービスを提供する一つの業種がこれだけ多く存在する必要性はないと考える。

　これまで金融界の再編は不良債権問題に起因する再編が中心であったが、今後、オーバーバンキングの議論[3]を含め、金融界は自由競争の影響による機能面や目的面での本格的な再編が幕を開けている。すなわち、行政によって切り分けられてきた金融界のすみわけが意味をなさなくなり、最終的に利用者側が非常に厳しい眼をもちながら金融機関を選択し、金融機関側は目的や機能で顧客に対してどれだけのサービスを提供できるかが最大の経営課題である今日、労働金庫の存在理由をどこで示すかが問われている。

　つまり、これまで述べたとおり、規制下、商品は同一であり、どの金融機

---

3　『年次経済財政報告〜成長条件が復元し、新たな成長を目指す日本経済〜』「オーバーバンキングの定義自体、金融機関数のほか、支店数や従業員数でみる場合や、経済規模と対比でみた貸出（間接金融）の規模、あるいは預貸率の低下（貸出量＜預金量）など、様々である。さらには、公的金融のプレゼンスを考慮する必要がある」平成18（2006）年7月内閣府より抜粋。

関を利用しても金利にほとんど違いがない環境では、顧客は会員組織のなかで間接構成員として労働金庫利用を勧められれば、労働金庫を利用することに商品性からの違和感をもつことはなかった。ところが、金利をはじめ期間や付加価値サービス、さらに投資信託など商品バリエーションの多様化、インターネットバンキングに代表されるIT・ネットワーク化の進展、イオン銀行のWAONカードに代表される日常の買い物のシーンとバンキングサービスが融合した異業種の参入、さらにファイナンシャルプランニングをはじめとした顧客向けの相談業務の強化など、利用者の眼にみえるかたちで個人金融領域に変化がもたらされる時代にあっては、こうした変化や顧客のニーズに的確に対応するための組織体制の整備が求められる時代となっている。とりわけ、長引く低成長経済により個人の生活が厳しさを増すなかで、顧客が厳しい眼をもつことが大切だとしても、金融を取り巻く環境変化の内容を個人レベルで十分に理解・判断するには無理が多い。今後起こりうる変化の正しい内容を情報提供し、個人資産が有効に運用でき、各種のローンやサービスを提供するために、労働金庫に求められる期待と労働金庫が果たすべき役割をあらためて見直す必要性があろう。

　ここで必要なのは、労働金庫がもつ協同組織金融機関としての独自性をいかに磨き込むかという点に尽きる。労働金庫は、どの分野に経営資源を最適配分し、どの分野で優位性を確保すべきか、同時に、どの分野のサービスからは撤退し、新たな独自サービスを提供するために、いかなる団体や機関と提携するかといった、やるべきこととやらないことを明確にすることにある。つまり、労働金庫が得意な分野を徹底的に伸ばし、その分野で顧客の顔がみえる状態をつくりだし、継続取引が可能となるようメイン化を図る。そこへ経営資源を集中的に投入する。手薄になる分野は、あきらめるか、その分野に強い専門機関との提携やアウトソーシングで乗り切るなどのグランドデザインの見直しを図ることが肝要であろう。こうした基本方針を明らかにしたうえで、労働金庫としてのマーケティング戦略を描くことが重要となろう。

そこで打ち出された施策を具現化して支える仕組みとして、平成26(2014) 年1月に全面更改がされた「次世代システム」が注目される。
　これまで金融界においては、第三次オンラインシステム構築の際、情報系システムが整備され、続くポスト三次、あるいは第四次オンラインと呼ばれるシステム構築の段階において営業支援系やチャネル系と呼ばれる顧客戦略システムに再整備がなされてきた。しかし、これらシステムはどうしても規制下の色合いを多分に残すものであり、マーケティング戦略の展開に対応可能なシステムは一部の先進発想の金融機関において部分稼動している現状であった。また、当時はシステムそのものの価格が高くかつ現在に比べ性能が低いなかでの開発を余儀なくされた。
　さらに、前述のとおり、本邦の金融界にマーケティングという発想が存在しなかったために、こうした分野の基礎研究が遅れていた。たとえば、流通・小売業が一回の商品販売に何割かの利益を織り込み、商品の回転率を高めることにより収益をあげるフロービジネスであるのに対し、金融業は長期にわたる預金・融資の継続取引のなかで利鞘を得るストックビジネスである。根本的にマーケティング自体の発想が異なるのである。しかも、規制のなかで、都市銀行から地方銀行、信用金庫、労働金庫、信用組合、農業協同組合、漁業協同組合に至るまで、個人向けの主力預金商品は総合口座の期日指定型定期預金しか存在せず、若干の金利差こそあれ、同じ金利、同じ期間、同じ商品設計しかなかった。つまり、顧客のセグメンテーションを考える際にも、OL、シングル、ミドル、シルバーといった年齢階層、世代により異なるニーズがあったとしても、提供する商品が全金融機関統一かつ単品商品しか持ち合せない環境で、マーケティングを論じてもあまり意味がない状況が長く続いていたのである。
　それが、金融制度改革により自由な商品設計が可能となった。しかも、金融機関サービスの基本である金利、期間、手数料、決済機能、その他諸々の付加価値サービス等の組合せに、投資信託や株式、保険、信託等の垣根を越えた商品サービスが加わり、最終的にはカード業務を通じた流通・小売業と

の接点について業務展開が本格化している。

　こうしたなかで、個人のライフスタイルの多様化や高齢少子社会への対応等、異なるライフステージ、顧客ニーズに適応しながら、金融機関サイドとしてもよく利用してくれ、収益にも貢献してくれる顧客と、それ以外の顧客を見極めながら、ビジネスを展開すべき必要が指摘されている。さらに、渉外担当者が得た貴重な顧客情報が人事異動により引き継がれず、金融機関全体の情報資産になっていない事態を改善する必要がある。特に長期的な情報（取引ネタ）は保存されないケースが多い。顧客の情報を時系列データとして保存し、ライフステージに応じた商品サービスを提供できる仕組みをもたなければ、これら顧客ニーズに対応することは不可能であろう。毎期キャンペーン目標を定め、対前年比いくらの伸びを達成するとした目標設定がなされ、顧客ニーズに関係なく目標達成まで根性と執念で営業推進を行う時代は過去のものとなった。顧客のニーズを無視した金融機関都合のキャンペーンに顧客がついてこない時代が到来したのである。

　そこでリテール戦略を支えるキーワードとしてリテンション、クロスセルあるいはワン・トゥ・ワン等のマーケティング手法が研究されるようになった。そもそも、これらのキーワードは米国金融機関が金利自由化を受けて、壮絶な金利競争に突入し、その苦い経験と反省に基づき非価格面でのサービスを重視するようになったことを背景に導入されるようになった考え方である。これを日本版として本邦の実状に適したかたちで実現するためには、顧客の顔がみえる仕組みとしての顧客データベース、顧客サービスに対応可能な商品データベース、さらには、各種キャンペーンや渉外活動を支援するためのアクションデータベースなどのデータベースが必要となる。これらのデータベースを統合し、MCIF（マーケティング顧客情報ファイル）と呼ばれるデータベースマーケティング戦略用のデータベースを構築すべきである[4]。それに基づき本部組織のなかにマーケティング戦略を担当する部署を設置し、顧客の構造分析をはじめとする各種業務分析や仮説検証、さらに営業推進キャンペーンの企画検討、施策立案、実施、進捗管理、結果検証等を

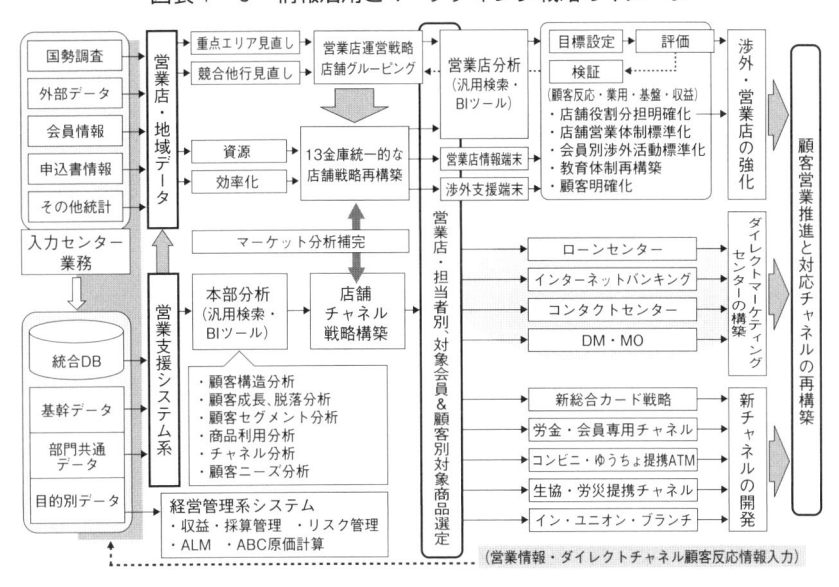

図表4-3 情報活用とマーケティング戦略のイメージ

担当する。さらに渉外員、窓口を含むATM、コールセンター、インターネットバンキング、ダイレクトメール等すべての顧客接点としてのチャネルに対して、いかなる情報を配信し、さらに各チャネルが独立ではなく有機的に連動・結合し組織全体として総合力を高められるかを企画・管理する仕組みを構築する必要がある。最後にこれらチャネルから入手した顧客の最新情報をMCIFへフィードバックする情報循環メカニズムを構築することにより情報の鮮度を保ち、精度を向上させなければならない。その全体像を図表4-3に示す。

---

4 先進金融機関では、MCIFの開発がなされ運用が開始されている。また、労働金庫業界においては、これまでは、DBプレイヤーと呼ばれる検索機能を備えたシステムにより、各種の分析業務を行ってきたが、その限界性が指摘され、こうしたなかですでにMCIFは一部構築が完了している。現在、「次世代システム」においてさらなる新たな仕組みが検討されている。

こうした仕組みを構築できれば、各種資料の作成をいちいちシステム部門の手を煩わすことなく企画・推進部門で自由かつ短時間に作成することが可能となり、確固とした数字の裏付けに基づいた経営計画立案の資料作成から新商品開発までが総合的に担当可能となる。労働金庫では、団体主義に基づく職場推進機構（職域）や地域推進機構（地域）を土台として、こうした仕組みを次世代システムに構築する必要があるといえる[5]。

## 2　日本における金融マーケティングの特徴

### (1)　日米の相違点

日本において金融マーケティング戦略を展開するうえで、マーケティング先進国である米銀のマーケティング戦略[6]展開の手法を邦銀が参考とすべき部分は多々ある。とはいえ、米銀で実績をあげた発想や手法を邦銀において適用する場合には、日米の基本的な事情の相違点を考慮する必要がある。

まず、文化や地理的要因の違いがあげられる。たとえば、米国においては、ある一定の資産階層を超えると、彼らは収入を公表することをステータス（自信・実力）と考える。「自分はこれまで努力をした結果、現在これだけの収入を得ている、チャンスがあればさらにそれを上回るビジネス、職業を目指したい」、これが彼らの国民性である。一方、日本においては、一般的に収入を秘密にすることをステータス（奥ゆかしさ）と考える。一般的に、日本人は年収を尋ねられても、多分正確には答えないし、親しい友人に対しても通常は収入に関する質問はしない、これが日本人の国民性である。過去に外資系証券会社が一般個人顧客を訪問し、記入シートを示しながら「現在の貴方の資産に関する必要情報をすべて教えてください。そうすれば、貴方

---

5　三村聡・本田伸孝『金融マーケティング戦略』金融財政事情研究会（平成11（1999）年）。

6　千野忠男監修・野村総合研究所著「米銀の21世紀戦略」金融財政事情研究会（平成10（1998）年）。

に最適な資産ポートフォリオを提供させて頂きます」といったセールスを展開した。この手法は、米国においては成功したかもしれないが、本邦では思うような成果をあげられず苦戦した。また、コールセンターを情報収集の手段と考えた場合、米国では各種の属性情報収集の手段として活用できるかもしれないが、本邦では運用手段をよほど考えない限りむずかしい。それが金融機関からの電話であったとしても、電話による事情にあわない一方的なセールスに対する日本人の拒否反応は依然として強い。

　さらに、大規模ショッピングセンターにおいて食料を買い溜め、大型冷蔵庫・冷凍庫にストック・調理する食生活を営む米国人の国民性に対し、日本では食文化の米欧化や共働き・核家族家庭の増加により伝統的食文化が薄れつつあるものの、毎日、新鮮な生の食材を買い求めるという国民性の違い、さらには、クレジットカードに関しても小切手社会である米国といまだ現金が主流である日本との違い等を十分念頭に置きながらマーケティング戦略の構築を検討しなければならない。

　地理的要因の違いでは、米国の場合、居住地区の要因によるセグメンテーションがある程度可能であるのに対し、日本ではむずかしい場合が多い。たとえばカリフォルニア州ビバリーヒルズに居住するほぼすべての住民は富裕層であろうし、ニューヨーク市の何地区何番街何通りに居住する層は一定のセグメントであるといわれている。一方、東京都の大田区田園調布、世田谷区成城や兵庫県芦屋市等の高級住宅地と呼ばれている地区であっても、そこに居住するすべての住民が富裕者とは限らない。すなわち、本邦においてマーケティングの具体的な戦術展開を実施する際には、地理的要因を考慮したエリア分析を行わなければならないものの、最終的には個人「個」の情報がなければ有効なマーケティング戦略の展開は実現できないのである。これら日米の文化や地理的要因の違いは、実際にマーケティング戦略を展開するうえでその成否に大きな影響を及ぼすこととなる。

　こうした点で、労働金庫は職場推進機構を通じた会員との取引が主流であるため、その会員の職場環境、職員構成、賃金水準、福利厚生制度などの組

織情報を入手しやすいという強みをもっている。それは、すなわち会員である労働組合の定期大会の議案書や福利厚生制度などから得られる各種の情報源に接する機会が多いことを意味している。また、中国労働金庫鋼管町支店に代表されるイン・ユニオン・ブランチ[7]といった大規模会員の組織内に支店を出店し、職場の福利厚生と一体となった営業店運営を行うケースもある。こうして職域を中心に取引内容を充実させることにより、顧客に対してより身近に労働金庫の存在意義や商品サービスを実感できる体制を構築することにより、独自性の高いマーケティング戦略を組み立てる必要がある。

　次に経営環境の違いがある。一般的に、米国金融機関においては戦略策定・施策策定・推進計画・実行・評価に関する企画および実行が本部中心で行われる。営業店（支店）は単なる顧客のデリバリー拠点であり営業店のマネージャーには本邦ほど大きな経営責任がない。それに対して、わが国の営業店では支店長に人事権・経営権が存在し、支店長は自らの意思でマーケットを分析し推進計画・管理・評価を実行する。したがって、米国金融機関では、複数の拠点で取引がある場合においても顧客は一人として取り扱われる。ところが、わが国においては、戦略立案・施策策定および評価段階は米国と同じく本部主導であるのに対し、推進計画策定・実行段階では支店別に個別対応する場合が多い。ペイオフの完全実施に伴い、全店名寄せが実行されたため、金融機関の取引総体から顧客分析が可能となったものの、わが国の金融機関は顧客の店別単位での管理が主流である。労働金庫においても、支店ごとに担当する会員が決められているため、会員取引の考え方は、支店長にその権限や裁量、営業方針が移譲されているとみたほうが一般的である。こうした諸点に留意する必要がある。

　最後に、外部データについて確認すべき点がある。米国では国勢調査データ等を固有名詞単位で購入することが可能であり、その他各種の個人データ

---

[7] 企業の敷地内に店舗をもち、当該企業の従業員向けに金融サービスを提供する店舗。鋼管町支店は、主に顧客との接点でのサービスを受け持ち、事務処理業務等のバックオフィス的な機能は、母店となる福山支店が担当している。

が販売されている。それに比べ日本では、個人情報保護の観点から個人データは入手できない。つまり、国勢調査や事業所統計データは、個人ではなく町丁単位で集約されたものを購入するというレベルである。つまり、わが国の金融機関がマーケティング戦略を展開するうえで米国とはさまざまな事情の違いがある。さらに、国内においても各都道府県、市町村はもとより、労働金庫においては民間労働組合と公務員系労働組合、さらに個別労働組合の取組方針など会員事情によって取引振りや地域性に違いがあり、それら特性を考慮・反映した労働金庫版のマーケティング戦略を構築しなければならない。それを実現するためにも、繰り返しになるが、次世代システムにおける情報系システムや会員管理システムの構築に期待が寄せられよう。

## (2) 金融業と流通小売業の相違点

　ここまで、労働金庫が経営を取り巻く時代の変化に対応するためには、マーケティングの発想が必要となる理由について述べたが、環境変化の流れは今まで以上に早く、今回触れた点は、先進金融機関ではすでに現実のものとなっているケースが多い。こうしたなかで、今後の労働金庫の姿を考えた場合、引き続き会員取引を中心とした間接構成員（個人）取引が主体となるのは間違いなく、激化する競争環境のなかでいかに生き抜くかという命題に対しては、「限られた経営資源を有効に効果的に活用し、最大限の収益を確保できる基盤をいかに構築するか」という命題に応える必要性がある。そこでは、この命題を実現するための手段として、エリアマーケティングとデータベースマーケティングを融合させた総合的マーケティング体制、すなわちCRM（Customer Relationship Management）戦略の構築を提案したい。その基本は、営業エリアを軸とした支店運営の戦略策定が基本となるエリアマーケティングシステムと、取引顧客を軸とした営業推進戦略および各種施策の策定を基本とするデータベースマーケティングを活用し、総合的な経営戦略を構築し、経営資源を効率的・効果的に配分した営業活動を行うことにほかならない。

図表4-4　金融マーケティング戦略の全体像

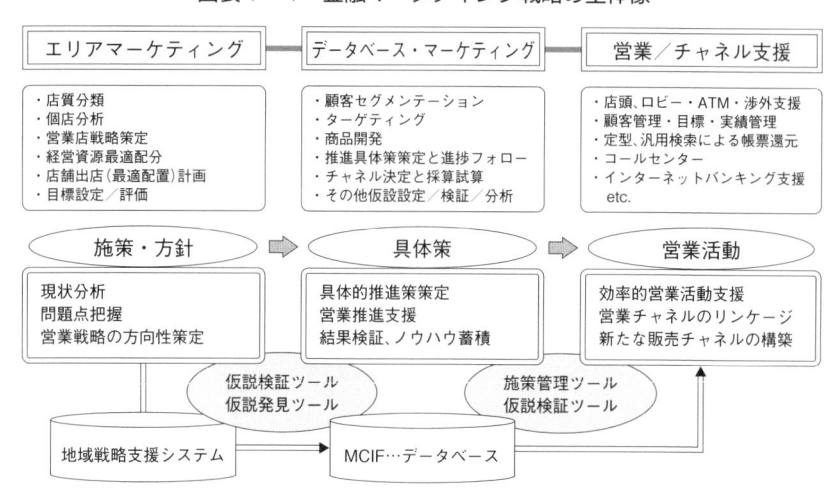

| エリアマーケティング | データベース・マーケティング | 営業／チャネル支援 |
|---|---|---|
| ・店質分類<br>・個店分析<br>・営業店戦略策定<br>・経営資源最適配分<br>・店舗出店(最適配置)計画<br>・目標設定／評価 | ・顧客セグメンテーション<br>・ターゲティング<br>・商品開発<br>・推進具体策策定と進捗フォロー<br>・チャネル決定と採算試算<br>・その他仮設設定／検証／分析 | ・店頭、ロビー・ATM・渉外支援<br>・顧客管理・目標・実績管理<br>・定型、汎用検索による帳票還元<br>・コールセンター<br>・インターネットバンキング支援<br>etc. |
| **施策・方針** | **具体策** | **営業活動** |
| 現状分析<br>問題点把握<br>営業戦略の方向性策定 | 具体的推進策策定<br>営業推進支援<br>結果検証、ノウハウ蓄積 | 効率的営業活動支援<br>営業チャネルのリンケージ<br>新たな販売チャネルの構築 |

仮説検証ツール／仮説発見ツール　　施策管理ツール／仮説検証ツール

地域戦略支援システム　→　MCIF…データベース

　これら戦略立案の基本となるものが顧客データベースの構築である。従来までの個人情報とは異なる新たな発想に基づく構造をもつ顧客情報ファイルをいかに構築・活用し、経営戦略策定に利用するのかを具体的にすることが必要となる。マーケティング戦略の全体像は次のとおりである（図表4-4参照）。

　次に、金融業におけるマーケティングを考える際に、金融業のもつ独自性から流通小売業のマーケティングと発想を変えなければ、実際の適応がむずかしいシーンに遭遇する。

　流通小売業ではマーケティング手法が確立されているといわれるなかで、まず流通小売業と金融業のマーケティングに関する相違点を①マーケット、②商品サービス、③セグメンテーションの考え方、④戦略ポイント、⑤収益の源泉といった観点から確認する[8]（図表4-5参照）。

---

[8] 本節の内容は拙書『金融マーケティング戦略』（三村・本田）に基づき、最新の事情を念頭に置き、労働金庫の特性にあわせて加筆修正した。

図表4－5　流通・小売業と金融マーケティングの相違点

| | 一般的な流通小売業 | 金融業 |
|---|---|---|
| マーケット | 不特定多数の顧客 | 特定多数の顧客<br>（本人確認・労働金庫では会員） |
| 商品サービス | 不特定多数の商品<br>商品の改廃スピードが速い | 特定少数の商品サービス<br>規制緩和により商品の多様化が発生 |
| セグメンテーション | 商品アイテム・購買時期<br>購入回数・購買金額 | 顧客属性（ライフスタイル・ライフステージ）<br>保有商品サービス実績 |
| 戦略 | 新規顧客の獲得と購買回数の増加 | リテンションによるメイン化 |
| 収益 | 1回の販売利益率が高い<br>商品の回転率で収益を確保 | 1回の販売利益率はきわめて低い<br>取引維持が収益の源泉<br>フロー収益の確保 |

① マーケット

小売流通業は保有する商品サービスを販売するためにマーケットを調査し、顧客の階層を特定し（ターゲティング）、広告販促（セールスプロモーション）を実施する。したがって、商品を軸に不特定多数の顧客を対象としている。一方、金融機関はマーケットが特定の地域または特定の階層、すなわち特定多数の顧客を対象とする場合が多く、とりわけ口座開設にあたり「本人確認」が義務づけられているため、商品を利用する特定個人を軸とした考え方が必要となる。

② 商品サービス

流通小売業では数万・数十万の商品サービスを保有し、商品サービスの改廃スピードはきわめて速い。金融業では特定少数の同一性の高い商品サービスを保有し金融機関ごとの差別化はできにくい。規制緩和により商品サービスの多様化が進んだが流通小売業の比ではない。

③ セグメンテーション

流通小売業では商品・直近取引日・購入頻度・購入金額が基本情報の項目

となるケースが多い。また、キャンペーンの実施にあたっては、顧客になった日・データソース・購入日・購入頻度・購入金額・キャンペーン回数・代金支払状況が一般的には重要視される。一方、金融業では顧客の属性、すなわちライフスタイル・ライフステージ（年齢・家族・職業・住居形態…等）、保有商品サービスの実績や購入時期の情報に基づきキャンペーンが実施される。

④　基本戦略

流通小売業では新規顧客の獲得と商品サービスの購買回数の増加が中心戦略となるのに対して、金融業ではリテンション策による継続取引やクロスセルによる複合取引の推進、すなわちメイン化を基本戦略とする必要がある。購買回数の増加（回転率）という点では、流通小売業と証券会社は類似しており、安定的な継続取引や複合取引という点では、金融機関と保険会社は類似しているといえよう。

⑤　収益の源泉

収益確保の点で流通小売業と金融業は違いが明確である。まず、流通小売業では商品サービスに対する利益率は一般的には10〜70%あり、収益の確保のためには仕入原価を下げること、販売回数を増加させることにより収益をあげることができる。当然のことながら利益の範囲内でキャンペーンのプロモーションコストをかけることができる。一方、金融業では訪問や販売１回当りの販売利益率はきわめて低い。労働金庫では、夏冬の一時金キャンペーンを展開するために渉外員が何度も会員を訪問し、キャンペーンの依頼、条件交渉、実施、成果管理を実施している。

渉外員１回当りの訪問コストは会員の規模（対象間接構成員の数）や会員の取組み姿勢、労働金庫毎の賃金水準などにより異なるが、こうした人件費や物件費をかけながら、そのコストを回収して利益に結びつけるためには一定期間以上取引を継続しなければ損益分岐点を超えることはできない。すなわち、金融業では顧客取引の維持が収益の源泉であり、流通小売業と金融業との基本戦略の違いはここから生まれる。金融業ではライフタイムバリュー[9]

が重要である。

　以上のように、流通小売業はあくまでも取扱商品をキーとして戦略が構築されるが、金融業では取引先＝個人をキーとした戦略の構築が必要となる。労働金庫については、取引先である労働組合組織（会員）と一体運営・一括取引を行う「団体主義」に基づく職場推進機構の存在により、会員が間接構成員（個人）に対して、労働金庫業務の一部を担うとした効率的な運営形態を維持している。労働金庫が団体主義をとってきた背景には、労働金庫の設立が、労働組合の財政基盤の確保や福利共済活動の充実によって組織を安定かつ強固な集合体に進展させ、また、生活協同組合組織の拡充を図る下支えを行うことを旨とした設立理念が貫徹している。この強みをマーケティングにいかに活かすことができるかが、これからの労働金庫の持続的発展を模索するうえで、重要なファクターであると考えられる。

## 3　労働金庫のマーケティング

### (1)　基本的な考え方

　労働金庫は「生活応援運動」をはじめキャンペーンによるカードローンや住宅ローンの推進を通して職域を中心に融資を伸ばしてきた。ところが、店舗主義、すなわち勘定店主義を基本とした営業活動における非効率性が問題点としてあげられる。つまり、会員、とりわけ推進機構が労働金庫運動を支えるという理念を継承できている店舗においては、本来、労働金庫が目指すべき営業活動が展開できている。ところが一部にみられる非効率営業と顧客管理不在による営業機会のロスが発生している営業店では、一方的なお願い営業による手法が経費増大と収益縮小というマイナスの結果を生み出している可能性がある。ボリューム重視の時代にあっては、それもいたしかたないと看過できたかもしれぬが、預金金利の自由化をはじめ各種の規制緩和を受

---

9　顧客が取引を開始し、解約されるまでの間に金融機関にもたらされる収益の合計額。

けて金融機関の収益構造そのものが変更を余儀なくされ、とりわけ収益重視の経営に転換すべき時代にあっては、こうした無駄を改善できるか否かが経営の根幹に係わる課題となっている。

　加えて、プロダクト・アウトの発想によるキャンペーン中心型成果主義が原因とみられる顧客ネタ情報の不足と取引の不連続が、継続的営業活動能力の低下を招き、さらに店舗の統廃合による取引店移管が原因で顧客価値は低下し、顧客のニーズに十分に対応できない状況を重く受け止める必要がある。つまり、プッシュ型のプロダクト・アウト手法による営業活動が限界を迎えている点である。これからの個人金融ビジネスを成功させるポイントは、本来のサービス業の基本姿勢である、顧客サイドに立つ営業推進体制の構築とそれに対応できる人材育成と組織体制・インフラ整備に尽きよう。

　そこで、こうした組織体制を構築するためのステップを流れに沿って述べる。まず、スタートは顧客の実態把握による精緻な現状認識である。初めに全層での顧客取引分析により自機関全体の取引構造を、個別顧客の取引振り、営業エリア分布、そして店舗状況（経営資源の配分状況）を軸として複数の角度から把握する。その具体的な考え方は、13の労働金庫ごとに設定されている現行のメイン化基準（ストック・フロー）が基本となろう。労働金庫の場合では、個人向け貸出業務は住宅ローンを中心とする有担保ローンとカードローンなどの無担保ローンに分かれる。そこでは取引商品ごとのボリューム（ストック）については、残高と返済期限、途上与信管理の推移や状況把握が必要となる。同時に借り入れ、返済の継続率や増減率、回転率をベースとしたフロー分析を行う必要がある。さらに預金項目や投資信託などの預り資産項目も加えた総合的な取引振りでのストック分析、公共料金や給与振込みなどの取引回数というフロー分析を実施したうえで、これらの顧客個別の取引状況を取引期間別、職種別、年齢階層別などの分類を勘案したセグメント基準に基づきクロス集計分析により実態把握ができる仕組みを実現したい。

　次に、勘定店別に取引顧客の実体調査を行う。ここでは、担当エリアにお

ける顧客取引の実態把握を実施し、会員との取引関係に起因する開拓余力の測定による優良会員、低利用会員、未利用会員、さらには未取引（新規開拓先）を実数ベースで分析・比較検討し、把握することが重要である。こうして担当エリアと会員のもつポテンシャルを見極めたうえで、営業推進施策を策定し、分析結果に基づき設定された店舗ポテンシャルに見合った人員配置を行う必要がある。そこでは、店舗エリアがもつ店の質により、担当者の経験・能力・特性を勘案したうえで、営業体制の効率化計画とあわせながら人材の効果的配置計画と担当地区の選定を実施したい[10]。

　ここで重要となるのが退職者取引を含む地域をも意識したエリア営業体制の整備である。その目的は、パート営業員や再雇用営業員など総合的かつ効率的な渉外活動の実現に向けたエリア別・会員別の営業体制の導入である。そのためには、まず顧客管理に明確な基準を設ける必要がある。つまり、どの基準を満たす顧客に対してはどの担当者やチャネルがいかなる管理を実施するか決める必要がある。高度な相談業務知識を有する担当者なのか、一般の渉外担当者なのか、パート営業員なのか、店頭対応なのか、インターネットバンキング、コールセンターやDMなどのダイレクトチャネルでのフォロー先なのかを決定して全体の取引推移を時系列にフォローしながら管理する体制を構築することが効率的である。また、収益とチャネルコストの関係を勘案した担当者別の最適管理顧客先数を算出し、加えて人事異動などで担当者が変更になったケースでも同じレベルでフォロー可能なデータベースを整備して継続的なアプローチを実施すべきである。また、多くの労働金庫では新規開拓が低調である。この点は新規開拓目標を有する他業態に後れをとっており、労働金庫にとって抜本的に考え方を改めるべき課題であると指摘した。新規開拓先を設定し、新たな取引が見込める先に関しては、役割分担を明確にして期間を決めた集中的なアプローチが求められよう。

---

[10] ペイオフの実施により全店名寄せシステムが完備されたことで、全層での顧客分析が可能となった。

## (2) エリアマーケティングと商品・チャネル戦略

　こうした仕組みを構築、再確認しながら、住域取引（地域取引）においては、まず、従来からの勘定店をベースとした管理から顧客基準のベース管理へ発想を転換しなければならない。つまり、顧客基準ベースにすることにより住域取引における管理不在という状況を解消することが必要である。さらに、エリア管理体制の運営により職住二元取引を店質別役割に応じて設定し、退職後のフォローを含む家計取引のメイン化を念頭に置いた顧客管理を実現しなければならない。こうしたエリア制の導入により、住域取引（地域取引）においては、勘定店管理をエリア管理（居住地管理）へ転換することにより、親密な管理活動による顧客満足度の向上につなげたい。また、そうした顧客中心主義の戦略から競合しあう機関との差別化デザインを描くことが職員のモチベーションアップにもつながる。地区内の対象支店間の管轄エリアの調整をマーケット富裕度・競合度を考慮して設定し、さらに地区内渉外担当者については、パート営業や退職者再雇用による営業力の補強などの工夫により、主として会員を担当する一般渉外員と役割分担にメリハリをつけ、職住別・セグメント別の管理先数の状況に応じて、経験年数や実務スキル、マネジメントスキルを考慮して、適正数を算定し配置人員数を確定させる。

　エリア制導入後の店舗や担当者の業績評価、個人考課、店舗評価、表彰基準については、顧客情報DBを活用した計数把握と顧客別管理コードをキーとした計数集約手法の確立により、同じ店質ごとの比較により目標基準を設定し、公平性・平等性・顕示性を期すことが肝要となろう。労働金庫をより利用してもらうために、総合取引の推進による、「貯蓄メイン」（職域取引）と「家計メイン」（住域取引）双方からの取引アプローチがあるべき姿である。すなわち、住宅関連融資・家計性ローン提供によるメイン化の実現や年金取引を主体とした高齢者対策、来店誘致型営業展開による顧客満足重視の店頭セールス、インターネットバンキング、ローンセンター、DM、多機能ATM、コンビニとのATM提携、店頭と渉外等チャネルミックスによる効

率的な推進体制整備の全体像を明確にした営業戦略の策定が基本となる。そこでは、こうした業務に対応できる人材育成が最大の課題となろう。

また、主力となる職域取引は、会員と企業双方にメリットを生み出す方策を念頭に置いた推進が重要となろう。つまり、会員の組合員に対する福利厚生に資する提案はもとより、経営側に対しても、経営効果、福利厚生、人事補完面からの提案が必要であり、利用率が向上するチャンスが期待できるサービスを推進したい。そこでの理想として、会員と企業双方に労働金庫、全労済、生活協同組合、介護や子育てNPO等が協同して、社内預金や社内融資制度、財形預金、401（k）、カフェテリアプランや退職後ライフプランニングサービスに貢献できるプランを提案・展開することにより、複合的なサービスを提供するなかで効率的・効果的に取引利用の拡大を図りたい。それを支えるためには、各種サービス提供（アクション）のキャンペーン履歴がみえる職域データベースの構築が必須である。そこでは、職域ごとの福利厚生の内容を記録したデータベースにあわせ、退職準備段階での教育・サービスの内容、退職者後のフォロー状況などの情報も格納したい。そこに居住地情報も加えられた職域名寄せされた個人情報データベースが連結され、各種マーケティング分析が実行できる組織体制・インフラ整備が理想である。その理由は、これまでは職域取引と居住地取引が別々になされてきたため利用者からみて非効率であり、顧客中心主義ではなかった。この勘定店主義からの脱却により、顧客志向に基づくマーケット・インを具現化したい。また、こうした職域取引と居住地取引の連動により、はじめて職住一致取引が可能となり、金融機能面強化によるロイヤリティ引上げによる現役世代から退職世代へのターニングポイントを確実につなぎとめることが実現できるのである。現役の45～50歳世代の間接構成員を対象としたセカンドステージを想定したライフプランニングサービス提供による各種ネタ情報の収集、年金相談、財形預金、401（k）導入・運営サポートなどのサービスを提供しながら、給与振込み、専用ローン制度の提案、新しいカード導入による差別化が実現できれば利用率は向上しメイン化戦略が実現できよう。

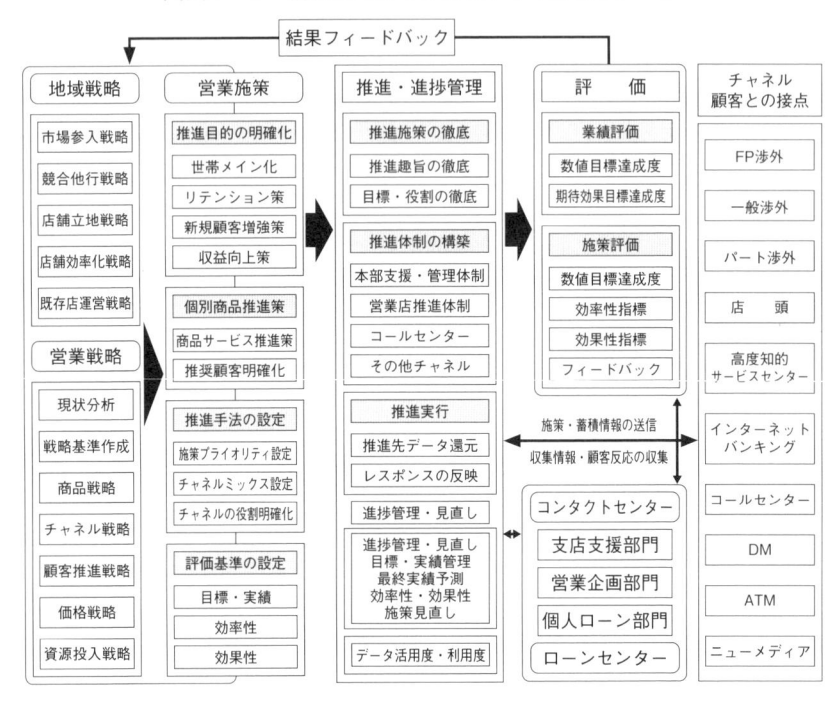

図表4－6　情報活用サイクルとチャネルのイメージ

| 地域戦略 | 営業施策 | 推進・進捗管理 | 評価 | チャネル顧客との接点 |
|---|---|---|---|---|
| 市場参入戦略 | 推進目的の明確化 | 推進施策の徹底 | 業績評価 | FP渉外 |
| 競合他行戦略 | 世帯メイン化 | 推進趣旨の徹底 | 数値目標達成度 | 一般渉外 |
| 店舗立地戦略 | リテンション策 | 目標・役割の徹底 | 期待効果目標達成度 | パート渉外 |
| 店舗効率化戦略 | 新規顧客増強策 | 推進体制の構築 | 施策評価 | 店頭 |
| 既存店運営戦略 | 収益向上策 | 本部支援・管理体制 | 数値目標達成度 | 高度知的サービスセンター |
| 営業戦略 | 個別商品推進策 | 営業店推進体制 | 効率性指標 | インターネットバンキング |
| 現状分析 | 商品サービス推進策 | コールセンター | 効率性指標 | コールセンター |
| 戦略基準作成 | 推奨顧客明確化 | その他チャネル | フィードバック | DM |
| 商品戦略 | 推進手法の設定 | 推進実行 | | ATM |
| チャネル戦略 | 施策プライオリティ設定 | 推進先データ還元 | | ニューメディア |
| 顧客推進戦略 | チャネルミックス設定 | レスポンスの反映 | | |
| 価格戦略 | チャネルの役割明確化 | 進捗管理・見直し | コンタクトセンター | |
| 資源投入戦略 | 評価基準の設定 | 進捗管理・見直し 目標・実績管理 最終実績予測 効率性・効果性 施策見直し | 支店支援部門 | |
| | 目標・実績 | | 営業企画部門 | |
| | 効率性 | | 個人ローン部門 | |
| | 効果性 | データ活用度・利用度 | ローンセンター | |

結果フィードバック / 施策・蓄積情報の送信 / 収集情報・顧客反応の収集

　こうした仕組みを構築・維持しつつ常に鮮度の高い情報系システムを稼働させる必要性がある。情報活用のサイクルとチャネルのイメージについて示す（図表4－6参照）。

## (3) 総合取引の考え方

　労働金庫が目指す「生涯総合取引」を進めるためには、まず、会員の事情・ニーズ、間接構成員の事情・ニーズ、企業の事情・ニーズを総合的に勘案・分析した顧客別営業戦略の策定を考えたい。改正貸金業法が完全実施され、貸金業者では廃業が続き、マスマーケティングと多店舗展開による顧客接点拡大や自動審査システムとダイレクトチャネルによる効率的収益確保を

ベースとした消費者金融のビジネスモデルは成立しにくい時代を迎えた。一方で退職者を含む非正規雇用労働者は増加を続け、労働金庫としても単純に会員、未組織の区別では、取引の間口拡大や深耕を図りにくい環境にある。今後は、商品・制度・取引条件・信用リスク管理の見直しが当面の課題である。そのためには未組織取引を含む初期審査手法や途上与信管理システムの構築による取引ウイングの拡大や顧客の構造分析に基づく収益・リスク管理が必備である。また中長期的には労働組合をはじめ市民生活を支える生活協同組合やNPOの動きと呼応した諸施策の実施が大切である。次世代システムは、職場推進機構や地域推進機構に関係団体との連携から生じる取引情報を総合活用することにより、他が真似のできない新たなビジネスモデルを支える仕組みとして今後進化させたい。さらに財務、営業、業務など経営の全体像をエンドユーザー部門が常時把握できる仕組みと体制整備が急務であり、業務事務処理プロセスを標準統一化した事務分析、メイン化基準や会員別採算管理による収益・採算分析を担当する部門の整備と人材育成を行いたい。その際に最も留意すべきは、労働金庫は職場推進機構（世話役）を経由して営業店の業務事務が完結するという一般銀行と異なるプロセスや独自性をもつ点である。会員側も経営の効率化や人員削減のなかで組織の維持・強化を希求している。労働金庫が一方的に業務事務処理の効率化を提案するのではなく、会員と労働金庫双方が日常取引や情報提供面でメリットを享受できる仕組みを実現できなければ、真の意味で会員の理解は得られまい。また、システム開発の本来の目的は、労働金庫のCommon Bondである会員組織の結束に基づく協同組織性を高め、利便性を向上させることにある。

そこで、労働金庫では、全体取引の過半数以上を占める低未利用の顧客層のなかから、優良顧客を見つけ出し、クライアント化を図り、メンバーシップの段階まで成長させるストーリーを描く必要がある。そうした会員・間接構成員（個人顧客）層を発掘し、取引親密度を高めるためには、会員の運動方針に基づき企業事情（公務員組合では国・県・基礎自治体の方針）を考慮した包括的な総合取引戦略の構築が求められよう。それは、すなわち会員、間

接構成員、経営者という3者を結ぶ三位一体取引といえる。わが国の法人成りしていない事業性資金を含む個人金融資産[11]1,571兆円（平成25（2013）年3月末）の50％以上を高齢者（65歳以上）が占める環境にあって、将来の安定的な調達原資である高齢者家計個人取引を効率的に獲得しながら職域個人取引の充実を図る仕組みの再構築が必須条件となっている。

## まとめ

　労働金庫のビジネスモデルづくりのシナリオは、まず顧客セグメントとなる対象とすべき顧客群たる会員選定のために基本分類を確定させることである。次に、対象顧客の絞込みとして、自らの機関に適応した経営戦略面から考えられる目的を明確にし、さらに、顧客ニーズを見極めるために戦略的なマーケティング手法を用いて顧客ニーズを把握し、それに基づき、商品サービスの販売体制を確立すべきである。そこでは、店頭での退職後を含む現役世代への相談業務対応の強化や提案型でかつ顧客ニーズを引き出せる渉外担当者のポテンシャリティを最大限に活かせる体制を整備し、あわせて顧客との接点として有効なバーチャルチャネルであるATMや携帯電話・スマートフォン、インターネットやコールセンターシステムを有機的に組み合わせた体制の整備が図られるべきである。また、担当者が会員に対して均質なサービスが提供できるように、サービスレベルやセールスフローに明確な定義を設け、「労金業態におけるこれからのビジネスモデルの具体化に向けて（案）」で抽出された観点に基づき、労働金庫の理念、差別化のデザインを明確に示すことを可能にする商品サービス設計とシステムインフラの構築、営

---

11　平成25（2013）年3月末…個人金融資産残高1571兆円。前年比54兆円（3.6％）増加。資金循環統計でみると、現預金から資金が流出、投資信託や株式・出資金へ資金が流入。国債の残高は969兆円。前年比49兆円増加（過去最高を更新）。海外投資家の保有額は減少、アベノミクスにより日銀保有分は128兆円増加。民間非金融法人の現預金残高は225兆円（過去最高）。

業推進手法と管理機能を確立し、対象顧客層を一定基準に分類し対象顧客層を絞り込むことが肝要となろう。さらに、対象顧客のニーズを見極めるために、団体主義の強みを活かし、会員と連携した間接構成員への期待要素を予想した行動計画を策定することが重要である。そこで顧客価値要素に合致した商品サービスを最適なチャネルを介して提供する営業体制を整備したうえで、提供する商品サービスの機能要件を定め、営業推進に係る関連部署の役割を具体的に明確化することである。

　こうして、セグメント別に絞り込んだ対象顧客に対するビジネスサービスの基本は「誰に、どのタイミングで、なんの商品サービスを、どのチャネルを通じて提供していくか」顧客別に独自シナリオを策定することである。そこでのセールスプロモーションコストを念頭に置きながら労働金庫の理念をわかりやすく伝えながら「協同組織としての相互扶助、商品サービス性、推進手法の独自性」が顕示できれば成功といえる。また、そのアクションに対して結果検証を怠ってはならない。これまでの金融業に最も欠けていたカルチャーである。ここでの成果管理やコスト管理を含むキャンペーン管理システムであり、なおかつ結果検証・蓄積に効果を発揮できる機能を有したマーケティングシステムでなければならない。リアルチャネルとバーチャルチャネルを駆使したターゲットマーケティングの運用を実践する体制を整備することが最大の目標となる。

# 第5章

# 労働金庫次世代システム

# はじめに

労働金庫では、これまで運用されてきた全国労働金庫統一オンラインシステム（通称：ユニティシステム）の全面更改に着手し、平成26（2014）年1月に「次世代システム」の構築を実現した。このプロジェクトの成功が、将来の労働金庫の生命線を担っていると業界では位置づけている。とりわけ、この新システムの基幹をなす勘定系システム（BeSTA: Banking application engine for STandard Architecture）は一般銀行向けパッケージであり、いかに営業店システムやネットワーク系を含むチャネル系、渉外支援系システムと親和性や使いやすさを確保し、会員取引と一連的に一体化した新システムへ進化（カスタマイズ）できるか、その効果に期待が寄せられている。この次世代システムでは、まずは勘定系やネットワーク系を中心とした、通常の顧客取引や日常業務に関するシステムの安定的な稼働が最優先され従来システムからの移行・更改を行った。

第5章では、労働金庫業態が新しいシステムに移行・更改したことを受けて、これまで述べてきた現在の労働金庫に求められる課題を解決するために、今後どのようなシステムに進化すべきか、その要件をシステムの全体像を視野に入れながら、安定稼働後に段階的に開発が進められるであろう戦略的な情報系システムのあり方を中心に、将来の労働金庫システムの方向性を示す。

## 1　労働金庫システムの使命・目的

今日まで労働金庫の成長を支えてきた原動力は、団体主義を基礎とした職場推進機構と労働者福祉協議会を核とした地域推進機構である。この両輪といえるモデルは効率的である反面、個人の顔やニーズがみえにくく、職員が個々の間接構成員（組合員）にきめ細かく対応する機会が少ないため、金融

自由化の進展や個人の価値観・ライフスタイルの変化により、ライフプランニーズが多様化・高度化する時代にあって、これまでの「強み」が「弱み」に変容している可能性がある点をすでに指摘した。さらに、労働金庫運動を「理念」面で支えてきた団塊の世代が退職し、一方で、若年・中堅層ではプライバシー保護に対する気運が高まり、職場の仲間に個人情報を知られる嫌悪感が、団体主義の機能を弱めている。

　また、団体主義の強みを活かしたキャンペーン推進は預金取引（ストック取引）には強いが、反面、給与振込み、公共料金、年金など家計メイン要件となる基盤取引（フロー取引）に弱く、それが遠因で家計メイン取引が低調となり地域（住域）取引や総合取引（クロスセル取引）が進みにくいため、メガバンクや地方銀行からの住宅ローンの借換え攻勢に脆弱な体質となっている。さらに、退職時の接点を職域では確保できるも、地域の受け皿が弱いため脱落率が高い。家計取引のメイン化や退職時の脱落防止と継続取引安定化の方策が急務であり、相談能力向上による営業推進手法の高度化による「職住一致」取引推進が喫緊の課題となっている。こうした環境変化やニーズを分析しながら情報系システムの全体系を統括的に管理し、労働金庫システム全体の進むべき方向性を営業店や会員現場で利用するツール、アプリケーション・パッケージに至るまで、常にきめ細かくウォッチする組織が最終的に必要となる。そこでは、最新情報の収集や最新技術動向、最新ソフトに関する分析を行い、その情報を全国レベルで意見交換し、結果得られたノウハウを全国労働金庫の統一見解としてまとめ、ひいては最良のシステムを低コストでより早く提供する体制を実現しなければならない。

　すなわち、これからの時代の労働金庫をシステム面から支援するために、次世代システムでは、主体的な開発・運用・メンテナンス・教育機能をもって労働金庫の機械化を将来にわたってリードする組織体制を備え、同時に地域本部や営業店指導、積極的なアウトソーシング展開を行うなど戦力アップと効率化の推進に対しても指導的な機能を果たすことができる「一元的組織・体制」を、次世代システムの進化過程にあわせ整備することが望まし

い。換言すれば、第2章第5節で述べた、単に金利の幅や融資金額の多寡だけでない「労働金庫版リレーションシップバンキング」を具現化するために、地域における個人生活を窮乏化から救い、会員活動や生活応援という観点から相談業務の強化を実現するシステム構築が次世代システムの果たすべき使命であるといっても過言ではない。そのためには労働金庫の理念や協同組織性を念頭に置いて顧客のライフステージと向き合いながら資産を守り育て、顧客の資金ニーズに対応できる相談能力、コンサルティング能力を発揮できる人材と、それを支援する情報系システムやネットワーク系システム、さらにはマーケティング戦略を実現できる仕組みを整えたい。それにより、他の金融機関では真似ができない労働金庫の特性を活かした新たなビジネスモデルを構築できよう。こうした問題意識に立ち、平成26（2014）年の次世代システムへの全面移行・更改をふまえてそこで求められる要件を、商品サービスの提供という観点から整理すると下記の点に集約されよう。その全体像を示す（図表5－1参照）。

・個人的財産としての情報から、労働金庫全体への財産としての情報転換を図ることによる総合力の発揮
・商品開発を含む、現状分析・戦略の立案・施策策定・推進管理・評価の一元化による業務の効率化とスピードアップ
・顧客情報の一元管理による、顧客ニーズに対する信頼の確保と、顧客シーズを発見・提供できる環境づくり
・労働金庫の営業担当者が、誰でも／いつでも／どこでも同じサービスおよびセールスを提供可能にすることによるCSの向上
・チャネルミックスのなかでの重複セールスの回避
・店頭、渉外行員、ローンセンター、コンタクトセンター、インターネットバンキングなどチャネル別収益管理の実現
・会員管理と顧客別採算の把握による総合推進の実現
・顧客の来店バリューの確保を可能とする仕組みづくり

こうした諸点を実現するために、まず、これまでのバンキングシステムの

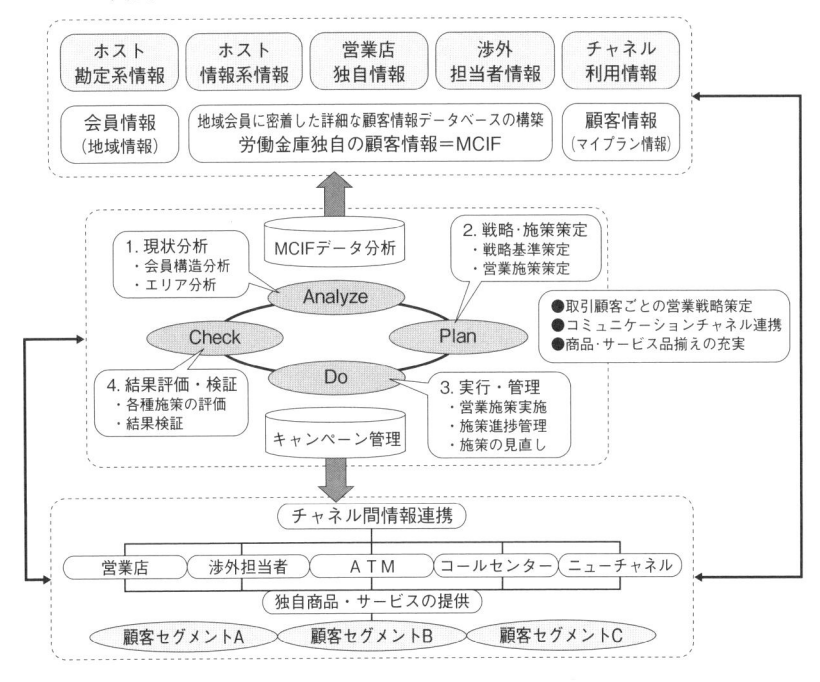

図表5−1 次世代システム活用によるビジネスモデルの実現

変遷と労働金庫システムの進化について概観し、過去の経験をふまえながら、新たなビジネスモデル実現に向けた今後のシステムが目指すべき方向性を提起したい。

## 2 バンキングシステムの変遷と労働金庫

　金融機関のオンラインシステムは、経済活動の拡大や情報通信技術の発達と相まって、昭和40年代初頭からほぼ10年サイクルで段階的な発展を遂げてきた。昭和40（1965）年5月、三井銀行が日本で最初のオンラインシステムを稼動させた。それ以降、第一次オンラインシステムの構築が進み、預金を

はじめとして単科目単位の事務処理の機械化、省力化が図られ、自動振替のセンターカットが実現した。昭和50年代に入ると第二次オンラインシステムの構築が進められ、そこでは事務処理の機械化に加え、システム化による商品・サービス機能の強化をねらいとして、総合口座における科目間連動処理や顧客情報ファイル（CIF）の構築がなされた。さらに昭和60年代に入ると、第三次オンラインシステムの構築が開始された。第三次オンラインシステムの開発契機としては、金融自由化・国際化に伴う新しいニーズや経営環境に対応するシステム基盤整備の必要性が高まったこと、また従来の第二次オンラインが相次ぐ機能追加によって構造的に複雑化し、信頼性や生産性の面で不安な状況になったことがあげられる。このため、第三次オンラインシステムでは、勘定系の全面的な再構築を図るとともに、勘定系、情報系、対外系、国際系、資金証券系、営業店システムといった業務機能単位に体系化されたサブシステム構成とし、業務の急速な変化にも対応できるよう柔軟性、拡張性を確保したシステム基盤の整備に主眼が置かれた。

一方で、金融自由化が予想以上に急進展したことや、それに伴う設計変更などによって、第三次オンラインシステムの開発規模は当初計画を上回る膨大なものとなった。第三次オンラインシステムはバンキングシステムに多くの進歩をもたらしたが、同時にシステム開発投資の増大という新たな経営課題を生む結果を招いた[1]。その後、金融界はポスト第三次オンラインシステムと呼ばれる次世代型のシステム構築フェーズへ入り、金利や業務の自由化、オープンシステムの進歩やネットワークの高度化と相まって、顧客の状況にあわせて最適な商品サービスをタイムリーに提供できる金融マーケティングシステムの構築に着手することとなった[2]。ところが、バブル経済の崩壊による不良債権処理という危機的な課題により新たなシステムへの開発投

---

1 石崎純夫編著『コンピュータバンキング』PP 2～14 金融財政事情研究会（昭和62（1987）年）。
2 山田文道『ポスト第3次オンラインと銀行SIS』PP122～131 金融財政事情研究会（平成元（1989）年）。

資は減殺され、相次ぐ金融機関の合併へのシステム対応に終始する状況が長く続くこととなる。

　労働金庫における、機械化の変遷を概観すると、昭和38（1963）年に東京労働金庫に初めてコンピュータが導入され、昭和46（1971）年に首都圏労金事務センターが稼働している。その後、各金庫や地域ごとに事務センターが設置され、金融界における機械化とオンライン化の進展に歩調をあわせながら第一〜二次オンラインレベルの機械化対応に取り組んできた。昭和54（1979）年12月には、全国理事長会議にて機械化統一システムの開発に合意がなされ、昭和58（1983）年に労働金庫中央事務センターが稼働することにより、全国統一システム（ユニティシステム）の運用が加速した。さらに、金融の自由化やIT・ネットワークの進歩にあわせ、平成元（1989）年12月に労働金庫総合事務センターを設立、第三次オンラインへの対応を図り、平成2（1990）年には、静岡県労働金庫、新潟県労働金庫、大分県労働金庫を除く全国44の労働金庫が、新オンラインシステムに移行している。その後、平成9（1997）年1月に東京都港区にあった労働金庫総合事務センターを千葉ニュータウンへ移転させることにより、平成14（2002）年には次期システムと呼ばれる情報系システム、平成15（2003）年には勘定系・外接系が稼働するなど、一括取引や財形取引など労働金庫独自の取引特性にあわせたポスト第三次オンラインと呼ばれるシステムの導入が図られた。その後も機能拡張が進み、インターネットバンキングサービスやゆうちょ銀行、セブン銀行、イオン銀行などとの提携サービスも開始された。こうした第三次からポスト第三次オンラインシステムの開発時期は、まさにわが国における金融自由化に伴う新商品・新サービスへの対応が基本命題とされた時期であり、そのために相次ぐ機能追加などで複雑化した第二次オンラインの勘定系基本アーキテクチャーを全面的に見直し、業務機能単位に体系化されたシステム構造にするとともに、それまで独自開発してきた制御系部分（ミドルウェア）に共通ソフトを採用することで、開発資源を適用業務開発に集中した時期である。

また、業務量の増大への対応として、ホストマシンのレベルアップをはじめ、とくにEB（エレクトロニック・バンキング）取引拡大への対応として対外接続系やネットワークの拡充、さらには24時間稼働を視野に入れたオンライン稼働時間の延長が行われた。加えて、営業店を中心とした事務処理の合理化への対応は、第一次および第二次オンラインで相応の省力効果をあげたが、3次オンラインにおいても端末入力の合理化・簡略化、締上げの自動化など、さらなる事務負担の軽減が図られた。また、現物を伴う事務処理や保管、ペーパーレス化などの面にも力点が置かれ、印鑑照会（合）機、OCR等の機器導入により業務事務の合理化も図られている。さらに営業店後方事務の事務センターや地区センターなどへの移管等により、為替や口座振替受付事務の集中化も実現した。

　さらに、信頼性・安全性の確保への対応では、システムの大規模化やネットワークの拡大により、業務のシステムへの依存度が高まったために、社会の公器としての金融システムの安全性確保が強く要請されることとなり各種安全対策基準も策定されている。そこでは、第三次オンラインを機にほとんどの金融機関が、ホットスタンバイ方式によるバックアップ、元帳の多重化、回線の多重化・多系統化などのノーダウン対策を講じて、信頼性・安全性の確保に努めている。当時の都市銀行や地方銀行では、隔地センター間バックアップや衛星通信回線の利用など大規模災害等への対応が進んだため、労働金庫業界においても平成18（2006）年に群馬県館林にバックアップセンターを設置している。

　また、ポスト第三次オンラインシステムの開発フェーズでは、経営管理・営業機能・リスク管理の強化への対応面では、戦略的な経営インフラとしてさらなる情報系システムの整備が行われた。リレーショナルデータベースの採用やLAN、ワークステーション等の導入を図り、顧客の状況や取引振りを把握するために「DBプレーヤー」と呼ばれる検索システムの導入により情報の検索・加工などEUC（End User Computing）環境を実現した。また、本部では各種経営管理情報の充実を図るとともに、ALM、労働金庫版スプ

レッドバンキングシステム（プライム）等のより高度な収益・リスク管理や意思決定支援などのシステムが構築された。さらに、営業店情報系では顧客管理や渉外支援などのシステムが構築され、初期段階でのMCIFの構築により営業推進機能の強化に力が入れられた。なお、単独で運用していた３金庫は、大分県労働金庫、新潟県労働金庫、静岡県労働金庫の順で、全国統一システム（ユニティシステム）へ移行し、すべての労働金庫が全国統一システムで運用されたことを受けて、今般の「次世代システム」への移行環境を整えたのである。

以上のように労働金庫におけるバンキングシステムはIT・ネットワークの飛躍的な進歩とともに変遷を続けるなか、こうした時代の先人たちの経験やノウハウが現在もシステム構築の知恵として受け継がれ「次世代システム」の構築を支えたのである。

## 3　労働金庫システムと他業態システムの歩み

金融界では、業態ごとにオンラインシステム開発の流れに差異がみられる。労働金庫が独自性を発揮するためには、こうした他業態の状況をふまえて、今後の方向性を見極める必要がある。そこで、他業態のシステム構築の推移と課題をあげる。

まず、大手銀行では主に合併に伴う勘定系の再構築が終わり、情報系やチャネル系との連動を加味した24時間稼働や業務処理拡大への対応をはじめ、元帳やネットワークの多重化や隔地センターバックアップなど、より高度な信頼性・安全性を実現している。また、EB取引拡大への対応として対外系の拡充や、海外拠点などを結ぶグローバルネットワークなどを構築した。さらに本部や営業店へのLAN整備もいち早く進め、クライアントサーバー型の情報システムを構築している。この背景には、ダウンサイジング、ライトサイジングといったホストコンピュータ中心のコンピュータシステムをより小さくスリム化しコストを軽減させるといった時代の流れ、およびパ

ソコンの普及に伴うEUC利用の広がり、オープンなOSの登場およびネットワーク技術の向上などによる利用者自らが自由に使用できる環境の提供が可能となったためであろう。

　しかしながら、大手銀行においてもバブル経済崩壊による不良債権処理や相次ぐ合併による機械化投資の増大が大きな後遺症となり、その後のシステム構築の動きは不透明な状況にある。最近の動向としては、技術面ではクラウド型システムの導入やビッグデータビジネスへの積極展開などの潮流が加速するなかで、一部には勘定系を含めた大規模な再構築を検討する動きがあるものの、大勢としては第三次オンライン構築時のような巨額投資には消極的な姿勢がうかがえる。当面は、既存のシステム資産を活かしながら、漸進的に新機能や新技術を取り入れていくものと考えられる。

　そうしたなかで、各行が積極的に取り組み始めたのがリテール戦略強化への対応である。主な施策としては、顧客情報データベースの整備やデータマイニングなど高度な分析手法を用いたマーケティング体制の確立、顧客接点としてのデリバリーチャネルの拡充、店頭セールスや相談業務機能の強化などである。第4章で論じたデータベースマーケティングを行うべく、個人情報保護法の施行により、個人や家庭の詳細な情報の入手が大きな課題となるなかで、顧客との取引振りをみるために、取引履歴を時系列でもつデータベースの構築が進んでいる。また、モバイルバンキングやインターネットバンキングなどリモートバンキングへの取組みは定着化し、すでに口座開設や資金移動などを含む多彩なサービスの実現を受け、個人取引や企業取引における高度なネットワーク化が進むなかで職域個人向けのサービスを展開する動きも出てきている。一方、リモートバンキングの拡大やコスト削減の要請などから、営業店のあり方は今後大きく変化するものとみられる。基本的には、営業店から事務処理を排除し、セールス拠点としての機能を強化する方向が加速化し、営業店システムについても顧客情報検索や相談機能などを重視した対応が求められる時代となっている。

　次に地方銀行、第二地銀業界では、資金規模の面で銀行間のばらつきが大

きく、それを受けて、システム化のレベルや開発経緯も銀行間でかなりの格差がある。当時の都市銀行が第三次オンラインでは巨額の資金を投じて大規模なシステム構築を行ったのに対して、地方銀行・第二地方銀行の多くは開発コストの低減などを図るために、勘定系システムをパッケージシステムとして流用して第三次オンラインを開発するケースが多かった。また、他行との共同開発や共同センター化も比較的早い時期から行われており、昭和60（1985）年には九州の地銀・第二地銀6行が参加する共同センター「システムバンキング九州共同センター（SBK）」、昭和62（1987）年には北関東、北陸の第二地銀5行が参加する共同センター「関東データセンター（KDC）」などを皮切りに、システムの共同化が急速に進展した。その理由は、元来、地銀・第二地銀は地域に密着し個人や中小企業を中心とした安定的な営業基盤をもつが、当時の経営環境としては、リテール戦略に力を注ぐ他機関との競合が激化するなかで、バブル崩壊に伴う不良債権問題なども重なり、経営環境は厳しさを増した。また、投信窓販の解禁、外為法改正など自由化や規制緩和の潮流にあわせて商品やサービス向上を図るためのシステム開発が避けられない一方で、早期是正措置・自己査定、統合リスク管理や時価会計の導入など経営管理面での新たなシステム対応への対応などを原因に恒常的に増大するシステム投資コストが経営的に大きな負担となったのである。こうした事情により、自行でのシステム開発・運用を諦め、システム関連会社や第三者へアウトソーシングする機関が現れるようになった。

　近年のシステム化の動向としては、戦略的な分野では各行とも独自のシステム戦略を打ち出している。営業店ネットワークの整備と情報系の拡充、多機能ATM、インターネットバンキングといったネットワークを通じた金融取引分野の整備や電子商取引への対応を終え、相談業務対応へのこうしたチャネルや電子マネー活用、さらには顧客データベースの構築による構造分析、収益分析をふまえた営業推進策が実施されている。

　ただし、現在のバンキングシステムの方向性は非常に不透明な状況となっているといわざるをえない。その要因は、①長引く景気の低迷やサブプライ

ムショック、東日本大震災など度重なるクライシスなど金融環境の変化がきわめて予測困難な時期にある、②経営環境が厳しさを増すなか、第三次オンライン構築時のような大規模な機械化投資を行うだけの体力が金融機関側にない、③システム開発をめぐる技術環境が大きな端境期にあるうえに、オープンシステムさらにはクラウド技術の普及などといった今後有効と思われるアーキテクチャーが、現時点においてはバンキングシステムに有効かつ安全か確証が得にくい、④これら新技術に対応できる要員が相対的に不足している等が考えられる。

## 4　労働金庫のシステム開発の方向性

　長年にわたる景気の低迷に伴う資金需要の低下や金融自由化による直接金融の拡大によって、金融機関における法人取引の収益に対する寄与度が徐々に低下し、相対的にリテール業務の重要性が高まっている。さらにセブン銀行やイオン銀行に代表される異業種からの参入により、リテール戦略の強化は各金融機関にとって生命線ともいえる重要課題となってきている。こうした事情により、各金融機関の経営体力にもいっそうの格差が出てくることが予想され、システム開発の流れもこれまでのような横並びなものでなく、各金融機関によって大きく差異が出てくると思われる。

　一方、恒常的に増大するシステム投資コストは、各金融機関共通の課題になっており「協力して解決していく問題」という認識も拡がってきている。このようなことから、今後、戦略的分野については、各行とも開発資源を集中させてより差別化が図れるようなシステム対応が行われていく一方、非戦略的分野については共同化や外部委託の活用が拡大していくものと考えられる。そこで、リテール戦略の重要施策となるのがマーケティングの強化である。特に、商品からの収益の最大化を目指していた従来のマスマーケティングではなく、既存顧客との取引関係を長期的に維持・拡大していくことで、一人の顧客から得る収益を最大化させることに主眼を置いたリテンション

マーケティングやワン・トゥ・ワン・マーケティングが重要になる。具体的な展開としては、顧客セグメンテーション、商品サービス、チャネルなどをミックスした発想による戦略立案体制の構築である。

そこでのシステム面の対応としては、詳細な顧客属性や取引履歴など時系列情報をもった顧客データベースの整備をはじめとして、セグメンテーションを精緻化し有効なモデルの開発・検証を行うためのデータマイニングなどの分析ツール、インターネットバンキングなどの新たなチャネルの拡充や相談・提案機能などを重視した営業店システムなどが求められる。こうしたネットワークを利用したリモートバンキングの拡大は、金融サービスを時間と空間の制約から解放する働きをもっている。こうして店舗が終了した深夜でも利用できるようにするための環境整備や、地域、店舗を中心とした顧客や口座管理のあり方の見直しを求めることとなった。こうした点では、労働金庫の店舗立地は労働組合の事務所などに店舗を構えるケースが多かったために利便性の面から課題を抱えていた。その課題を克服するために店舗を必要としないバーチャルバンキング普及の流れは労働金庫のサービス面においては大きく貢献していると評価できよう。

さらに、顧客ニーズに応えながら、継続的に商品・サービスを企画・開発して提供していくなかで、業務・事務処理自体も迅速かつ機敏に変化に対応していくことが重要であり、その実現のためには、効果的で効率的なビジネスプロセスの確立が必要となる。こうした技術革新と環境変化を背景に、これまでの三次オンラインシステムの時代と次世代システムではどのような相違点があり、何をシステム開発の基盤において開発すべきか整理した資料を次に図表5－2に掲げた。

以上、現在に至る数々の歴史的経緯のなかでユニティシステムは進化を重ねつつ、労働金庫業界を支えるという大きな使命を果たし、平成26（2014）年1月、念願であった「次世代システム」の構築・移行をみることができた。一方、労働金庫業界を取り巻く諸々の環境は変化を続け、完全自由競争下のもとで持続的かつ安定的な経営に向けた課題を実現しなければならず、

図表5－2　第三次オンラインシステムと次世代システムの相違点

| 比較項目 | 第三次オンライン<br>(1980年代～2000年頃) | 次世代システム開発の<br>基本的な視点（21世紀型） |
|---|---|---|
| サービス・チャネル | 店舗中心 | ネットワーク（バーチャルブランチ）、マルチ・チャネル |
| 商品・サービス | 全顧客一律フルサービス・プロダクト・アウト | クライアント指向、マカスタマイゼーション、協業重視 |
| システム対象範囲 | 自動化、省力効果が大きい部分 | 全ビジネス・プロセス（ITによる経営・情報コックピット化） |
| 設計規範・基準 | 安全性・効率化・拡張性 | 柔軟性・即応性 |
| 開発のアプローチ | 一斉・大規模 | 全体構想に基づくサブシステム単位の逐次開発 |
| システムの構造 | センター集中型の系別モノリシック構造 | サブシステムの連携分散コンピュータ・ネットワーク・システム |
| プラットフォーム | シングル（一律・統制） | マルチプラットフォーム、自由、標準準拠 |
| ソフトウェア開発技術 | 構造化技法、高級言語、コードレベル専門家 | 企業モデル、オブジェクト指向技法 |
| システム開発者使用者 | 情報システム専門家 | ビジネス専門家（+情報システム専門家） |
| 開発・保守・運用 | 系システムの規範のなかで対処 | サブシステム単位で自由 |

　これら実現すべき課題に対応するシステムは、従来に比べ格段に多くの条件を満たすシステムでなければならない。「次世代システム」を念頭に置いた今後のシステム体系の考え方について整理する。

　① 環境変化への柔軟な対応

　まず、金融の自由化、規制緩和により業務の自由化、商品の自由化などさらなる環境変化に柔軟に対応可能なシステムが求められる。そのためには、勘定系システムはシンプルかつスリムなシステムでなければならない。このことにより、システムの開発・保守面において環境変化への対応すべきニーズへの即応性と柔軟性を確保することができ、ひいては環境変化に伴う商品の追加・削除に迅速に対応可能なシステムを実現できる。こうした点で、労

働金庫次世代システムの基幹をなす勘定系システム（BeSTA: Banking application engine for STandard Architecture）は優れているといわれており、その効果が期待される。

　つまり、これまでのユニティシステムを含む、これまでほとんどすべての大型バンキングシステムがたどってきた重層化、複雑化現象を回避できる仕組みが必要である。すなわち、ハードウエア、ソフトウエアの構成とデータベース構造等の複雑化を排除することにより、あわせてシステム全体の容易な理解が可能となるシステムを目指すべきである。

　一方、情報系システムにおいては、多様な切口でデータを抽出できるデータベース構造で、かつ業務の拡大・変更に容易に対応できる仕組みをもち、各金庫のニーズにあわせたさまざまな切口でデータを抽出できる条件を備えた、今後の環境変化に柔軟に対応できる構造をもつシステムの構築が求められよう。そこでは、金庫の現場においては、労働金庫地区センター（DS）機能の充実とあわせ、ホストコンピュータに頼ることなく企画、業務、営業などエンドユーザー部門がEUC（End User Computing）により自由に編集、分析ができる、定型的検索については利便性の高いソフトを事前に提供しておくことによりエンドユーザー自身での開発は極力抑え、それ以外の自由検索は各ユーザがEUCにより自由に行える仕組みづくり、また各地区センター（DS）あるいは金庫のサーバーに目的別データベースを保有することにより運用時間に拘束されない検索を可能とするシステムを目指すべきである。

　②　拡張性のあるシステム

　勘定系システムは金融機関の商品・サービス等の提供の根幹を支えるシステムであり、労働金庫業界では、これまで、精力的に基本的な商品・サービスの全国統一化・共通化が進められた結果、システム面においては相当レベルまで統一対応が可能となった。ただし、個々の金庫が会員労働組合との取引事情やそれぞれの地域性を活かした経営戦略をとる分野においては金庫内部で一部独自性を残している。

地域統合を第1ステップとしながら、今回、全国合併は先送りにされたものの、将来的には再び全国統合を目指す動きがあることを想定し、それらに考慮して無理なく対応可能な拡張性のある勘定系システムの構築が必須条件である。さらに、地域ごとの他金融機関との提携等に接続対応しやすい仕組みについても配慮する必要があり、これら条件を勘案すると、通信、コンピュータ等のハード、ソフトの新技術対応力の正確な見極めに基づく異機種（異メーカーを含む）接続を可能にするOSの採用や、端末機の選択を自由にできるプロトコル等の開示開放を念頭に置いた拡張性の確保が必要となろう。

　一方、情報系システムについては、他業態との競争が激しさを増すなかで、全国すべての労働金庫が統一した独自性を顧客に対し明示できるシステム構築を目指さなければならない。たとえば、広域会員に対し全国どこの労働金庫と取引を行った場合でも同一かつ均質のサービスが提供でき、そのサービス内容が労働金庫の経営理念に基づいた他業態との差別化戦略に基づくサービスであることを会員労働組合に実感してもらえる情報系システムであることを目指さなければならない。

　さらに、情報系システムでは勘定系から配信された会員、間接構成員のデータに基づきこれまで個別金庫単位でしか掌握できなかった会員ごとの情報を、全国レベルや地域レベル、単産ごとや業種ごと等あらゆる角度から自由に分析でき、その分析結果の一部を会員労働組合からのニーズに応じて情報還元できる機能を考慮した拡張性のあるファイル体系を念頭に置く必要があろう。同時に、通信、コンピュータ等のハード、ソフトの新技術進展へ容易に対応できるシステム形態やデータ量増大に伴う機器等の増設に容易に対応でき、現在配備が進んでいるパソコンネットワーク等が引き続き有効に利用可能なオープンな環境・仕組みづくりも重要な条件となろう。

　③　情報加工の自由性確保

　次世代システムにおいては、最大限導入可能な最新技術を導入し、高度なシステム構築によって金庫および会員・間接構成員への高度なサービスを提

供する仕組みを構築しなければならない。また、その開発思想の根本には、勤労者自主福祉金融機関としての労働金庫の経営理念が反映され、会員・間接構成員がそれを実感できるシステムでなければならず、高齢少子社会の進行やさらなる規制緩和に即応した商品・サービスの提供と利用者の自由度の拡大に的確に対応できるシステムでなければならない。

さらに、提供される業界統一商品・サービス等が会員情報から間接構成員一人ひとりに対するきめ細かな情報提供に至るまで均一な提供を目指さねばならない。また同時に、地域性を考慮すべき分野では、各金庫が独自な商品・サービス等を残す領域では、次世代システムに自由に補完（外付け）できる環境を整える分散指向の発想にも配慮すべきであり、現在、その独自サービス領域でのシステム開発に腐心している点は評価できる。

また、労働金庫業界の悲願である、生涯総合取引制度の実現に向けて、ライフステージにあわせたニーズの把握・アドバイスに資する総合的な個人情報管理を可能とするために、体系的に個人情報をデータベース化し、自在に活用できる労働金庫版MCIF（マーケティング顧客情報ファイル）の整備・構築が急務であり、入手した顧客データの蓄積を視野に入れたMCIFの開発が望まれよう。同様に、ファイナンシャルプランニング業務を主体とした各種相談業務や渉外活動、各種申込書により入手した個人情報を体系的にデータベース化でき、自由に情報加工できる仕組みに配慮したシステム構築もあわせて目指すことが課題となる。

一方、金融機関相互間の競争の激化に安定的に耐えうるために、金利情報を含む各種金融経済情報が分析加工できる機能を備え、また、ALM・総合予算管理が機動的かつ緻密に行えるよう、過去からのユニティシステム時代に得た貴重な経験をふまえ、鮮度の高い情報が利用しやすいかたちでタイムリーに配信できる仕組みを構築しなければならない。これら機能の実現によりリスク管理の徹底による健全経営とひいてはディスクロージャーの充実が可能となり、労働金庫の独自性を安定的に持続しながら収益が確保できる体制が整うこととなる。

以下に、システムの自由度を確保するための留意点を列挙する。

**【自由度性確保のための留意点】**
・勘定系データの動きを即時に反映し、多様な切口でデータを抽出できる構造
・各金庫の自由な条件設定により、任意の大量データ検索を可能とする
・実績あるシステムの流用をフレームベースとして、目的別パッケージや流通ソフトの有効活用を図り、EUC（End User Computing）によりニーズに即した情報提供を実現する
・エンドユーザー部門で専門知識や熟練度を必要としない容易な操作性の実現
・基幹DB、分散DB、金庫独自のDBをエンドユーザーが意識せず操作できる仕組み
・コールセンター、インターネットバンキングをはじめとしたダイレクトマーケティングに対応できる鮮度の高い情報が受配信できるMCIFの整備・構築
・システムの仕組みやデータ構造等、システムの内容を知らなくても操作ができる仕組み
・文字ベースの基本からグラフや図形ベースの視覚資料の出力化
・会員の事務処理の効率化の視点に立った使いやすいシステム
・全国店舗（将来的にはすべての会員事務所）を一つのネットワークで結び、どこの金庫でも商品・サービス（共通商品・労金間の移管等）を提供できる環境
・営業店事務の実態に即した、熟練を必要としない誰にでも使いやすいシステム
・全国労金の情報交流を可能とし、他業態に比し利便性の向上を図り（単産情報、広域会員情報、個別会員、企業情報、地域情報、特産品情報等）ひいては労金の独自性をいかんなく発揮できるシステム
・情報項目の整理による体系的な会員ならびに個人情報データベースの構

築とそれら情報が自由に検索・加工でき、会員・間接構成員サービスに反映できるシステム
- 金利情報を含む金融経済情報が自由に加工分析可能な形態で提供できるシステム
- ALMに必要なデータがタイムリーに配信でき、利用しやすいかたちに自由に加工できる仕組みの実現

④　事務の効率化・省力化・低資源化への対応

　これまでみたように、金融自由化の進展は一般的にシステムの大規模化と複雑化をもたらすが、次世代システムにおいては、極力、共通業務に関する部分は標準化ならびに実績あるシステムの流用を図ることにより、業界としての機械化環境整備のスピードアップをも含めて機械化投資と経費の削減を目指すことが望ましい。

　すなわち、機械化コストの負担軽減についての基本的な方向性として、①金融業界で共通利用が可能なシステム部分は、実績のある省コスト型システムの流用により安定かつ早期な構築を図る（コストパフォーマンスの高いシステム）、②共有財産である総合事務センターを核とした地区センター（DS）の有効活用を前提としてシステムの効率化を考える、③各金庫保有の端末機等の一定水準での自由接続を前提とし、適宜新端末に切り替える方向で効率化が実現できるよう取り組む、④従来以上に各種ハードウエア、ソフトウエアが選択可能な開発・運用志向により積極的に競争原理を導入する等、シンプルでスリムな構造にして機械化コストの負担低減を図る、などの点に留意すべきである。

　以下に、勘定系システムと情報系システムの基本的な考え方を示す。

【勘定系システムの考え方】
- スケールメリットを最大限に活かし、安価で高速高レスポンスなコンピュータを採用する
- 高速大量伝送と回線料の低開発費、低維持費で公平感のある利用料金を実現する

- システム機能のパターン（選択肢）はできる限り最小限としイレギュラーな処理を努めて取り除いた業界標準的機能を前提とする
- ハード運用経費のトータルコストセービィングを図る
- ソフト開発費、維持費の抑制化と納得性のある料金体系を目指す
- シンプルでスリムな勘定系システムを目指す。これにより即応性と柔軟性の保持、ひいては経済性に優れたシステムの実現を目指す

**【情報系システムの考え方】**
- 各利用部門でのパフォーマンス（データ、量／レスポンス）の向上を最優先で考え、必要な情報をユーザーサイドに立ち絞りこんだかたちでデータベース化することにより、本部・営業店の各種施策に反映できる仕組みを目指す
- これまで未登録の会員・間接構成員情報の有効活用を図り、情報の全国共有利用を実現する
- ダウンサイジング化によるホスト負担の軽減を図り、パッケージソフトや流通ソフトの有効活用によりEUCソフトの効率開発を目指す
- 勘定系・情報系を同一のネットワーク配下で、かつ同一端末での利用を図る
- 基幹情報系は利活用を前提として総合事務センターが体系的に整理し、全金庫に共通するデータを保存する
- 各金庫共通に必要性が認められるアプリケーションは、情報交換・情報開示を行う部署を設置し、極力全国統一的な利用が図れるよう協力体制を組み、選定されたアプリケーションは、原則、個別運用とし、個別金庫にシステム専門職員が不要なEUCを目指す
- 将来のマルチメディア対応等を念頭に置き、経済性に優れた同一ネットワーク、同一端末を目指す

⑤　安全性・信頼性の重視

　21世紀のバンキングシステムを支える必須条件として安全性・信頼性の確保があげられよう。今般、システムを考えるうえでリスク回避の仕組みをも

つことは社会的責務であり、顧客からの労働金庫に対する信用を裏付けるためにも安全性に優れた建物、機能的に優れた情報管理設備を利用して、常に最新の正確な取引データがノーダウンで配信できる信頼性の高いシステムを維持する必要がある。

　総合事務センターは平成9（1997）年1月の千葉移転をもって建物、設備面では安全性を確保することができた。しかし、平成7（1995）年1月の阪神・淡路大震災、そして平成23（2011）年3月の東日本大震災はそれぞれ地域の施設に甚大な被害をもたらした。次世代システムに求められる基本的な条件として経済性を考慮したバックアップシステム体制をいかに充実させるかについて検討する必要があろう。現在、労働金庫が整える東西センター体制をベースとした仕組みに基づき、次世代システムのバックアップ体制を構築している。

　また、顧客データの流出等金融犯罪が多発化するなかで、プライバシーの保護をはじめとした各種機密保護、システムの安全性確保等の面で次期システムが安全かつ効率的なルールで機能できるようチェックできる仕組みづくりも目指さなければならない。

　さらに、労働金庫の健全経営を維持し、システムの安全性、信頼性、効率性を確保するためのシステム監査機能の必要性、さらに投資に見合った効果が発揮されているか、金庫経営にとって効率的なツールとして機能しているか等の適切かつ客観的な評価が下せる体制についてもあわせて考慮しつつ、システム構築をフォローする体制を整備しなければならない。

　以下にシステムの安全性確保についての留意点を示す。

【システム安全性の考え方】
・緊急連絡網を含む非常時の対策体制の明確化
・基幹回線、営業回線等オンライン回線の考え方の明確化
・耐震構造等の防災対応された建物設備等の施設や各機器の検討
・データの機密保護
・ノーダウン・システムの確立と維持

・センターに集中することによるデータの安全性の確保と機密保護の確立を図る（暗号化、厳正な運用基準の制定等）
・鮮度の高い情報の採用
・システム監査を含む運用のルールづくり
・勘定系データの動きを即時に反映できる構造とする
・エンドユーザー側で自由にデータを扱うための信頼性・安全性確保に向けた明確なルールづくり

## 5　次世代システムにおける情報系システムと業務

### (1)　情報系システムが担うべき業務の考え方

　労働金庫次世代システムの構築において、情報系システムについては、金利・商品設計・サービス提供の自由化が進み、他業態との競争が激しさを増すなかで、全国の労働金庫が統一した独自性を顧客に対し明示できるシステム構築を目指すことが課題になる。たとえば、広域会員に対し全国どこの労働金庫と取引を行った場合でも同一かつ均質のサービスが提供でき、そのサービス内容が労働金庫の経営理念に基づいた他業態との差別化戦略に基づくサービスであることを会員に実感してもらえるシステムである。

　さらに、情報系システムでは勘定系から配信された会員、間接構成員のデータに基づきこれまで個別金庫単位でしか掌握できなかった会員ごとの情報を、全国レベルや地域レベル、単産ごとや業種ごと等あらゆる角度から自由に分析でき、その分析結果の一部を会員労働組合へ情報還元できる機能を考慮した拡張性のあるファイル体系を念頭に置く必要があろう。同時に、通信、コンピュータ等のハード、ソフトの新技術進展へ容易に対応できるシステム形態やデータ量増大に伴う機器等の増設に容易に対応でき、すでに配備されたパソコンネットワーク等が引き続き有効に利用可能なオープンな環境・仕組みづくりも重要な条件となる。

　次に、こうした点に配慮しつつ、営業店と本部に求められる情報系の機能

要件について述べる。労働金庫はこれまで職域取引主体で店舗展開がなされてきたため、主要な会員取引は強いが、家計取引や退職後の地域取引に弱いといわれてきた。しかし、全銀ネットはもとより、ゆうちょ銀行やセブン銀行、イオン銀行とのATM提携が進み、さらにはIT・ネットワークの進化や規制緩和により、元帳店舗でなければ各種サービス利用や商品取扱いができない時代が終焉を迎えた現在、職域（貯蓄口座）と住域（家計・退職後口座）両面で利用者の利用目的や生活実態に即した店質ごとのアプローチ策の立案と施策推進体制の構築が求められている。

退職金と年金取引の推奨を例にとれば、中核都市圏に立地する職域店舗が取引提案・推進を行いながら、受け口座の推奨は居住地店舗へ誘導するなどのシナリオづくりと、それに対応した目標設定ならびに業績評価制度の導入、それを支えるインフラ整備が必要となっている。また、現役世代における雇用の流動化や人口移動の活発化、退職後の居住地や地方回帰ニーズの増加を勘案すると、こうした取引モデルは、次世代システムの完成により、都道府県を超えた対応体制が確立可能となり「全国規模での生涯取引の実現」（新社会人から退職後までの継続取引）に期待が寄せられている。

そのためには、まず地域性を重視しながら全国規模で店舗の性格・規模を洗い直し、たとえば、都市型職域店舗（大・中・小）、地域型職域店舗（大・中・小）、職域・住域併進店舗（大・中・小）、住宅地ミニ店舗（相談業務特化店）、イン・ユニオンブランチ（中国労働金庫鋼管町支店）などに分類し、さらに店別目標もローンを重点的に推進する店舗、預金や投資信託販売に注力する店舗など、地理的環境（北海道と沖縄では住宅ローンキャンペーンの時期が異なる）や地域性を考慮しつつ店舗の性格や役割に応じた営業推進目標の設定を実現する情報系システムと分析ツールが必要となる。

そのための組織・体制とそれを支える情報系システムが本部に求められる。またそれは、営業推進・管理面だけでなく店舗の収益管理上からも必要となる。営業店と本部に求められる情報系システムの要件について以下にそのポイントを列挙する。

① 営業店
 ・営業店の担当範囲内で加工、編集、分析が自由な仕組み（二次加工）
 ・エンドユーザー開放の簡易検索対応（最低限の定型検索と自由検索）と終了時間に制約なく照会等可能な仕組み
 ・本部の指示に基づくも、地域性を考慮し営業店単位に設定を変更可能にできる仕組み等、営業店の運用の自由度を確保
 ・アプリケーションは単純なエクセルなどの構造をとる機能性に優れながら安価なツールとし、活用への熟練度の速さを確保、さらに保守性を高める
② 本　部
 ・営業店分析や経営分析、会員分析の前提となる本格的な分析システム（ツール）
 ・ホストに頼ることなくエンドユーザーが自由に編集、分析を可能とする
 ・定型的検索については利便性の高いソフトの選定によりエンドユーザー自身での開発は極力抑え、それ以外の自由検索は各ユーザが自由に行える
 ・本部分析が主とするものの地域本部サーバーにも目的別データベースを保有することにより運用時間に拘束されない汎用検索を可能とするシステム構造
 ・商品サービスの自由化等に柔軟に対応できる構造をもつシステム
 ・使いやすく生産性の高い開発ツールの採用
 ・自由化に対応した機能変更に関する分析（新商品の開発・提供）が短時間、低コストで実現できるシステム

(2) 統合データベース

次に、こうした要件を兼ね備える統合化されたデータベース構築の必要性と要件について述べる。前述のとおり、金融システム改革、自由化・規制緩

和による環境変化により、各種規制が緩和され、業務の自由化、商品の自由化がいっそう進展することは明らかである。次世代システムにおいては、これら環境の変化に柔軟に対応可能な情報系システムを支える統合データベースが求められる。統合データベース構築の目的は、戦略立案・施策の策定・目標の設定・推進計画の策定・進捗管理・実績の評価・顧客のニーズに対する対応・情報収集、すべての業務のスピードアップを図り、あわせて顧客の満足度を向上とコストの削減を達成し収益向上を図っていくことである。

情報系システムにおいて基幹情報データベース、部門共通情報データベース、目的別情報データベースに求められる共通の設計思想と各業務要件を下記に掲げる。

【基幹情報・部門共通情報・目的別情報データベースに求められる業務要件】
- 業務の拡大、変更に容易に対応できる構造
- 本部・営業店のニーズにあわせたさまざまな切口でデータを抽出できる構造
- 最新技術を導入し、高度なシステム構築によって営業店および会員・顧客への高度なサービスを提供する基盤となる構造
- 自由化に即した商品・サービスの提供と自由度の拡大に対し、基幹情報DBの活用により業界統一商品・サービス等の提供をよりいっそう可能とし、かつ労働金庫の独自な商品・サービス等を開発提供できる環境を整える基盤となる構造
- 基幹情報DBにおいて新規業務の適時な企画・開発を可能とする構造

【基幹情報データベース】
　勘定系取引から発生するホストコンピュータから入手可能なデータ、すなわち、預金・融資など取引の申込時にコンピュータ上に入力されている項目、または勘定系の入出金の明細、残高の推移に関する情報、事務量原価計算等で加工した収益に関する情報等

【部門共通情報データベース】
- サブシステムや営業取引に付随して発生するデータにより入手される情

報データ
- 住宅ローンやカードローンの審査の際に入手するデータなど、紙ベースのままで保管されコンピュータ上に反映されていない情報データを保有
- ファイナンシャルプランニングや各種相談業務など、その他の財産に関する各種のサービスを提供したときに入手できる情報データ
- 渉外担当者が顧客を訪問時、店頭での顧客対応時に収集できるネタ情報
- ローンセンター、コンタクトセンターなど各種のチャネルから入るレスポンス情報

【目的別情報データベース】

　基幹データベースや部門共通データベースに格納された情報データに加えて、外部データや会員から入手したデータを、利用目的にあわせて再編集して保有するデータベース

### (3) 業務分析(汎用検索)ツール

　こうして構築されたデータベースから配信するデータを分析して、新たな諸施策を検討するためのツールが必要となる。現在の労働金庫においては、先にも述べたDBプレーヤーと呼ばれる汎用検索システムの活用により、総合事務センターから配信されたデータを授受し、各労働金庫の本部において会員や顧客の取引振りや係数分析がなされてきた。この仕組みは導入当時としては、優れた機能を有していたものの、現在の業務や収益管理が、金融自由化による環境変化を受けて、労働金庫が充分に経営実態を分析・把握して、有効な施策を立案するには限界がある点を多くの労働金庫の本部担当者が指摘している。次に、次世代システム情報系を活かしきるために求められる汎用検索機能について、①営業戦略の立案、②営業施策の策定、③個別商品推進策の策定、④推進手法の決定、⑤評価基準の策定、⑥営業推進・進捗管理、⑦進捗管理・見直し、⑧評価といういわゆるPDCAサイクルの流れに従い各業務に求められるポイントを示す。

　なお、評価基準の策定に際しては、既存の営業店評価制度や個人の成績評

価制度の体系でこれらの評価結果をいかに実感に合うかたちで反映させるべきか検討する必要が生じる。たとえば、渉外課員とローンセンターの組合せによる商品キャンペーンを実施し、一連のチャネルミックスが功を奏し実績があがった場合、ローンセンターと渉外課員の属する営業店の評価ならびにコストをどのような基準で計上すべきか、さらには本支店勘定の考え方に基づく採算管理手法をとる金融機関とスプレッドバンキングの発想を導入している金融機関とでは、全体の予算管理や収益・リスク管理の手法が異なり、ひいては業績管理の手法も異なる。労働金庫では、早くから「プライム」と呼ばれる独自のスプレッドバンキングの考え方を導入しているが、今後は、これら本部コストと営業店コストの考え方や会員別・個人別採算管理の考え方を含め、マーケティングセクションのみならず、総合企画部門や人事部門をはじめとする関係各部門が協議のうえ、労働金庫にふさわしい評価制度を確立する必要がある。

① 営業戦略の立案
- 会員や個人顧客の取引状況をはじめとする各種の構造分析
- 現状分析の結果に基づき戦略の基準を策定
- 具体的な商品投入計画を策定（どのセグメントのどの顧客に対してどのチャネルを使うかというチャネル戦略をあわせて策定）
- 顧客に対する営業推進戦略の策定
- 商品の価格設定をどの水準で提供すべきか、という価格戦略の決定
- 最終的な資源の投入戦略を決定

② 営業施策の策定
- 営業戦略に基づく推進目的の明確化
- CSの向上を考慮しながら世帯のメイン化を図るシナリオ作成
- 顧客が複数取引を望む環境を提供しつつ、その結果としてリテンションを向上させるための手段
- 新規顧客の増強を図るための施策立案
- 利用者利便の向上を目指しつつ収益の向上を図るための仕組み

・推進目的の明確化を行うことにより実感にあった目標設定の決定
③ 個別商品推進策の策定
・商品サービスを顧客のニーズに適合により、どの顧客に対して、どのような商品・サービスを提供すべきかについて多面的分析を実施
・汎用検索やデータマイニングのツールを活用して顧客データに各種商品・サービス別の推奨表示を付与
④ 推進手法の決定
・一顧客に対し、複数の商品・サービスを、複数のチャネルで展開する体制が準備されるため重複セールスを避けるべく施策にプライオリティをつける
・本部の経営方針にあわせて、顧客にプライオリティを設定し、チャネルをどのようにミックスして活用するかと同時にそれぞれのチャネルの役割を明確にする作業を実施
⑤ 評価基準の策定
・既存のメイン化基準との整合性検討
・営業店の業績評価との整合性検討
・個人の評価制度との整合性検討
・営業推進責任者、総合企画、人事部門との整合性検討
・目標・実績の評価基準、たとえば効率性の基準や効果性の基準の策定
⑥ 営業推進・進捗管理
・推進趣旨の徹底と目標・役割分担の徹底
・情報系システムから詳細な顧客情報を付与した営業推進データを現場に配信
　▷商品サービスの提供推奨先表示、前月脱落商品、前月新規獲得商品、僚店取引あり、推進不可商品、顧客の取引実態を明確に理解できる内容で配信
・本部の支援・管理体制の決定
・営業店の推進体制、役割の決定

- コンタクトセンター、その他のチャネルとの連動をふまえたキャンペーンごとの具体的推進体制に関する決定
- キャンペーン施策を実行するために必要な推進先データを渉外・窓口を含むすべての関係するチャネル部署に配信・還元
- 営業結果（アクション結果）を夜間処理により統合データベースに還元・反映し、キャンペーンのレスポンス結果を分析

⑦ 進捗管理・見直し
- 日々のアクション結果に基づくそれぞれのキャンペーンにおける目標・実績管理
- 最終業績予測の実施による効率性・効果性を考慮した施策の見直し
- 業績が予想以上に伸びているキャンペーンについては推進対象先を広げ、さらにキャンペーン期間を延長
- 当初予想を下回るキャンペーンについては、その原因を分析のうえ無駄な資源投入を避けるべく対象先を限定縮小するか終了期間を短縮
- 顧客や現場からの声を精緻に分析（チャネルミックスのストーリーの手直し、顧客への告知スタイルや申込書の記載事項の手直し）

⑧ 評　　価
- 数値目標の達成度に関する評価、期待目的度の達成度に関する評価に基づく業績評価
- 施策そのものの評価
  ▷マーケティングノウハウの蓄積として、多角的に数値の裏付けをもって分析・展開された施策の実施結果はその施策の意思決定プロセスから顧客の反応、推進管理、成功・失敗結果を登録
  ▷次回以降、実施された各種施策の結果をフィードバックして、マーケティング戦略体制が構築された強みとして将来にわたり具体的なノウハウとして活用

以上、業務分析（汎用検索）ツールに求められる要件についての考えを示したが、こうしたシステムには、その機能や仕組みを構築する際に留意すべ

き事項がある。それは、こうしたツールは、誰にでも容易にできる操作（業務要件の変更にユーザーサイドで対応できる）できなければならず、さらには、基幹情報データベース、部門共通データベース（分散DBの統合）、目的別データベースをエンドユーザーが意識せず操作できる仕組みでなければならない。すなわち、組織に人事異動があることを考慮すれば、エンドユーザー部門で専門知識や熟練度を必要としない容易な操作性とシステムの仕組みやデータ構造等、システムの内容を知らなくてもECUの世界だけで操作ができる仕組みが求められることを意味している。

また、こうした結果を経営会議等で議論する場合、各帳票や還元情報の文字ベースの基本からグラフや図形ベースの視覚資料の出力化に配慮した設計を行わねば、経営トップの判断を仰ぐ際に時間を費やす可能性がある。こうした諸点に関しても配慮せねばならない。

### (4) 営業支援システム

労働金庫の営業店やローンセンター、ダイレクトチャネルなど、顧客と接点をもつシーンでは、その活動を支えるために必要となる営業支援システムが必要となる。とりわけ、営業店の店頭や渉外担当者に対するセールス支援は、顧客情報データの分析に基づく推進施策により選定された顧客別の推奨商品データや顧客別のセールス情報、取引実績（業容・基盤項目）を、営業店別、渉外担当者別に集約し営業支援端末や営業店情報端末、帳票として還元することにより実現する。還元情報データの作成が、顧客志向の点からも重要となる。そこで求められるカテゴリーとイメージは、①情報の還元、②分析・ターゲティング、③問合せ対応、④顧客情報管理、⑤会員情報管理、⑥営業管理機能、に分類できよう。これらのポイントは下記のとおりである。

① 情報還元
〔分析内容の還元〕
　　項目階層別業容（預金・融資）分析・階層別業容増減分析・階層別基盤

項目分析・階層別基盤項目増減分析・階層別収益分析・商品サービスクロスセル分析・商品サービス複合化分析・顧客サービス単価分析・顧客別商品サービスセット状況分析等の情報
〔集計区分の還元〕
　全店・店別・地区別・会員別・担当者別・情報データベース保有金額項目に基づく任意の金額階層別・商品サービス有無別・推奨商品有無別・取引開始年月日別等情報
〔サイクルの還元〕
　日付指定による残高推移・前月比推移・前年同月比推移・半期ごとの推移・前年同期間比較等の情報
〔出力内容の還元〕
　階層別預金項目・融資項目・利回り項目・損益項目・基盤拡大項目・チャネル利用項目・顧客アクション項目の情報
② 　分析・ターゲティング
　顧客取引構造やメイン化のパターンを商品・サービス面や会員別、年齢階層、金額階層、ライフステージにおけるイベントなど多面的なデータ分析アプローチにより分析、汎用検索分析に基づき、ある条件を充たす（共通の特性をもつ）対象顧客を抽出して、その集合体（会員）を労働金庫のキャンペーン対象先とみなして任意に推奨商品・推奨チャネルを選定しキャンペーンを設定する。その分析方法は、顧客セグメント別（年齢階層別、性別等）、預金融資残高・約定平均利回り・損益等の階層別、給振・年金・公共料金等基盤項目の有無や優先的に販促を行う推奨商品別等一定の基準で分類集計し、集計表・クロス集計表・クロスセル表の各表を作成することである。
　その際の集計表はデータベース内の明細データを任意の条件でグルーピングし、各グループごとに集計した項目を指定したもの、またクロス集計表はデータベース内の明細データを任意の条件でグルーピングし、各グループの組合ごとに一つのデータ項目を集計したものが想定される。さらに、クロスセル表はデータベース内の明細データを任意の条件でグルーピングし、各グ

ループのマトリックスに一つのデータ項目を集計したものが有効である。

こうした分析結果に基づき一定条件で集約された顧客グループを抽出、個人属性・業容・損益・取引項目をもとに一定の判定基準を設け、メイン化ランクや損益ランク等営業戦略策定のために新たに顧客判定基準を設定する。こうして新たに策定した顧客判定基準を用いて「商品戦略・チャネル戦略・顧客推進戦略・価格戦略・資源投入戦略」に基づきターゲティングすることが望ましい。さらに、ターゲティングにあわせて各種施策を労働金庫全体の営業戦略の基本方針・計画に沿い営業店に指示するステップを踏みたい。

③　コンタクトセンター（問合せ対応）

こうした施策を実施した際には、顧客からの問合わせに対応する必要がある。つまり各種の取引内容や問合せ事項に対応できる情報システム体制を備えたコンタクトセンターの構築が課題となる。まず、問合せの内容を確認して、営業店対応か専門部署対応かを判断して、相談内容を保存し、関係部署へ配信する。コンタクトセンターでは、顧客からの問合せに対応すると同時に、個人顧客の生涯生活設計診断を基軸とした個人客向けプライベートコンサルティング部門を確立し、優良顧客との取引親密度を高めるとともに、住宅ローンやリスク商品販売、年金相談、資産運用・相続対策・土地活用に関連するビジネスチャンスを開拓するアクションを起こさなければならない。そのためには、統合データベースから配信された営業支援情報に基づく情報を容易に判断できる仕組みを構築する必要がある。

また、顧客からの問合せにより収集した世帯情報や資産負債情報、さらには生活方針等の定性情報を統合データベース（部門共通データベースや目的別データ）に登録・フィードバックすることにより新たな提案に向けて反映する。こうして顧客からの問合せ対応の精度をさらに引き上げることが可能となる。

具体的内容は次のとおりである。

・会員や顧客の取引振りをリアルタイムに表示
・分析データを活用し優良顧客をセグメント、推進対象顧客層を抽出し対

応に備える
- 相談内容を確認して、営業店対応か専門部署かを判断して、相談内容を保存し、関係部署へ配信する
- 専門部署では、相談ツールを活用し、顧客別の対応策のアドバイスやライフプランニングを行い具体的な対策を個別提供する
- 収集された情報を定性情報である個人属性情報や世帯情報、不動産情報、取引ネタ情報項目へ随時還元する

④ 顧客情報管理

会員単位で顧客の属性情報や総合的な取引振りを正確にとらえ、営業推進や収益・リスク管理に活用するために必要な顧客情報を（時系列データを含む）保有し、管理を実施する仕組みを備えねばならない。

具体的内容は次のとおりである。
- 「セグメント」項目：顧客のメイン化の基準やライフステージを表した項目
- 「世帯の基本」項目：世帯主の情報・家族の情報・資産の状況・収入の状況・損失の状況など世帯の各種の属性を集約
- 「個人の基本」項目：個人の属性・住所・勤務先・趣味・各種の管理区分などを集約
- 「取引残高の推移」項目：預金・融資に関係する時系列の推移、利回りに関係する時系列の推移、収益に関係する時系列の推移
- 「基盤項目」項目：各種預金商品サービスに関する取引有無や取引開始日、最終の利用日、過去の利用状況などの情報、年金・給与振込・配当金など主に入金項目に関する入金商品サービス情報、公共料金の引き落としなど各種の出金利用に関する出金商品サービス情報、住宅ローンやカードローンなどに関する融資商品サービス別の利用状況を集約

・「利用状況」項目：商品やサービスの入出金の明細項目や定期預金の満期案内に必要な口座明細に関する区分、窓口やATMやコールセンターなどで顧客が、いつ、何支店の、どのチャネルを使い、どのような商品を、どのように利用したかに関する情報をとして集約するチャネル利用状況の区分項目
・「未取引先」項目：それ以外の項目として必要に応じて各種会員情報や外部または独自に収録したデータを集約した項目

⑤　会員情報管理

また、会員の情報管理に関しては、会員の組織構造、組合員数、企業財務情報、運動方針（大会の議案書や福利厚生制度）などの会員属性情報や活動方針、福利厚生制度、総合的な取引振りを正確にとらえ、営業推進や収益・リスク管理に活用するために必要な会員情報項目を保有し、全国、地域、都道府県、エリアごとに単産別階層管理を実施しなければならない。

⑥　営業管理機能

最後に、キャンペーン期間終了後、渉外担当者、各チャネル別・対象顧客別・役割別に実績を把握し、営業店別・渉外担当者別・ダイレクトチャネル別に実績を集約したうえで策定した評価基準に照らし合わせて評価を行い、結果を蓄積できる仕組みが求められる。

(5)　渉外支援システム

会員は組合員数の減少や経営効率化、人員削減などの影響により、組織力の維持低下を余儀なくされる事情があるなかで、労働金庫が福祉金融サービス面でサポートし利用メリットを実感できる仕組みづくりの提供を希求している。また、団体主義ゆえに、労働組合側の事務負担が増えることを懸念して取引を敬遠する低利用・未利用会員や融資の申込みが職場の同僚（組合）を経由するためプライバシーの観点から利用しないなどの課題を克服せねばならない。

そのためには、現行の集配金業務や営業店窓口事務は極力減らして、担当者は個別利用者の相談業務や職場内での提案活動、相談会の開催に注力することをねらいとする。すなわち、次世代の渉外支援システムに求められる機能要件は、勘定処理にとどまらない、会員や顧客の取引振りを把握でき、情報収集や情報提供機能を備えた、「顧客の顔がみえる」仕組みでなければならない。

### (6)　経営管理系システム

　第3章で分析したとおり、『全国労働金庫経営分析表』（社団法人全国労働金庫協会）から推計する限りでは、今後は労働金庫経営の根幹を担う収益の先細りが懸念されるなかで、ここでは、①収益・採算管理システム、②リスク管理システム、③ALMシステム、④ABC原価計算システムについて、その求められる機能について簡単に触れる。

①　収益・採算管理システム

　次世代システムに求められる収益・採算管理面からの業務機能は、今後とも金利競争による個人金融資産の争奪戦が本格化するなかで、長期的な傾向として、定期性預金の減少により資金調達費用は減少傾向となり、かつ経営の効率化により営業経費の削減も進むことにより、業務費用全体の削減は厳しい状態が続く。①この環境認識をタイムリーかつ、時系列に把握できる仕組みを前提とし、②全国労働金庫全体、③地域・都道府県別（13金庫別）、④営業店別、渉外担当者別、⑥会員別（単産、規模など）に収益・採算管理ができるシステムでなければならない。そうした機能を具備したシステムの導入が業務要件である。

②　リスク管理システム

　信用リスク管理について記す。グレーゾーン金利問題の決着、さらにはネットバンクやイオン銀行などの参入の影響により、労働金庫の対象利用者層での金利競争はよりいっそう激化している。そこでは従来型の労働金庫の利用者獲得手法による収益確保はむずかしくなることが推測される。こうし

た環境にあっては、信用リスク管理を厳格に行うための審査システム（初期審査）に加えて、途上与信の管理システムを構築することによりいっそう精緻な収益・リスク管理を行う必要がある。そうした機能を具備したシステムの導入が業務要件である。

③　ALMシステム

労働金庫の資産負債構造の改革（資金利鞘の改善）は、メイン業務である「預貸取引」を通じて安定的な収益基盤を確立することである。これまで調達サイドは比較的安定的であり、もっぱら関心事は運用サイドにあった。それが、デリバティブ取引の進展と預金金利の完全自由化を境に、預貸し両面にわたる金利リスクを含めたマーケットリスクのみならず、自己査定を含む信用リスクや周辺金融機関がさらされているさまざまなリスク（リーマンショックなど）までを含めた総合的なALMが求められる。

・現在の資産負債構造および収益構造がどのようになっているのかを把握
・環境変化により今後どのように全国地域ごとの金利が変化する可能性があるのかを明確に把握・予想
・個別商品と金利のラダーを長期的な視野からも分析できる機能が求められる（労働金庫の主力商品は調達側の財形預金、運用側の住宅ローンともに長期型商品である点を考慮したシステム構築）
・また、主要会員の取引振り、不採算・不安取引先を的確に分析し、地域性を加味してその対応策を金利政策面から策定し機動的に実施できるシステム機能

④　ABC原価計算システム

情報化時代への対応策として、営業店の事務処理機能の向上が第一条件となる。この効率化推進に向けた営業店システム投資と人員コストの管理、さらには会員、未組織を問わずサービスの向上のためのインターネットバンキングやコンタクトセンター機能の強化などのチャネル整備とその裏側での採算管理が必要となる。

当面、機械化関連維持費用は必要とされるなかで、この点をカバーするた

めにも厳格なコスト管理に基づく事業計画を下支えできる機能を具備した原価管理システムの導入が業務要件である。

## (7) サブシステム

最後にシステムに付随して求められるサブシステムについて、その主なものとして、①チャネル管理システム、②カード戦略を支援する情報系システム、③提携業務支援サブシステム（FP業務支援）、④事務OA系サブシステムを取り上げ、その要件を紹介する。

### ① チャネル管理システム

利用が低・未利用な会員向けに、融資金利の優遇など会員であるメリットは従来どおり積極的にアピールしながら、間接構成員が直接アクセスできるチャネル（インターネットバンキング、コンタクトセンター、ローンセンターを含む相談センター）を充実させ、ダイレクトに利用者ニーズに対応できるインフラを構築する必要がある。そして利用者が取引口座の開設以降の各種商品サービスの申込みや相談は、直接、労働金庫が受け付けるスタイルにして、中間の事務負担をすべてなくすビジネスモデルを構築すべきである。

さらに、サブシステムに求められる業務要件として、こうした顧客が取引した実績や相談内容を時系列で保存すると同時に各チャネルが受け付けた情報を統合的に管理して、渉外担当者や営業店情報端末にフィードバックする仕組みが必要となる。そうした機能を具備したチャネル管理システムの導入が業務要件である。

### ② カード戦略を支援する情報系システム

会員制度の維持拡大には、多機能で独自性の高い付加価値サービス提供を可能とするメンバーズカードの発行を検討したい。一般の民間銀行では、すでに金融機関の基本業務である預金貸出金の利鞘がもたらす収益の比率は低下傾向を続けており、それにかわり、クレジットカードによる手数料収入、投資信託の販売手数料や証券化ビジネスに関する手数料収入が増加してきている。近年では、こうした手数料収入の増強や低利の決済性資金の取込みと

ともに、CRM（Customer Relationship Management）の発想に立脚し、利用者利便の考え方をさらに充実させることを目的として、クレジットカード業務の取扱いを行う銀行がふえている。今後、労働金庫においても労働金庫によるクレジットカードの本体発行や生活協同組合との共同発行を念頭に置いた（協同組織としての相互扶助の精神が反映された利用形態や利用方法、利便性の向上や独自性の発揮（多重債務予防教育））業務モデルの構築とそれを支える情報系サブシステムの構築を検討する。

③　提携業務支援サブシステム（FP業務支援）

現役世代の生活支援と退職後も地域で引き続き利用を可能とする受け皿づくりを主眼に置いた提携業務支援システムの構築が必要となる。その前提として、地域活動に根付き個別世帯へのデリバリーチャネルをもつ生活協同組合や全労済、NPOとの連携強化が必須であると考える。たとえば、現役時代（職域）での労働金庫利用者に対して、生活協同組合利用を進めることで現役世代の生活を応援し、退職後は「地域」利用者として老後の金融面、生活面を総合的に支えるビジネスモデルを構築したい。そこでは従来の労働金庫法での「会員制度」を継承しつつ、詳しくは後述する「新たな友の会」（協同組織同士と利用者相互を結ぶリレーションシップによる利用者利便の向上）を目指し、退職後の「ライフプランニング」や「資産ポートフォリオづくり」はもとより、「老後や家族の悩み解決」や「生きがいづくり」を支援する組織・体制を業務面から支えるためのサブシステムを構築する必要がある（図表5－3参照）。

④　事務OA系サブシステム

事務処理の効率化は、情報系システムと直接結びつきにくい。個々での課題は事務OA系サブシステムで処理された顧客取引情報をイメージ入力により、情報データベースへ自動配信する点と情報還元帳票のレスペーパー化を進めるための仕組みの導入が求められる。

図表5-3　FP収集情報と営業戦略推進

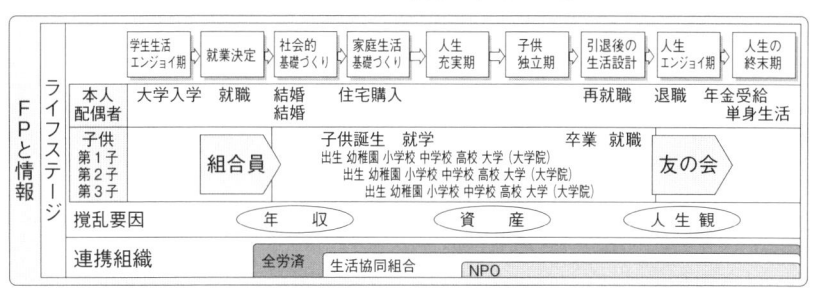

| | | 学生生活エンジョイ期 | 就業決定 | 社会的基礎づくり | 家庭生活基礎づくり | 人生充実期 | 子供独立期 | 引退後の生活設計 | 人生エンジョイ期 | 人生の終末期 |
|---|---|---|---|---|---|---|---|---|---|---|
| FPと情報 | ライフステージ | | | | | | | | | |
| | 本人 配偶者 | 大学入学　就職 | | 結婚 結婚 | 住宅購入 | | | 再就職 | 退職　年金受給 単身生活 | |
| | 子供 第1子 第2子 第3子 | 組合員 | | | 子供誕生　就学<br>出生 幼稚園 小学校 中学校 高校 大学（大学院）<br>出生 幼稚園 小学校 中学校 高校 大学（大学院）<br>出生 幼稚園 小学校 中学校 高校 大学（大学院） | | | 卒業　就職<br>友の会 | | |
| | 撹乱要因 | 年　収 | | | 資　産 | | | 人 生 観 | | |
| | 連携組織 | 全労済　　生活協同組合　　NPO | | | | | | | | |
| 推進項目例 | 流動性 | 仕送口座　　給振口座　　公共料金自振<br>アルバイト入金口座　隠し普通預金　子供普通預金<br>クレジットカード(学生)　**クレジットカード(マイプラン)** | | | | | 年金受給口座<br>口座の取りまとめ<br>クレジットカード(家族) | | | |
| | 定期性 | 積立(レジャー)<br>積立(結婚)　**住宅財形**(住宅取得)　積立(教育)　**年金財形受給**(老後)　積立(旅行)<br>　　定期(結婚)　　定期(住宅取得)　　定期(教育)　　定期(退職金)　　定期(年金)<br>　　　　　　　　　　　　　　　　　　　　　　　　　　　　　定期(保険返戻金) | | | | | | | | | |
| | 融資 | カードローン(レジャー)　　カードローン(生活補填)　カードローン(臨時支出)<br>　隠しカードローン　　教育ローン<br>　住宅ローン──────────▶リフォームローン<br>　マイカーローン<br>　　　　　　　　　　　　　　　　　　　　　　　相続対策 | | | | | | | | | |

（出所）　菅恭二氏作成の図表に著者が加筆

# 6　進化する営業手法

　こうした仕組みが完成すると、営業推進の手法は大きく変貌を遂げることとなる。まずファイナンシャルプランニングの観点から考える。労働金庫の取引は、勤務地取引と居住地取引に分かれる。ライフプランニングの際には、ライフステージを意識した精緻な年齢階層分析が有効である。一般的なライフステージを考えると、①シングル…うち独身サラリーマン・OL、②若年世帯…結婚して子供が小学生までの結婚した比較的若い世帯、③壮年世帯…子供が高校・大学に通い、住宅ローン資産の形成を始める30～40代前半、④熟年世帯…40代後半～50代で、そろそろ第二就職を考えはじめる世帯、⑤リタイアード…60～65歳の間は雇用延長、その後退職して悠々自適の

年金生活、⑥シルバー世帯…後期高齢期（75歳以上）に入り医療・ケアの必要性が高くなる世代、のように分類できる。こうした年齢階層セグメントに基づく、明確な顧客戦略の立案を、会員ごとに異なる福利厚生制度を加味して会員ごとに実施することが可能となる（図表5-4参照）。

　また、労働金庫取引においては、ターゲットはメインの職域（勤務地）取引を維持しつつ、年齢が上がるにつれて居住地取引に移っていく顧客をいかに囲い込むかにかかっている。すなわち既存マーケットである職域と新規マーケットである地域へのリレーを確かなものにするために現役時代の取引状況を正確に把握し、取引構造を分析する情報系システムが必要となる。そこでの労働金庫の強み・弱み・機会・脅威を明確にする必要がある。そのうえで、どの会員やマーケットに対して、どのような商品・サービスをどのタイミングで、またどのチャネルで提供するか。すなわち取引構造の精緻な分析に基づき、進むべき方向を明確化し、具体的な営業推進施策を策定しなけ

図表5-4　会員ニーズ把握と顧客志向の関係

【生涯総合取引制度実現と顧客分類＝ライフステージ】

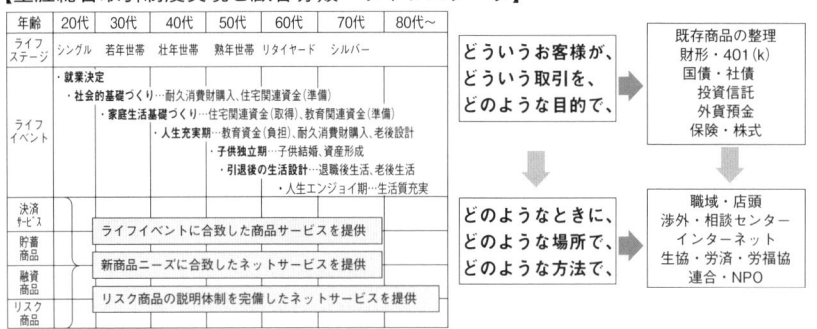

※顧客・会員特性により戦略モデルは異なる
　（インターネットバンキング構築には顧客本位での分析が第一歩）
　※継続的取引と安定的収益を実現するためには、長期的なビジネスモデルと資源適正配置計画が必要不可欠
　★新商品（リスク商品）提供には、人材育成・DB・CRM・チャネル整備が必須
　★インターネットバンキングにおいても顧客対応できる説明要員の配備が不可欠
　　（ネット操作で顧客が勝手に取引してくれるモノと勘違いして導入した銀行は取引が伸びず、逆にCS低下の原因になっている）

ればならない。具体的な分析例を次に示す。

#### 分析例

まず、顧客を10万円未満、10万～100万円、100万～1000万円、1,000万円以上と預金階層を分ける。この預金残高の金額階層の分類は、10万円未満は非管理、10万～100万円は店頭・コンタクトセンター・チャネル管理、100万～500万円は一般渉外、500万～1,000万円はFP渉外管理、1,000万円以上は個別の顧客管理という位置づけで分類する。それぞれの階層を年間の増加額に基づき、①ほとんど増減のなかった先をプラスマイナス10万円以内の増減率の先、②増加先をプラス10万円以上増加先、③減少先をマイナス10万円以上減少した先と分類する。そのデータに基づき、それぞれを先数・預金残高・定期残高・融資残高および1年間の増加額で集計する。

#### ある金融機関での分析

金額階層では、全顧客を取引世帯数でみると、約80％の顧客が10万円未満で、預金残高でみると総預金の約5％を占めていた。また店頭管理先では先数で約10％、預金残高で約4％を占めていた。さらに一般渉外管理先とFP渉外管理先で取引先全体の10％のシェアで預金残高の約45％を保有していた。また、1,000万円以上先は世帯数で2％ながら預金残高で約48％を保有していた。つまり定期預金残高では、渉外管理以上（100万円以上先）が約93％を占め、融資残高でも約95％を占めるということがわかった。次に増加額をみると、1年前の残高が10万円未満先で10％以上ふえた先が約40％あり、預金残高で何千億円かふえていた。一方で、融資はほとんどふえていないという結果が判明した。店頭管理先では約5万先で預金が増加し、約3万先で預金の減少がみられた。次に渉外管理先では、約4万先が増加し、5万先で減少した。また、1,000万円以上先では約6,000先で増加し、約9,000先で減少している事実が判明した。

結　果

　まずは非管理先の10万円未満先で増加した内容を分析する必要がある。すなわち取引がなぜ成長するか、どのような条件が満たされたときに取引が成長するか、その要因について汎用検索ツール（BIツール）を用いて検証する必要がある。同様に10万～100万円店頭管理先についても、取引の成長状況の要因分析が必要となる。また、減少先についても、取引の脱落の要因を明らかにする必要がある。この金融機関では、100万～1,000万円先である渉外管理先で増加額を減少額が上回っていた。その点が最大の課題として明らかになった。すなわち1年前に100万～1,000万円だった先で、合計で数百億円減らしていた。また、先数でも増加している先と減少している先が、ほぼイーブンにあることが問題点として指摘された。ここで本部が次の仮説を立てた。渉外の担当者はいちばん行きやすく、お願いしやすい先にお願いして、担当がかわると減少した先には、なんらの手立ても打っていないという仮説が考えられた。もう一つは、基盤拡大の推進先と預金の増加する先が、違う事態が発生している可能性があるという仮説が導き出された。さらに預金目標を達成するために、大口の預金でカバーしているのではないか、という仮説が指摘された。

結　論

　①10万円未満先または10万～100万円先の10％以上増加先を抽出して、取引の成長の要因を汎用検索により発見する必要がある。②100万円以上の先で、プラスマイナス10％以内ほとんど異動していない先についてはメイン化を維持する要因や条件を発見する必要がある。③10％以上増加している先については、成長の要因を、また10％以上減少している先については、脱落の要因を分析する必要がある。

このような分析に基づき、既存先の状況・新規先の状況・脱落先の状況を預金額階層別の状況・商品のセット状況など各種分析により、実績・数字に裏付けられた営業推進計画を策定することが次世代システムの情報系システムでは求められる。

　次にカードローン（無担保ローン）の推進では、契約率を増加させれば、利用率は一定で確保されるという観点で、推進がなされてきたと考えられる。ある金融機関におけるカードローンの分析を例にとり解説する。預金の残高階層別に契約数と利用先数の関係をみると、預金の残高の多い先の契約先が高く、利用先数は預金残高の低い先での利用率がきわめて高いことが判明した。つまり、営業推進現場では、店頭・渉外の担当者が自ら管理する先にお願いセールスを展開して契約を確保してきた。ところが実際は、利用する顧客はまったく別のマーケットにいたことが判明した。汎用検索ツール（BIツール）で検証しながら、効果的な推進体制を構築することを分析の目的としている。

　つまり、この金融機関では100万円未満の預金残高先に対して、カードローンを推進することが有効であるという確証を得た。すなわち、労働金庫では会員取引の強みを活かし、さらに延滞の可能性の高い顧客を意識する分析を行ったうえで、より効果的な推進体制をつくることが可能となると考えられる。とりわけ、こうしたセグメント顧客（預金残高の低額先）で、なおかつ年齢階層の低い20代や30代に対しては、渉外や店頭よりも、ダイレクトチャネルつまりコールセンターや会員向けチラシ・専用DMを活用して、モバイル型のマイプランやインターネットバンキングを推進するなどの手法が、より効果を発揮するといえる。こうした分析により抽出された結果に基づき、推奨先を設定し、ダイレクトチャネルを活用することにより、渉外担当者の負担軽減効果も期待できる。

　年金取引についても同様である。年金先の金利優遇商品（労働金庫では退職金金利優遇定期預金）について分析する。商品開発のねらいは、二つある。年金マーケットの競争激化から、他金融機関が先行して金利優遇商品を

開発したため追随する。同時に、他金融機関に自機関の年金取引を肩代わりされないように商品開発が進められる。ポイントは、脱落防止という観点になる。次に他機関預金の転預工作である。他機関の年金先取引の確保を起点にした年金先のメイン化と年金先の預金残高の底上げである。このポイントは、取引の成長またはメイン化という観点である。たとえば年金先の定期預金100万円、200万円、300万円といった一定額にあわせて金利優遇する商品開発が一般的に展開されている。各金融機関で商品のネーミングが行われ、販売・推進の施策策定・進捗管理・実行という推進手法をとる。推進にあたっては、営業店別に目標を設定し渉外担当者に割り当て、進捗管理をする。結果的にはどの金融機関でも高成果が期待できる。本部ではこれらの高成果をもとに、推進のキャンペーンの期間延長というかたちがとられる。その結果として必ず営業店から要望があがる。すなわち50％以上の開拓を行った。したがって一人当りの対象枠を増枠する（100万円の枠を200万円、200万円を300万円に底上げしてほしい）等の要望である。

　ある金融機関での分析事例を示す。年金先の預金残高階層別に、年金先の分布を分析すると、1,000万円以上、500万〜1,000万円、300万〜500万円、100万〜300万円、100万円未満という階層に分け、年金契約先の状況を預金残高階層別・年金先数の分布でみた。その結果、年金契約先は100万円未満先のウェイトがきわめて高いという事実が判明した。一方で年金先の金利優遇商品の販売状況をみると、300万円以上の顧客では、50％以上の開拓をしているが、100万円未満先では数％の開拓に終わっている。本部では、渉外管理先に対しては、定期預金の満期案内と同時に金利優遇商品の販売を展開してきた。結果的には支払利息がふえるだけで、メイン化・脱落防止という観点からは、なんともいえない結果になっている可能性が指摘された。本来の取引先の成長・メイン化という観点から考えれば、100万円未満先に取引を推進して定期預金残高を増加させるために金利優遇商品の販売を行うべきである。この金融機関では、渉外管理の担当先ではない先にはキャンペーンを実施してこなかったために、成長・メイン化の観点では、この推進施策は

十分でないことが判明した。

　金融機関の商品は「預金」「融資」に関連する商品であり、一定の残高が一定期間以上滞留しなければ（ストックが増加しなければ）収益面では寄与しない収益構造である。一方で、決済機能に関連する諸サービス（給振・年金・配当金・公振・クレジット・自振等）取引であるフローの有無と、ストック残高の因果関係は、預金残高や融資残高が増加する顧客は、流動性預金である普通預金の月間または年間の入出金額の合計額が高い顧客であることが判明している。つまり、普通預金に決済機能である給振や年金振込の入金項目と、公共料金の自動振替やカード支払の自動振替、税金支払、その他自動支払の出金項目が多数セットされている顧客は、取引年数が経過するとともに定期性預金残高と融資残高も増加する傾向がある。この因果関係を分析することは営業戦略を構築するうえで重要なポイントとなる。年金取引を例にとると、ある金融機関で、高齢者の定期預金残高と年金振込指定者の関係を分析すると、年金振込がある顧客は定期預金残高も高いという関係は成り立たない、定期性預金残高の高い顧客は、取引期間も長く、既存取引の延長線上で年金取引が獲得できたという傾向が高い、また、新規に年金取引が獲得できても定期預金残高は増加しない傾向が強い事実が判明した。つまり、収益面を考えれば新規に年金取引を獲得しても維持管理の手間を考えればコスト倒れとなることもありうる。年金取引において効果をあげるには、年金受給資格取得の何年も前から取引を継続し、かつ、主要取引金融機関としての地位を確立する事が重要となる。すなわち、こうした商品・サービスの取引状況を基準に顧客を一定基準にグルーピングして、その因果関係を分析し、アップセル施策を実施するためには「ストック」と「フロー」の要因に分け、その組合せや相関関係から取引構造を分析し、その優位性を考慮してストーリー性のあるメイン化戦略を構築する必要がある。

　労働金庫の主力商品である「住宅ローン（住宅金融公庫含む）」と預金残高の関係を分析する。2年前に融資残高がある先を対象とし、融資残高別に5階層に分類し、さらに基準年度の融資残高の減少額が100万円未満の先と100

万円以上先、残高ゼロ先に分類し預金残高（平残）の推移を集計する。融資減少額100万円未満は通常の約定弁済先で、100万円以上先は一部繰上返済を行っており、全額返済先は取引解消または衰退先と推計できる。融資残高と預金残高の相関関係を調べるとともに、融資残高の減少額（通常返済と繰上返済）と預金残高の増減額の間に因果関係があるか否かを見極める。また、集約要因に「融資取引開始年月と融資適用金利」を加えることで、「金額・期間・金利」による特徴も類推できる。

　一般的には、融資残高が高い先は「預金残高は低位であり、取引開始年月も浅い」先が中心であり、融資残高が低い先は「預金残高も高く、取引開始年月は古い」傾向がある。また、融資残高が高い先で全額返済となる先は取引も解消される（＝肩代り）比率が高く、融資残高の低い先で繰上返済や全額返済される先は定期性預金が大幅に減少するケースが高い。特に低金利が継続される低い昨今は顕著に現れている。これらの結果から考えられることは、「住宅ローン取引が開始された直後は預金残高も低いが、取引が継続されていくと取引内容も高まり預金残高も比例して増加する」ことが類推できる。また、融資利用先の商品・サービス利用状況や利用時期を参考に成長過程を調査することでより精緻な特徴を把握できる。また、収益面について考えれば、住宅ローン先は適用金利は比較的低いが融資残高が高いため、無担保ローンやカードローンと比較すると住宅ローン単体先でも収益性は高い。

　給与振込に関しては、新規獲得が年代別にどの店舗性格の支店で獲得されているか、さらには獲得された先の成長過程はどのようになっているかを調べる。店舗性格別に新規の獲得先構成比を集計すると県庁の所在地など都心型店舗は29歳までの層が圧倒的に高く、中規模店では年齢に関係なく平準化しており、住宅店舗は50歳以上の比率が比較的高いという特徴が現れる。これは何を意味するかといえば、都心型店舗は新規採用者の給振を獲得しなければ他の層の指定替えは困難であり、中規模店では時期に関係なく企業取引が親密になれば獲得は可能、住宅店舗は第二就職の給振を居住地の取引銀行に指定する傾向がある、という仮説が立てられる。従来、給振の目標を立て

る場合は、都心型店舗や中規模店への目標指示が中心であったはずである。しかし、住宅店舗でも第二就職というキーワードを考えれば給振りの獲得も可能となるのではないか。

　さらにカードローンについては、預金残高と契約先・利用先の相関関係を、さらには年齢と契約先・利用先の相関関係を分析している。結論からいうと、構成比で比較すると契約先は預金残高の増加に比例して増加し利用先は反対に減少する。つまり、預金残高が低い層がカードローンの利用先でもあり推進先でもあるにもかかわらず、従来は管理先である預金残高が高い層にカードローンを推奨していたのである。利用する先に推進しなければ利用もされず結果として収益にはなんら貢献しないこととなる。また、仮に預金残高の低い先に推奨したと仮定するならば、信用リスク面を考慮する必要があるが、これは、延滞状況と他の商品サービスの利用状況の関係から相関関係を見つけ出し、初期与信・途上与信の判断基準を設けることでクリアすることもできるであろう。

　年金振込指定先については、預金金額階層別に契約先と振込実績先別に分類し、預金残高や利用商品サービスの関係を分析する。特徴的なものとしては、預金残高が高くなれば必然的に流動性残高も高くなる傾向があるが、貯蓄預金、積立預金や公共料金振替の利用率と預金残高との間には特定の関係はない。これから推測できることは、年金振込指定をキーに取引を深めるというよりは、従来の取引関係の結果として年金振込が指定されるケースが高いということが推測できる。年金対策の効果をあげるためには、50歳後半からの第二就職期以前からの取引先に対する継続的な営業推進が必要となる。

　こうした多面的な構造・階層分析を会員ごとに行うことにより、いままでのユニティシステムや人の手ではなしえなかった分析に基づく、精緻な営業推進施策の立案と仮説の検証を可能にすることにより、平成25（2013）年5月に全国労働金庫協会が取りまとめた「労働金庫業態におけるこれからのビジネスモデルの具現化に向けて」が指摘する具体策を実行段階へと移し、新たなビジネスモデル商品・サービスの提供による収益構造改革を実現する

図表5－5　労働金庫のあるべき姿（イメージ）

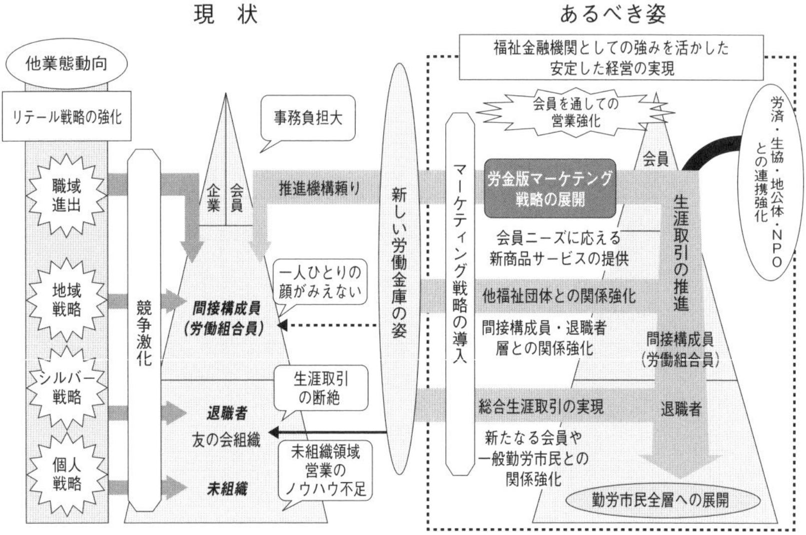

ためにも、労働金庫のあるべき姿を念頭に置いた次世代システムの戦略的な情報系システムの整備は可及的な必須事案であるといえよう（図表5－5参照）。

# まとめ

　以上、第5章では次世代システムに求められる情報系システムの将来像を中心に示した。ただし、初めに述べたとおり、次世代システムでは、まずは平成26（2014）年1月の勘定系やネットワーク系を中心とした、通常の顧客取引や日常業務に関するシステムの安定的な稼働が最優先されるべきであり、ここで示した内容は、システムが安定稼働したことを十分に確認できた後で、段階的に取り組むべき課題である。それは、今回の労働金庫業界の次世代システムプロジェクトは、13の労働金庫と労働金庫連合会という14の機

関が、勘定系からサブシステムに至るまでフルラインのバンキングシステムをいちどきに全面更改するという、わが国の金融機関史上初の試みであるため、会員との取引で商品サービスや業務・事務処理面で大きな変更点が発生したためである。こうした影響を克服し、新しい業務・事務処理が軌道に乗った次の段階として、新システムの機能を最大限に発揮する戦略的なシステム構築の検討を間断なく進めていく必要がある。

　労働金庫設立以来、60年の歩みのなかで抽出された課題解決により、さらなる協同組織金融機関としての高みを目指す仕組みとして、次世代システムが効果を発揮することが望まれる。

# 第6章

## 新たなビジネスモデルの構築

# はじめに

　労働金庫は、「働く仲間同士が互いに助け合う信頼関係に基づく相互扶助機能（一人は万民のために、万民は一人のために）」により、労働組合運動を支える「兵站部」としての独自性を発揮しながら、勤労者をはじめとする市民を主たる顧客として金融システムの一翼を担ってきた。また、経営資源の活用という観点からは「理念」実現に向けて「儲け至上主義」を排し、「団体主義」という仕組みを、自信をもって選択し、これまで成長を遂げてきた。ところが、これまで有効に労働金庫活動を支えてきた「団体主義」に立脚したビジネスモデルは、経済環境、社会環境の変化に伴い顧客の貯蓄消費行動に大きな変化が生じ、さらには少子高齢化の急速な進行や規制緩和の流れと相まって、近い将来、利鞘確保により成り立っていた収益構造の根幹が縮小を余儀なくされることが明らかとなった。それは、創設以来60年続いてきた「団体主義」のあり方を見直さざるをえない時期にさしかかっていることを意味する。

　第6章では、労働金庫の理念と協同組織性を継承し、また、労働金庫版のリレーションシップ発想に基づく金融マーケティング戦略について、次世代システムの将来的な進化をにらみながら、いかに生活協同組合や全労済などの協同組織、労働者福祉協議会やNPOなどの福祉団体と相互連携を模索しつつ、退職者や未組織の利用者を含む勤労者や市民向けに自主福祉金融を展開していくべきか、これまでの考察をふまえて、その方向性を探り、以て、新たなビジネスモデル構築に向けた方向性を示す。

## 1　新たな会員制度

### (1)　団体主義の強みと弱み

　本書で繰り返し述べたとおり、労働金庫は、勤労者のもつ余剰資金を「預

金」として預け入れ、資金を必要とする勤労者個人や労働組合、生活協同組合をはじめ、勤労者福祉団体やNPOへ「貸出金」として貸出することを通じて勤労者福祉金融の機能を果たしてきた。その活動を支えてきた礎が、相互扶助の精神に基づく「団体主義」であった。つまり労働金庫は、自らの「理念」に裏付けられた金融仲介機能を発揮して社会的役割を担い、その収益の源泉は「勤労者の生活資金（個人資金）」をベースとした共助の精神により維持するという仕組みで発展を遂げてきたのである。現在も、時代の変遷をにらみながら、次世代システムを構築することにより、必要とされる最新の設備（店舗・機械）と人員を配備し、勤労者自主福祉金融という体制的要請に応えようとしている。

こうしたなか、第3章で述べた財務分析の結果や全国合併を検討した全国労働金庫協会主導の研究会における将来予測では、従来の「団体主義」中心のビジネスモデルに依存した預金・貸出による収益（利鞘）確保の経営体質を継続するならば、すべての労働金庫において、時期的な差こそあれ、早晩「企業としての存続」（ゴーイングコンサーン）そのものが危ぶまれる状況に陥るとの予測結果が示された。その結果を受けとめたうえで、現在の経営環境の変化に対応するためには、「団体主義」の強化策と新たな「団体主義」について本格的に検討する必要がある。そこで、今日的な「団体主義」の強みと弱みを確認したうえで、新たなビジネスモデルを検討・提起したい。

まず、現行の労働金庫取引の特徴は、職場推進機構依存型の営業推進による財形預金・定期預金とマイプラン主体の「貯蓄メイン＋職場小遣い口座」としての性格が強いことにある。すなわち、預金については、会員（労働組合）が労働金庫の要請に応じ、労働組合運動の一環として財形預金の募集活動、ボーナス預金の予約・獲得活動、団体決議による一斉積立等により預金を集めるビジネスモデルを主流としてきた。また、貸出についてはマイプランの団体一括申込み等によりカードホルダーを拡大し、住宅ローンをはじめとする目的ローンに関しても、会員（労働組合）を通じて商品情報を間接構成員（組合員）に知らせ、ニーズのある顧客の紹介・通知を受けて、個別に

商品の説明・販売を行ってきた。こうして、会員（労働組合）が間接構成員（組合員）の預金と返済金等を取りまとめ、それを労働金庫の職員や労働金庫から委嘱された派遣職員が集金する、さらには預金の払出しも会員（労働組合の労金担当者）が労働金庫と間接構成員（組合員）間の取次を行ってきた。この効率的なシステムこそが「団体主義」の中枢機能を成すビジネスモデルであり、今日まで労働金庫の成長を有効に支えてきた原動力かつ推進力であるといえる。

一方で、この会員（労働組合）を窓口・中継点とするモデルは、「投網方式」とも呼ばれるように効率的である反面、個人の顔やニーズがみえにくく、労働金庫の職員が金融のプロとして個々の間接構成員（組合員）にきめ細かく対応する機会が少ないという弱みがある。金融自由化の進展や個人の価値観・ライフスタイルの変化などにより、個々人のライフプランニーズが多様化・高度化する時代にあっては、本書で何度も指摘したとおり、これまでの「強み」が「弱み」に変容している可能性を検証する必要がある。さらに、労働金庫運動を「理念」面から支えてきた団塊の世代に代表される層が大量に現役を退職し2025年問題が提起される現状や、加えて、若年・中堅層にみられるプライバシーの保護に対する気運の高まり、それに伴う「個人情報保護法」の施行や職場の仲間に個人情報を知られることへの嫌悪感などが、団体主義の機能を弱める要因として作用している可能性を否定できない状況である。

加えて、取引構造上は、団体主義が機能するため財形を基盤とする預金商品のキャンペーン推進により預金取引（ストック取引）には強いが、反面、給与振込み、公共料金引落し、年金口座など家計メイン口座としての要件である基盤取引（フロー取引）が育ちにくいという弱みがある。すなわち、職域取引に強いといいつつも、それが家計口座に成長できないためにメイン取引に結びつきにくい。したがって、地域（住域）取引に弱く、それが原因で、個人取引どまりで世帯取引に発展しないために、総合取引力（クロスセル取引）が弱い実情が把握できた。

その結果、一般的に単品商品取引ほど脱落率が高い（リテンションの弱さ）という金融業がもつ業種特性から、メガバンクや地方銀行、イオン銀行など他業態からの預金の預換えやローンの借換え攻勢に対しても脆弱な体質となっている。さらに、2025年問題対応において、退職時の顧客接点は職域において確保しやすいという強みがあるも、地域の受け皿が弱いために退職時における取引脱落が高いため、その後のフォローが十分でない点も指摘されるなど、かつて提起された「ろうきん・21世紀への改革とビジョン」[1]で目標とされた「会員労働組合等との新たな関係作り」「生涯総合取引制度の実現」という目標が実現されぬまま、今日に至っている。

　労働金庫が、協同組織に基づく勤労者自主福祉金融機関しての責務を果たすためには、今後とも変化する会員（労働組合）のニーズに的確に応えて行くことが、何よりもまず重要な経営責任である。そのためには、労働金庫の今日的な存在意義を会員（労働組合）に実感してもらえる「団体主義」を自らの手で構築する必要がある。結論づければ、既存の常識（瓶）を自らの知恵で内側から改革する（割る）勇気が求められているといえる。全国レベルでの経営資源の最適配分という視座に立つ、新たな経営のグランドデザイン構築による会員（労働組合）に支持されるビジネスモデルの提起こそが、労金運動を安定的かつ継続的に維持するための唯一の方策に他ならない。そのためには、第4章で述べたマーケティング発想に基づくビジネスモデル策定のステップを確実に踏みながら作業を進める必要がある。そのキーワードと流れを示したものが図表6－1である。そこでは、ヒト・モノ・カネの最適配分と地域や会員の独自性を考慮した検討が求められよう。その実現を手助けするのが、第5章で述べた次世代システムであると筆者は考える。

---

[1] 社団法人全国労働金庫協会が平成8（1996）年5月に発表した経営ビジョン（図表2－1参照）。

図表6-1 新たな労働金庫のビジネスモデル策定のステップ

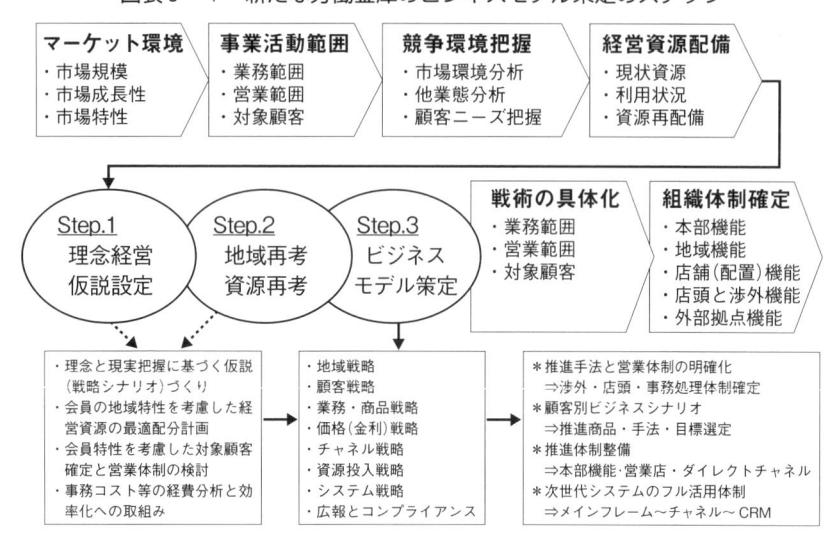

| マーケット環境 | 事業活動範囲 | 競争環境把握 | 経営資源配備 |
|---|---|---|---|
| ・市場規模<br>・市場成長性<br>・市場特性 | ・業務範囲<br>・営業範囲<br>・対象顧客 | ・市場環境分析<br>・他業態分析<br>・顧客ニーズ把握 | ・現状資源<br>・利用状況<br>・資源再配備 |

Step.1 理念経営仮説設定 → Step.2 地域再考 資源再考 → Step.3 ビジネスモデル策定

| 戦術の具体化 | 組織体制確定 |
|---|---|
| ・業務範囲<br>・営業範囲<br>・対象顧客 | ・本部機能<br>・地域機能<br>・店舗(配置)機能<br>・店頭と渉外機能<br>・外部拠点機能 |

・理念と現実把握に基づく仮説(戦略シナリオ)づくり
・会員の地域特性を考慮した経営資源の最適配分計画
・会員特性を考慮した対象顧客確定と営業体制の検討
・事務コスト等の経費分析と効率化への取組み

・地域戦略
・顧客戦略
・業務・商品戦略
・価格(金利)戦略
・チャネル戦略
・資源投入戦略
・システム戦略
・広報とコンプライアンス

＊推進手法と営業体制の明確化
　⇒渉外・店頭・事務処理体制確定
＊顧客別ビジネスシナリオ
　⇒推進商品・手法・目標選定
＊推進体制整備
　⇒本部機能・営業店・ダイレクトチャネル
＊次世代システムのフル活用体制
　⇒メインフレーム～チャネル～CRM

## (2) 新たな団体主義

　現在各金庫では、こうした弱みの克服に向けたネットワーク強化によるダイレクトチャネルの整備や集配金業務パート化による相談・提案業務活動時間の創出と個別顧客へのアプローチ機会の増強を進め、顧客一人ひとりの顔がみえる環境を整備している。さらには、取引複合化促進に向けた取引基盤項目の獲得の強化策として、ローンセンターや相談窓口の強化により、住宅ローン取引推進のみならず、給与振込・公共料金・年金をセットするメイン口座確保に向けた、メリットを明確にしたクロスセル営業推進の展開が進められている。しかし、人員を簡単に増員できない点や、システムの機能上の限界、規制緩和による新たな業務対応、さらには会員取引事務の増大や申込手続の煩雑により事務処理に費やす時間（オペレーショナルコスト）が多すぎるなど、制約条件が多く、いまだ十分な成果を発揮できていないのが実情である。

　これらの制約をふまえつつ新たなビジネスモデルを構築するためには、既

存の強みを最大限に活かしつつ他業態との差別化戦略構築の観点からグランドデザインを描く必要がある。そのためには、まず、理念の現代的な再整理・理解と本部機能の強化があげられよう。メイン会員や重点会員には、労働金庫の設立理念を現代社会に即したかたちで会員に説明でき、かつ業界知識や専門業務知識と提案能力を身につけた（スキルアップされた）会員ごとの専門担当者を配置する必要がある。メガバンクや有力地方銀行では、メインバンク機能を十分に果たすために、本部に個別業種や個別企業を専門に担当する部署や担当者が配備されているケースが多い。前途のとおり、労働金庫の場合も本部が担当営業店を支援する体制はとられているものの、日々の管理は営業店に任せるケースが大宗である。さらに、労働金庫は１県１庫主義に基づき設立されたという生いたちを背景に、それぞれの金庫が地域の会員を担当することが、これまで営業推進の常識として活動がなされてきた。そのため全国統一での個別（特定）会員向けキャンペーンが実施されたケースは近年ではまれであろう。

　労働金庫の出資者に代表されるように、労働金庫の運動や収益を支える労働組合は全国規模の組織が多く、それをメガバンクの場合では、全国規模の上場企業が抱えるニーズや業界動向、全国に拠点をもつ工場や支店網への事業調査機能や経営改善提案、経理の効率化提案、職域取引提案（福利厚生）までを関連部署や営業店と連携しつつ、専門で受け持つ組織・体制ができている。会員（労働組合）活動を本気で支えるためには、労働金庫側都合のキャンペーン依頼や労金商品の紹介だけではワン・ウェイのプロダクト・アウト型ビジネスにしかなりえず、高利用会員といえども、これ以上の関係強化は望めまい。まずは、商品を売る前に会員（労働組合）サイドのニーズに対応できる、マーケット・イン型ビジネスを実現する体制の構築が何よりも望まれる（ギブ・アンド・テイクの関係づくり）。すなわち、営業店の最前線では、金融や福祉のプロフェッショナルとしての知識をもつ人材の育成が急務である。一方の本部には、理念の現代的な説明や厚生労働問題にまつわるさまざまな法改正動向のフォローはもとより、会員ごとにたとえば、官公

労、電機・情報、鉄・自動車、流通・小売、食品サービスなど、会員（労働組合）と同じ目線で意見・情報交換や課題の解決策を話し合い、金融サービス面からの労働組合向けライフプラン提案や福利厚生提案を実施する能力が求められる。また、地域の個別会員事情や金融面では景気や金利の独自性などにも精通し、全国を比較しつつ地方での活動支援や個別対応を可能とする組織の組成と担当者の育成が必備である。

　さらに、第2章で述べたとおり、ダイレクトチャネルの整備による顧客接点を考えるうえでは、労働金庫の強みを活かして、職域内にATMを設置しているような取引規模の大きな会員や全国レベルの会員に対しては、会員別に専用HPを設け、独自のインターネットバンキングやテレフォンバンキング、コールセンター対応を図る戦略が差別化の観点からも有効であろう。そこでは、労働金庫と労働組合が共同してオリジナルの情報や商品サービスを間接構成員（労働組合員）に提供することが可能となる。たとえば、現在は個別広報のレベルでとどまっている、それぞれの推進機構会議などで表彰されている優良会員の取組み事例や地域貢献活動情報等を本部が吸い上げ、利用者にとって有益な情報をニュースとして流すなど、広報戦略との組合せを考慮した労金にしかできないサービスを提供することにより、組織へのお願いセールス（団体主義）から個人への提案型セールス（オンリーワン）戦略への転換が実現できることとなる。

　そのためには、現在13金庫で異なる会員への対応を整理・統合する必要がある。さらに、各金庫比較では基準があいまいなメイン化基準を比較・検討し、地域の事情を勘案しつつも、全国統一の会員別採算管理制度を確立する必要がある。具体的には、プライムシステムのブラッシュアップや営業店事務処理にとどまらない渉外活動を含めたBPR（Business Process Re-engineering）[2]の実施が必要であり、その点からも労働金庫では、全国横断

---

2　Business Process Re-engineeringの略。企業活動の目標（売上、収益率など）を達成するために、既存の業務内容や業務フロー、組織構造、ビジネスルールを全面的に見直し、再設計（リエンジニアリング）すること。

型の会員組織が多いため、統一的な実施、展開が最も効果的である。

　営業店においては、事務効率化の実現により、個別組合員との直接会話を担当できる人員や住宅ローンはもとより、投資信託・年金、ライフプラン全般の相談業務や利用率の低い会員への提案営業の推進などにかける人員や時間を捻出し、営業体制構築への転換を図るための人材面での経営資源の確保が喫緊の課題となっている。そのためには、会員ごとに異なる業務・事務処理のプロセスを次世代システムの稼働を契機として、段階的に標準・統一化する必要がある。その際に最も重要な点は、従来の団体主義が定着している会員に対しては、会員、労金双方がメリットを享受できる仕組みづくりを行うことである。会員側も組合員数の減少や経営効率化、人員削減などの影響により、組織力の維持低下を余儀なくされる事情があるなかで、それをサポートするメリットを実感できる仕組みの提供により、労働金庫の存在意義を再確認できる内容でなければならない。

　現行の労働金庫版ファームバンキングシステムの提供も効果を発揮していると考えられるが、今後は、先にも述べたとおり、労働金庫取引にウェイトを置いた発想を排し、労働組合の事務処理を代替する視座からの抜本的な体制づくりが急務である。とりわけ、全国レベルの会員に対しては13金庫個別の対応では会員からの要請に対し十分に応えられない点を勘案すれば、労働組合の事務処理の代替による手数料収入確保からのアプローチや連合などナショナルセンターへの協力要請による労働組合本部との交渉を含めると、全国が共通した対応を可能とする体制・仕組みづくりが最も効果的である。

　また、取引関係が良好で組織力のある会員に対しては、従来の団体主義の「強み」を継承しつつ、いかに労働金庫と会員が情報を共有して、課題解決にあたるかを渉外担当者中心にFace to Faceで活動展開にあたりたい。一方で、先に現在の団体主義の抱える課題として指摘された、労働金庫は労働組合側の事務負担が大きい、労働組合員の個別ニーズへの対応が不十分、口座開設をはじめ各種申込手続が煩雑で時間がかかる、職場の同僚（組合）を経由するためプライバシーの観点から借入れが敬遠される、などの「弱み」に

より、利用が低・未利用な会員向けには、思いきって従来の「団体主義」をチューニングして「新たな団体主義」ともいえる発想での提案を行いたい。

そこでは、貸出金利の優遇など会員であるメリットは従来どおり積極的にアピールしながら、間接構成員が直接アクセスできるチャネル（携帯電話、スマートフォン、PCを有効に活用できるインターネットバンキング、各種コールセンターや相談センター）を充実させ、ダイレクトに顧客ニーズに対応できるインフラを構築する必要がある。すなわち、顧客への認知（PR）活動における初動アプローチとしての労働金庫利用メリットの説明や財形預金の申込み等は、会員を窓口とした従来の組合執行部や推進機構介在型の営業推進をとるが、普通預金の開設から各種商品サービスの申込みは、直接、労働金庫が受け付けるスタイルを基本として、中間の事務負担をすべてなくすビジネスモデルへの転換を図る体制を構築する。したがって、従来からの集配金業務は存在せず、担当者は個別顧客の相談業務や職場内での提案活動や相談会の開催に注力することをねらいとする。とりわけ、労働組合の事務負担がふえることを懸念して取引を敬遠している低利用・未利用会員への新たな提案の切り口として有効であると考える[3]。

つまり、ここでの考え方の底流には、労働金庫の強み・弱み、機会・脅威を冷静に分析することにより、課題を明らかにし、勤労者福祉専門機関としての競争優位モデルを構築するために組織改革により解決すべき課題や事業変革によるもの、多業態との連携によるものなど、整理を行いながら「労働金庫業態におけるこれからのビジネスモデルの具現化に向けて（案）」で抽出されたテーマに沿いながら、手順を踏んで将来の具現化に向けた検討をする必要がある。その考え方の流れをまとめたものを示す（図表6−2参照）。

---

[3] メガバンクや地方銀行では、法人の事務処理代替業務の提案によるメイン化工作が急速に進んでおり、従来からのFB手数料の減免を廃し、役務収益の向上と、それを「てこ」とした取引の複合化を推進するための専門チームを組成しているケースが多い。

図表6－2　「労働金庫業態におけるこれからのビジネスモデルの具現化に向けて」
を活かす基本的考え

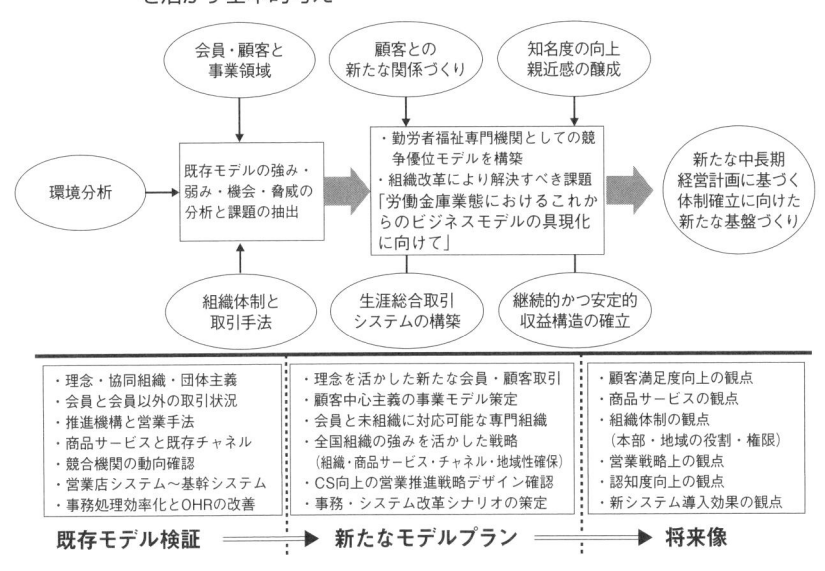

```
                 会員・顧客と      顧客との        知名度の向上
                 事業領域        新たな関係づくり    親近感の醸成

                      ↓              ↓              ↓
                                                              ・勤労者福祉専門機関としての競
                   既存モデルの強み・                              争優位モデルを構築              新たな中長期
   環境分析  →    弱み・機会・脅威の  →  ・組織改革により解決すべき課題  →  経営計画に基づく
                   分析と課題の抽出                「労働金庫業態におけるこれか        体制確立に向けた
                                                              らのビジネスモデルの具現化        新たな基盤づくり
                                                              に向けて」

                      ↑              ↑              ↑
                 組織体制と       生涯総合取引     継続的かつ安定的
                 取引手法        システムの構築    収益構造の確立
```

| 既存モデル検証 | 新たなモデルプラン | 将来像 |
| --- | --- | --- |
| ・理念・協同組織・団体主義<br>・会員と会員以外の取引状況<br>・推進機構と営業手法<br>・商品サービスと既存チャネル<br>・競合機関の動向確認<br>・営業店システム～基幹システム<br>・事務処理効率化とOHRの改善 | ・理念を活かした新たな会員・顧客取引<br>・顧客中心主義の事業モデル策定<br>・会員と未組織に対応可能な専門組織<br>・全国組織の強みを活かした戦略<br>　（組織・商品サービス・チャネル・地域性確保）<br>・CS向上の営業推進戦略デザイン確認<br>・事務・システム改革シナリオの策定 | ・顧客満足度向上の観点<br>・商品サービスの観点<br>・組織体制の観点<br>　（本部・地域の役割・権限）<br>・営業戦略上の観点<br>・認知度向上の観点<br>・新システム導入効果の観点 |

## 2　超老齢社会と地域性

### (1)　職住取引

　これまでの退職者対応は、会員（労働組合）から、退職者情報を入手し、会員に協力を得ながら職場での退職前セミナーや継続取引要請を通じ、さらには自宅への個別訪問により、退職後の囲込みを実施してきた。また、退職後の取引維持・フォローを行う組織として、「退職者友の会」が全国労働金庫に組成され、「世話役」活動などを中心に地域や会員の特性に応じたユニークな活動を展開してきた。ただし、職域中心の労働金庫には居住地域や家庭に拠点がなく、さらには、退職後の生活相談や金融相談機能も不足しているために、退職後のフォローが十分にできず、取引が地域の金融機関やゆうちょ銀行に移ってしまう傾向が強いのが現状である。また、退職時には住

宅ローンの一括返済や財形預金の解約などの手続を業務上とらざるをえないケースもあり、こうした事情も取引脱落の要因となっている。

　時まさに団塊世代の大量退職期を過ぎ、彼らが前期高齢期に入り、さらに「2025年問題」が話題となっているように、後期高齢期に向かおうとしている。今後も現役世代の退職が続くなかで、まずは、取引の脱落防止と継続取引の安定化を図るための方策が急務である。そのためには、退職準備と退職時点での確実な囲込みと退職後の継続的なフォロー、サービス体制の構築が待ったなしのタイミングにきている。

　ただし、こうした事情は、労働金庫固有の悩みというわけではない。わが国の金融機関では伝統的に店別管理主体の経営がなされてきた。そのため営業店間（僚店間）での連携や協力体制をとることが少なく、給与振込みや財形口座は職場の近くの店舗が、生活費や学費などの家計口座は居住地近くの店舗が実質的に利用されるスタイルが一般的であったため、職場取引と地域取引の連動性がきわめて低いという弱みをすべての金融機関が抱えていたわけである。ペイオフ対策のおかげで店別名寄せシステムであったバンキングシステムに全店名寄せの仕組みが加わったために、「職住一致」による取引シナリオが策定しやすくなった。さらには、マーケティング戦略ノウハウの伝播により、顧客分析と最適チャネルの組合せによる営業推進手法の高度化により、「職住一致」取引推進が一般的に定着しつつあるといえる。

　こうしたなか、労働金庫はこれまで職域取引主体で店舗展開がなされてきたため、家計や退職後の取引に弱いといわれてきた。しかし、全銀ネットはもとより、ゆうちょ銀行やセブン銀行、イオン銀行とのATM提携が進み、さらにはIT・ネットワークの進化や規制緩和により、元帳店舗でなければ各種サービス利用や商品取扱いができない時代が終焉を迎えた現在において、職域（貯蓄口座）と住域（家計・退職後口座）両面で顧客の利用目的や生活実態に即した店質ごとのアプローチ策の立案と施策推進体制の構築が求められている。

　退職金と年金取引の推奨を例にとれば、第5章第5節で述べたように、中

核都市圏に立地する職域店舗が取引提案・推進を行いながら、受け皿口座の推奨は居住地店舗へ誘導するなどのシナリオづくりと、それに対応した目標設定ならびに業績評価制度の導入、それを支えるインフラ整備が必要となっている。労働金庫の場合は「取引移管」という独自の取引形態があるため、「転勤」による住所変更を「退職」による住所変更であるととらえれば、違和感なく全国規模でスムースに導入できると考えられる。

また、現役世代における雇用の流動化や人口移動の活発化、退職後の居住地やふるさと回帰ニーズを勘案すると、こうした「職住一致」取引モデルが十分に機能するためには、全国レベルで都道府県を超えた対応体制がベストであるといえる。そのためには、まずは地域性を重視するが、全国規模で店舗の性格・規模を洗い直し、たとえば、都市型職域店舗、地域型職域店舗、職域・住域併進店舗、住宅地ミニ店舗（相談業務特化店）、イン・ユニオン・ブランチ（中国労働金庫鋼管町支店）などに分類し、さらに店別目標もローンを重点的に推進する店舗、預金や投資信託販売に注力する店舗など、地域性を考慮して役割に応じた目標設定を行う必要性がある。

## (2) 新たな退職者友の会

退職準備から退職後の生活を支えるための仕組みづくりとして、「新たな退職者友の会」モデルの創造が必要である。これまで「退職者友の会」活動は、各金庫まちまちであり、13金庫体制となった現在でも47金庫時代の体質をそのまま引き継いでいる状態である。そのなかでは、活動内容に程度の差こそあれ、退職後の受け皿づくりに腐心している金庫が多く、2007年問題（団塊世代の大量退職による人材不足問題）から2025年問題に至る超高齢社会対応型のビジネスモデルづくりが課題となっており、退職者友の会を抜本的に見直す必要がある。

まず、現行の退職者友の会組織を改組し、現役の55歳から入会するシステムに改変する。その目的は、労働組合としても現役時代から退職後に向けた各種準備を行う必要があり、大手の労働組合では「退職準備セミナー」を開

催しているケースが多い。労働金庫としては、こうした退職準備にかかわるセミナーやイベント、個別相談に乗ることにより労働組合活動を支援し、同時に新たな退職者友の会メンバーに現役時代から入会できる仕組みを構築することにより、退職金や年金を万全に囲い込むための顔がみえるアプローチを行い、生涯総合取引制度の実現に踏み出したい。

　一方で、退職時の税金・年金相談体制の充実はもとより、現在のウイークポイントである、退職後も地域で引き続き利用してもうらうための受け皿づくりが必要となる。そのためには、地域活動に根付き個別世帯へのデリバリーチャネルをもつ生活協同組合との連携強化が必須であると考えられる。現役時代に新たな退職者友の会メンバーになった利用者は、退職後は生活協同組合のメンバーになるという「会員制」を確立し、「労働金庫・生協提携の新たな友の会カード」の発行を目指したい。

　さらには、地域のNPOとの関係づくりが肝要である。労働金庫としてはNPOを貸出先と考える前に、まずは、NOPへ相談に訪れるクレ・サラ相談、老人福祉・介護・成年後見相談、育児・シングルマザー支援などの悩みをもつ市民に対し、彼らの悩みをファイナンスの面から支えるための相談体制を整える。また、労働金庫へ介護、育児、冠婚葬祭など勤労者福祉金融分野で相談に訪れる利用者に対して、当該活動を展開するNPOへ紹介するなどの労働金庫・NPO間でのリレーションシップを図ることが重要であると考えられる。そうした生協やNPOとの関係づくりを核として、退職後の「ライフプランニング」や「資産ポートフォリオづくり」はもとより、「老後や家族の悩み解決」や「生きがいづくり」を支援する組織・体制を「新たな友の会」にもたせたい。こうしたなかから、勤労者自主福祉金融としての新たなレゾンデートルを確立し、さらには生協やNPOへの貸出ニーズとタイアップしながら関係強化や取引拡大を進めるべきであろう。そのためには、専門部署の設立が必要である。また、人材資源やノウハウの共有化による全国統一システムづくりや、さらには、老後の余暇やレジャー、旅行、田舎暮らし、医療保養施設の利用を考えると、地域の情報、資源、インフラを一堂

に集結させる必要性から、全国レベルによる対応が望ましい。

　協同組織金融機関として、地域限定ではあるがこうした取組みで成功している多摩信用金庫の「多摩らいふ倶楽部」のサービス内容を参考として紹介する。「多摩らいふ倶楽部」の基本コンセプトは、多摩信用金庫の営業エリアである東京都の多摩地域に暮らす方々により快適で豊かな生活を応援することを目的に設立された大人のための倶楽部であり、年会費は3,240円（消費税込み）で、20歳以上で家族4名まで加入できるシステムになっている。そこでは、市民生活に欠かせない「安心したい」「学びたい」「働きたい」「楽しみたい」の四つのテーマでサービスを提供している。また、最も学ぶべき点は「徹底した顧客志向」であり、まず商品サービスありきの発想から脱して、顧客のニーズにマッチしたサービスを提供することにより、信頼関係を構築して顧客に満足してもらうことから始めている。信頼関係があれば、取引はおのずとついてくるとした考え方に基づくサービスである。こうしたサービスを展開するために、多摩信用金庫では、NHK学園、NHK出版、けやき出版、セコム㈱、リゾートソリューション㈱などと提携・アライアンスにより内容の充実を図っている。

事例「多摩らいふ倶楽部」サービスの概要
① 健　　康
　「健康テレフォンサービス」…本人や家族の「健康」「医療」「福祉」に関して、相談室に常駐する専門家が、電話・FAXで相談を受けるというサービス。費用は無料。
② 学　　ぶ
　「多摩カレッジ」…一流の講師が初心者にもわかりやすく指導。NHK学園と提携し、年間約30講座を設け、一日講座なども企画している。一講座につき2,000円以上の受講料を徴求する。内容は、園芸・習字・絵画・陶芸などさまざまである。教室は、同信用金庫の国立駅前支店を教室として利用する。
③ 遊　　ぶ

全国各地のホテル・ゴルフ場・リゾート施設・温泉等が優待価格で利用できる。利用対象は、会員と家族会員、同行者である。こうした情報は、毎月発行されている「広報たまちいき」に掲載される。
④　地　　域
　「たまら・び」…この地域における四季の情報や生活する人々、旅行、催し物、カルチャー・ボランティアサークルの紹介を雑誌（季刊）として発行している。多摩地区の主な書店で1冊750円で購入できる。会員は送付される。
　「多摩ライフ倶楽部JCBカード」…地域貢献に誰でも参加できるというキャッシュバックをはじめとしたこの信用金庫独自の機能を備えた社会貢献型地域カードである。全国JCB加盟店で利用すると利用金額の0.5％が基本ポイントとして蓄積されキャッシュバックされる。また「多摩らいふ倶楽部加盟店」で利用した場合は、1000ポイントごとに1,000円がキャッシュバックされる。年間利用総額（「多摩らいふ倶楽部会員全員」の利用額）の0.1％は、地域貢献に役立てられる。さらに「多摩らいふ倶楽部加盟店」の紹介は、前述した「かわら版」で、店の紹介などをしている。
　そのほか、メガバンクの提供するメイン顧客向けサービスや地方銀行ではバンクカードによる付加価値サービスがある。労働金庫でも地域の労働者福祉協議会や連合などナショナルセンターと連携した類似組織を組成してサービス展開を行っている先例もあるが、勤労者や市民の日常生活に密着するという点で活性化している状態とは言いがたい。会員制の強みを活かすためにも、全国ネットワークを活かした総合的な会員向けサービスの展開による新たなサービス体制を構築したい。図表6－3に参考イメージを示した。

### (3)　未組織労働者向けサービス

　未組織労働者を分類すると、退職者で再就職（雇用延長を含む）した人、非正規雇用労働者（パートタイマー、アルバイト）、派遣・契約・嘱託社員、労働組合をもたない企業の従業員、NPO職員、さらに広義の意味では、組

図表6－3　情報仲介機能からみた新たなサービス体制

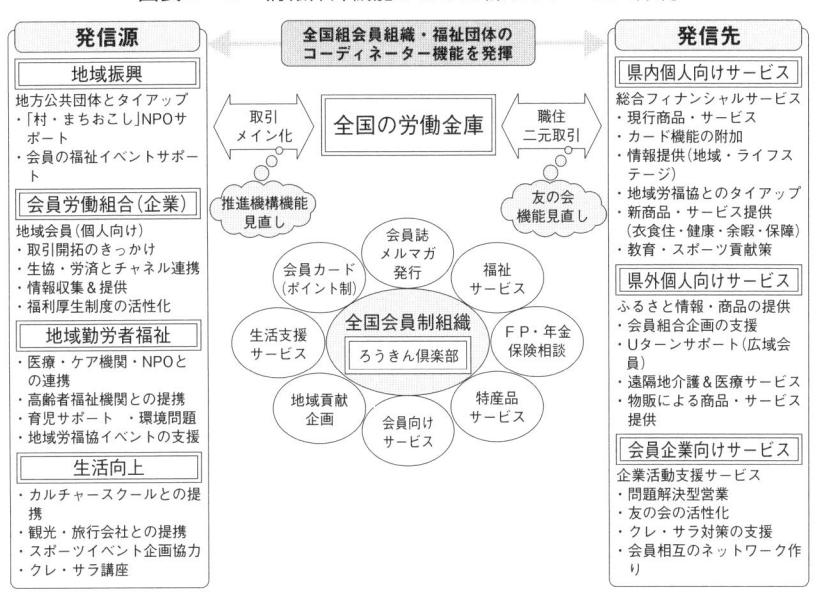

**発信源**

**地域振興**
- 地方公共団体とタイアップ
- 「村・まちおこし」NPOサポート
- 会員の福祉イベントサポート

**会員労働組合（企業）**
- 地域会員（個人向け）
- 取引開拓のきっかけ
- 生協・労済とチャネル連携
- 情報収集＆提供
- 福利厚生制度の活性化

**地域勤労者福祉**
- 医療・ケア機関・NPOとの連携
- 高齢者福祉機関との提携
- 育児サポート・環境問題
- 地域労福協イベントの支援

**生活向上**
- カルチャースクールとの提携
- 観光・旅行会社との提携
- スポーツイベント企画協力
- クレ・サラ講座

全国会員組織・福祉団体のコーディネーター機能を発揮

取引メイン化 ← 推進機構機能見直し
職住二元取引 ← 友の会機能見直し

**全国の労働金庫**

**全国会員制組織　ろうきん倶楽部**
- 会員カード（ポイント制）
- 会員誌メルマガ発行
- 福祉サービス
- 生活支援サービス
- FP・年金保険相談
- 地域貢献企画
- 会員向けサービス
- 特産品サービス

**発信先**

**県内個人向けサービス**
- 総合フィナンシャルサービス
- 現行商品・サービス
- カード機能の附加
- 情報提供（地域・ライフステージ）
- 地域労福協とのタイアップ
- 新商品・サービス提供（衣食住・健康・余暇・保障）
- 教育・スポーツ貢献策

**県外個人向けサービス**
- ふるさと情報・商品の提供
- 会員組合企画の支援
- Uターンサポート（広域会員）
- 遠隔地介護＆医療サービス
- 物販による商品・サービス提供

**会員企業向けサービス**
- 企業活動支援サービス
- 問題解決型営業
- 友の会の活性化
- クレ・サラ対策の支援
- 会員相互のネットワーク作り

---

織労働者の家族（主婦）、街の商店街など個人事業主に雇用されている従業員、などさまざまな層に分けられる。こうした未組織層との取引を考える際に共通する点は、「彼らは労働金庫のことを知らない」という事実にいかに向かい合い、その課題を解決して行くことができるかにかかっている。

　未組織労働者については、会員取引がメインの労働金庫にとって、住宅ローンや無担保貸出の対象者として、宅建業者や自動車販売会社などの提携先からの紹介か、広告による申込者として貸出商品の取引対象として扱うケースが多かった。実際、提供する金利やサービスに限らず審査や管理面でも会員とは歴然とした差が設けられてきた。ところが、貸出の取扱高や件数も未組織労働者の比率が急増し、会員（間接構成員）から預った預金を未組織労働者に貸し出すといった構造に変化しつつあり、これは本来の会員制を主体とした協同組織金融機関としての労働金庫の趣旨と異なる事態となりつ

つある。

　一方で、雇用の流動化の進展による終身雇用制の変化や非正規雇用労働者であるパートタイマーやアルバイトの増加、さらには65歳雇用延長に新たな雇用制度の普及・促進など、社会の変化に対応した取組みが求められる時代を迎えている。労働組合としても一部では非正規雇用労働者の組合員化への対応などが進み、労働金庫としても単純に会員、未組織といった区別だけでは、取引の間口拡大や深耕の観点からも課題を多く抱えるようになってきており、商品・制度・信用リスク管理面での見直しや中長期的な視野に立った労働者福祉協議会、連合などナショナルセンター、労働組合の動きに呼応した対策や経営資源の配分が必要とされている。

　同時に比較的高収益が期待できる個人ローンの重要性が高まり、労働金庫のメインフィールドである職域個人分野への参入は激化し、これまで以上に未組織労働者マーケットが主戦場となることが考えられる。そこでは、金利競争に加え、異業種や外資系金融機関の参入により競争はいっそう激化し、従来までの顧客獲得や収益確保はむずかしくなる。こうした環境下で、未組織労働者に対する信用リスク管理を厳格に行うための初期審査手法や途上与信の管理制度を構築することが肝要となってきている。加えて、これまでは主として貸出商品対象者として取り扱うことが多かった未組織労働者をマス個人顧客としてとらえ、調達負債勘定および資金調達費用面からみれば、預金や商品選択肢増加による投資信託や保険商品の販売対象として検討する必要があると考えられる。

　そこで、こうした層へ取引を拡大するためのビジネスモデル構築に際して最も重要視される点は、初動の広報戦略アプローチの強化であると考えられる。職域経由に強みをもつ一方で、店舗網や立地条件など地域戦略に弱い面を有する労働金庫においては、こうした未組織層に、いかにして、まずは「ろうきん」を知ってもらうのか、そのための認知・理解・共感・賛同のデザインと広報戦略ストーリーを描く必要がある。そのためのビジネスモデルとしてある程度参考となるのが、全労済や外資系保険会社のダイレクトマー

ケティング手法であると考えられる。

　ここでのポイントが、労働金庫の理念（相互扶助の精神、非営利の原則、金持ち相手ではなく勤労市民のための金融機関）や経営内容の健全性（不良債権比率の一貫した低さ）、加えて、社会貢献活動（直接・間接（労働組合）を通じた利益の勤労者や地域社会への還元、クレ・サラ対策）などを、もっと前面に打ち出した広報戦略とダイレクトマーケティング戦略の展開が求められよう。貸金業界は、顧客マインドに社会性を念頭に置いて訴求できる理想や理念を持ち合わせていない。こうした「勤労者自主福祉」活動を通じて金融機関としての社会的意義を貫く姿勢を明示し、「透明」「真実」「安心」「信頼」「一貫」といった、本来、金融機関に求められるべきキーワードを良質かつ独自のイメージ戦略をもって社会にアピールしていく必要がある。

　こうした広報活動に、マイプランの商品の有用性やATM利用手数料のキャッシュバックによる利便性や経済性の確保を効果的プロモーションを顧客価値最大化、顧客満足度拡大、顧客ロイヤリティ獲得といったステップを意識しながら訴求してゆくことにより、広く勤労市民に「ろうきん」を知ってもらう機会をいま以上に提供していく取組みが求められる（図表6－4参照）。

　もちろん、その際の機会としてテレビやラジオといったメディアの活用も重要であるが、今後の連携強化を模索する際に注目すべきは、生活協同組合、全労済、NPOの全国ネットワークであると考えられる。たとえば、生活協同組合は地域拠点を核としたデリバリー機能を有し、顧客との接点は顧客の自宅へ届けられるカタログが担っている。「協同組織による市民の目線」という源流を一にする労働金庫としては、これまで以上に、全国規模の地域デリバリーネットワークをもつ生活協同組合との連携強化が重要であると考えられる。

　また、九州労働金庫の「しあわせ創造運動」と消費生活協同組合福岡県エフコープとのサービスを比べた表を図表6－5に示す。両者のサービスが相互連携しあうことが実現すれば、互いの協同組織としての存在意義は広がり

図表6-4　勤労者福祉団体と一体となった広報活動

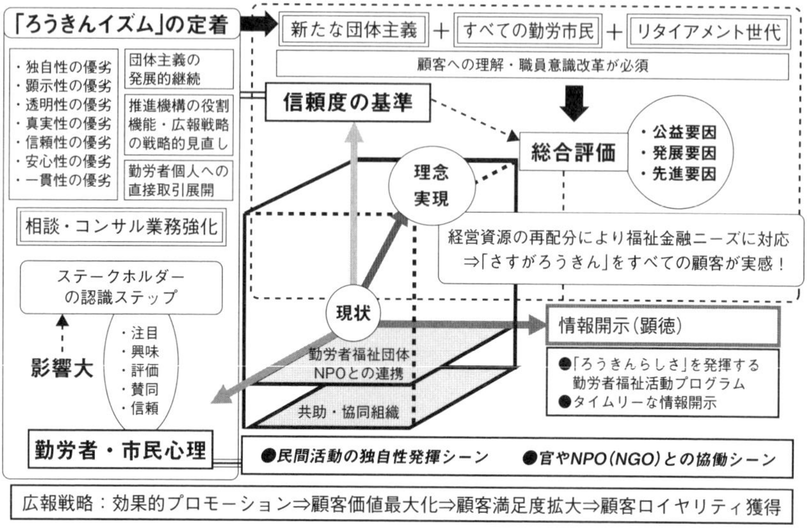

あうことが理解できよう。

　それに加えて、地域社会では自治会やコミュニティによる地域の活性化の取組みが進み、NPOとの連携が重視される時代となっている[4]。こうしたなかNPO法人やNPOバンクも地域単位・地域性重視の活動が大宗であるため、勤労者福祉のテーマにふさわしい活動を行うNPO法人と連携・共存体制を整えることにより、地域との接点に労働金庫運動を認知・理解してもらえる仕組み・仕掛けづくりが大切であることも理解できよう。

　たとえば東海労働金庫では、寄付先を選べる、使い道がきちんと伝わる、気軽に参加でき、市民活動を支える新しいスタイルの寄付制度として「NPO寄付システム」やNPOをつくって社会の役に立ちたい人たちや、資金不足で活動ができないNPOのために、助成制度を設定し、創業資金や活動

---

[4]　山崎丈夫『地域再生と町内会・自治会』PP102～103　自治体研究社（平成21（2009）年）。

図表6-5　生協と労金の生活支援福祉サービスの比較例

| 生活協同組合の福祉助け合い～（福岡県エフコープ生活協同組合の例） |
|---|
| 介護サービス |
| (1)認定申請…要介護認定を受けるために、市町村へ申請書提出（申請代行可能） |
| (2)要介護認定…認定調査員が利用希望者を自宅訪問、要介護度調査を実施、認定結果を出す |
| (3)ケアプランの作成…介護保険適応後、ケアマネジャーが利用希望者の要望に合わせケアプラン作成 |
| (4)介護サービス利用…ケアプランに従い、訪問介護などの介護サービス開始 |
| 　訪問介護（ホームヘルプサービス） |
| 　訪問入浴介護訪問リハビリテーション |
| 　訪問看護 |
| 　通所介護（デイサービス）送迎、もてなし、入浴、食事、健康・生活相談、リハビリ |
| 　通所リハビリテーション（デイケア） |
| 　短期入所生活介護・短期入所療養介護（ショートステイ） |
| 　福祉用具の貸与・購入 |
| 　住宅改修（手すりの取付けなど） |
| 子育て支援など　※サービスごとに有料 |
| (1)子育て支援…産前産後や、子育てと家事・仕事の両立困難者向け支援 |
| 　2歳未満の乳幼児をもつ方、および妊娠中で母子手帳をもつ方で、契約より1年間が対象 |
| 　託児、就学前の子供が対象 |
| (2)高齢者・しょうがい者支援 |
| 　高齢者やしょうがい者の、家事支援や身体介護、家族にかわっての見守りや通院の付添いなど |
| (3)病気・ケガの方の支援 |
| 　病気やケガなどで困っている方への、家事支援など |
| 労働金庫のしあわせ創造運動～（九州労働金庫の例） |
| 将来設計および老後の生活設計に沿った、組合員のライフプランに役立つ金融商品・サービス（主な目的別商品） |
| 　財形年金（401(k)含む） |
| 　冠婚葬祭ローン |
| 　育児支援ローン |
| 　進学ローン |
| 　退職金運用 |
| 　年金の自動受取り |
| 職場や地域での活動 |
| 　多重債務防止対策講座 |
| 　ライフプランセミナー |
| 　退職準備セミナー |
| 　NPO支援活動 |
| 　退職者友の会活動 |

（出所）　福岡県エフコープ生活協同組合ならびに九州労働金庫のHPより作成

資金を給付する「NPO創業助成制度」、NPO法人の活動を支援するためにつくられた「NPO事業サポートローン」などNPOの育成を通じて労働金庫の活動を広報する活動が展開されている。その点を考慮しても全国労働金庫協会が担当している全国統一キャラクターやポスターなどの取組みが定着している現況にかんがみれば、さらなる総合的な広報戦略と生活協同組合やNPOとの全国レベルでの連携体制を構築することが重要であると思われる。

　次に、求められる課題が職域から地域への流れをつなぐビジネスモデルの構築である。たとえば、労働金庫メインの利用者が、知人・友人・家族に労働金庫のメリットを口コミで伝えたとしても、認知・理解までの到達であり、労働金庫を実際に利用するという共感・賛同としての利用のステップまでたどり着けない。この利用のステップを具現化するための仕組みとして、NPO法人やNPOバンク、そしてこれまでにない生活協同組合との連携による職域と地域のチャネル整備が求められる。加えて、ローン審査・実行・管理の迅速化や堅確化を支える仕組みや各種相談に適切に対応できる人材の育成が必要となってくる。煩雑な手続を簡素化し、いつでも、どこでも利用者のニーズに対応できる仕組みづくりと、利用者の生活シーンやニーズにあわせた商品サービスを身近にいて親身に対応でき、さらに、協同組織やNPO活動のスペシャリストとしての信頼が利用者に伝わる姿を目指したい。労働金庫にとってのメインの利用者は富裕層ではなく、あくまで一般勤労者や地域市民であり、接する姿勢や対応は庶民目線であることを利用者に十分に理解してもらえれば、広く未組織層にも支持されることとなり、その活動は必ずや支持を得ながら発展するはずである。そして、利用者を取り巻く環境の変化や個人の意識・ライフスタイル、さらには金融界を取り巻く環境の変化を受けるなかで、労働金庫は利用者との間で長い年月をかけて築き上げてきた「団体主義」に立脚した伝統的な仕組みや関係を見直し、「団体主義」のプラス面は今後とも積極的に維持・継承しながらも、弱みとなっている事象に関してはそれを補い、かつ、さらなる展開を実践可能とする新たな発想や考え方に基づく利用者との関係づくりが求められている。その実現に向けて

は、英知や人材、さらにはインフラ開発コストを集結させ、全国規模でのパワフルかつクオリティの高い、新たな労働金庫運動の実現を目指すことこそが、これからの労働金庫経営の方向であるといえよう。

## 3 確定拠出年金業務

### (1) 社会背景

わが国経済は最近こそ薄日がさしてきたとはいえ、それまでの長年にわたった景気の低迷により、勤労者の生活はもとより老後の暮らしにまで深刻な影響を及ぼしている。また、少子高齢社会の急速な進行や終身雇用制の崩壊など、国民生活を支えてきた社会システム全体が大きく変貌している。こうした厳しい環境のなか、勤労世代が退職後の世代を支えるとした公的年金の賦課方式が機能不全を起こし始めている。国の年金財政、厚生年金基金では国の代行部分の負担軽減が喫緊の問題となり、基金の解約・解散・代行返上が相次ぎ、さらに積立金不足や年金運用会社の破綻[5]をはじめ多くの企業年金では、その運営に苦慮している。

また、従来の退職金制度は長期勤続者を優遇する右肩上がりの給付カーブであることから終身雇用システムを下支えしてきた。ところが、近年、急速に年金・退職金にかかわる諸問題が社会問題として顕在化し、とりわけ規制緩和による雇用の流動化と相まって、企業にとっては、自社の年金・退職金制度を根本的に見直さねばならない経営課題となっている。これらの状況を背景に企業年金制度の再編を目指してスタートし定着をみているのが確定給付企業年金法と確定拠出年金法である。

しかし、その一方で、専従組合員数の多い大企業・中堅企業の労働組合に比べ、中小企業の労働組合では、こうした環境変化への対応が遅れ気味であ

---

[5] AIJ投資顧問（現MARU）による年金資産消失事件で、同社前社長、浅川和彦被告が詐欺罪と金融商品取引法違反罪に問われている。

る。働く者の当然の権利である「年金・退職金」制度が、大転換期にさしかかるなかで、豊かでゆとりある老後の生活を守るために、労働金庫の果たすべき役割に大きな期待が寄せられている。企業年金連合会の統計によれば、確定拠出年金（企業型）（以下、「401(k)」という）の規約数は4,268件（平成25（2013）年6月末現在）、加入者数 4,565千人（平成25（2013）年5月末、速報値）となっている。また、同会が平成22（2010）年12月に公表した調査では、低金利環境や株式市場の低迷等を受けて、加入者の自己責任で求められる運用利回り（想定利回り）を低く設定する傾向があるためか、平均の想定利回りをみると、平成13（2001）年度の2.39%が平成22（2010）年度では、1.86%まで低下している。さらに労働金庫が取り組むべき課題である、投資教育については導入企業の半数が未導入との結果を示しており、投資教育実施の必要性を指摘している[6]。

さて、従来の金融機関が推進する公的年金取引推進では、個人顧客に対し年金振込みの口座指定か、または指定金融機関の変更手続を依頼する推進スタイルがとられ、大量獲得・大量脱落の繰返しによる過酷な年金指定口座の争奪合戦が繰り返されてきた。一方で、401(k)取引では、運営管理機関と導入企業が401(k)に関する年金規約・退職金規程等の契約を交わすなかで、取扱い金融機関が指定される。通常、この契約段階で一度指定を受けた金融機関は固定され、よほどの問題が発生しない限り半永久的に付合いが継続されることとなる。加入者の立場でみれば、自らが離・転職等の事由で勤務先を変えない限り、窓口となる指定金融機関と数十年の長期にわたる付合いが始まる。

また、職域リテール戦略の観点からみると、従来の年金契約は1対1取引で、その積立原資は公的性格をもち、現金として振り込まれた後に原資を定期預金等に誘導するアクションを起こす必要がある。それに対して401(k)

---

[6] 企業年金連合会「第3回確定拠出年金制度に関する実態調査（調査結果）」平成22（2010）年10月資料による。

企業型は、1（金融機関）対多（職域個人）取引で、かつ積立段階から運用商品は自らの機関が推奨する金融商品を提供できるため、指定機関として契約が受託できれば非常に効率のよい顧客取引が実現できる。これらの取引形態は財形預金と類似しているといえる。加えて、金利の自由化により利鞘の確保、資金収益の確保が厳しさを増し、投資信託等の取扱いによる手数料収入による役務収益の獲得は、取扱い金融機関にとって収益構造の改善を目指すうえで長期安定的な優良ビジネスとしてとらえられている。このように401（k）推進は、従来の公的年金推進に比べ、効率的にリテンションを高め、クロスセル展開のチャンスを秘めた職域リテール取引推進の切り札として位置づけられるべきである。また、法律で当初認められなかった、企業型において事業主掛金に上乗せして加入者給与から掛金を拠出できる、いわゆるマッチング拠出が平成24（2012）年1月から認められ、その魅力が増してきている。

　ところが、現在の401（k）は制度上の制約や専門知識の必要性などの要因から、儲けが少ないビジネスでもあり、貸出推進に経営資源を最優先すべき時期にあっては、制度スタート時には、労働金庫においても食指が動きにくいという実態があった。こうした事情から、労働金庫業界では、財形部から確定拠出年金部を独立させ、元本保証型商品として「ろうきん確定拠出年金定期預金」（期間5年、固定金利、半年複利）を導入企業向けに提供するなど、投資教育を含む運営管理機関の要として活動を本格化してきた経緯がある。こうしたなかで、労働金庫が、401（k）取引における消費者（投資）教育を提案する場合に、まず、顧客の置かれた企業年金・退職金事情を充分に知る必要がある。

　労働金庫は会員との関係で、こうした事情に精通できる強さをもっている。その理由は、確定拠出年金制度はもとより、年金・退職金制度については「労使合意」が原則であるため、会員としても組合員の福利厚生上、最も関心の高い事案の一つであるためである。こうした会員との新たな関係づくりを進めるうえでも、事前準備段階においてニーズ調査やヒアリングを実施

する必要がある。つまり、初期準備段階や顧客へのアプローチの段階で、労働金庫の401（k）担当者は、まず会員の事情や従来の福利厚生制度や年金・退職金制度にまつわる情報をいかに理解するかが重要となる。職域取引では、新入職員向けには給与振込みや財形貯蓄への加入依頼、さらにマイプラン、自動車ローン、住宅ローン説明会、年金・退職金の振込み口座指定などの取引振りにあわせて、総合的に福利厚生制度や年金・退職金制度情報を属性データや時系列データとして保有する必要がある。ところが、企業の福利厚生制度に沿って職域における年金・退職金口座獲得に向けた提案型営業を実施するために、企業の退職金規定や就業規則、企業年金制度に関する情報データベースを蓄積しているケースはまれであろう。次世代システムの稼動にあたり、段階的ながら将来的には、こうした情報を入手、蓄積する取組みを行っていく必要があり、これこそが労働金庫と会員の信頼関係に基づく他の機関が真似のできない独自性の発揮につながると思われる。

### (2) 年金隠れ債務と個人情報保護

バブル経済崩壊以降、不良債権処理や事業再生のプロセスで企業の年金債務は看過されがちであった。最終処理段階で年金債務が設備投資資金の回収不能額に肩を並べる事実が明らかになり、その対応に困惑するケースが発生した。年金積立不足が議論されるなかでも、この年金債務問題の視点が指摘された[7]。こうした状況下における金融機関の行動をみると、一般に地域金融機関の現場では、従来の公的年金かFP（Financial Planning）の担当者が401（k）担当者に任命され、営業推進部門に配置される。ところが、同時に取引先企業の財務面・年金債務面からの分析（財務審査能力）が事業性貸出の判断と同等レベル求められる。この退職給付債務（PBO: Projected Benefit Obligation）の計測をはじめ、それらへの対応を所管する部署がないため業

---

7 「年次経済報告平成14年度」PP25〜30（内閣府）、「全上場会社の年金積み立て不足調査結果」東洋経済新報社（平成23（2011）年12月12日）

務カルチャーとして認識されにくい。これらの要因により、401(k)業務は地域金融機関では複雑・難解な業務として敬遠される傾向が続いてきた。労働金庫では、外部の専門機関とのアライアンスなどにより、こうした状況を乗り越えて会員や間接構成員の年金・退職金を守るためにCRM発想（顧客が求める商品サービスを、必要とするタイミングに、求められるチャネルで提供）から事業性取引の診断を行い、提案型の職域リテールを推進したい。

　そこでは、規制時代の伝統的なプロダクト・アウト型営業から脱し、CRM発想に基づく「顧客第一主義営業」へ転換を図るための開発が基本となる。たとえば、顧客データベースに基づくセグメント別・マーケット別営業体制の導入、エリア別営業制や重層管理体制の導入による効率的な貸出や相談業務推進体制の構築、さらに貸出審査情報を含む統合データベースの構築による顧客情報の共有化への取組みである。

　こうしたなかで、401(k)業務では、保有商品管理にまつわる業務は、すでにレコードキーピング会社等の専門機関が担当している。ここで独自に構築すべき401(k)データベースは、導入企業の福利厚生制度や年金退職金制度に関する属性情報や加入者個人の商品選択、分散投資、スイッチングの傾向から、顧客の投資行動パターンやリスクに対する認識度を分析するための基礎情報の蓄積が基本となる。ここで留意すべきは401(k)情報単独ではCRMに活かしきれない。つまり、総合的な顧客・商品分析を実現するためにメインのCRMデータベースと同期がとれたデータベース構造をもたせる必要がある。

　一方で、留意すべき事項がある。401(k)業務では、投資信託を含む一般の金融商品との抱合せ営業や401(k)によって知り得た顧客データをそのまま本体データベースに取り込むことなど、ファイアーウォールや個人信用情報保護の観点から制約が設けられている。勝手に取引情報が指定機関に活用され、不要なセールスプロモーションがかけられることは、プライバシー保護の観点から違法行為に当たる。当然、運営管理機関業務を担当する金融機関はコンプライアンスの観点から、これらの行為を厳に慎まなければならな

い。

 したがって、申込みの段階で、必ず各種案内や投資教育に付随する情報サービスの提供を希望するか否かを確認しなければならず、希望しない顧客には、データベース上に「禁止フラグ」を立てるなど適切な仕組みを整備しなければならない。一方、情報提供を希望する加入者に対しては、いたずらに多量のDMや電話によるセールスを行うのではなく、加入者（顧客）の事情・ニーズにマッチし、かつマーケティングコストを加味した提案セールスを実現したい。むろん、データベース構築（情報管理）はプライバシー保護の観点から別システム・別ファイルにすべきである。

 さらに、401（k）業務を「顧客第一主義の実現に必要な情報」の観点から表した全体像が図表6－6である。ここでは攻守両面から自らの機関に適したビジネスモデルを描きたい。第一に、企業の退職給付会計から企業年金の積立状況を把握したい。目的は、取引先の財務内容を年金債務の観点からチェックし、今後の適切な判断材料に用いることである。多くの企業で経営課題として重要視しており、「積立不足」がある際には、労使が協議しつつ健全化に向けたシナリオを作成する手助けを労働金庫が行うことができれば、勤労者自主福祉金融としての存在意義が確認されよう。この点については、労働金庫はこうしたノウハウを有するホールセール業務と年金運用を得意とする金融機関（保険会社や証券会社を含む）とアライアンスを結び、労働金庫は労働組合側（会員）の立場からアプローチを行う必要がある。

 第二に、職域リテール推進の観点である。取引口座の観点からみると、①給振・公共料金引落し目的の流動性口座、②投信を含む定期預金や各種ローンなどの資産形成を目的とした貯蓄・貸出口座、さらに③年金・退職金受取り目的のシルバー口座など、口座毎に利用目的が異なる。そして新たに制度上で中途解約がないため、離・転職しない限り退職時まで取引継続される401（k）口座では、運営管理機関はコストをかけずに元本保証型商品（定期預金）を提供し安定的な調達原資を確保できる。さらにリスク商品（投資信託）の提供により手数料収入（役務収益）を得られる。積立満了後も取引の

継続を可能とする口座の性格をもつ。この特質を先に述べたアライアンス先の金融機関といかに締結するかがカギとなる。

　第三に、退職者取引推進の一環として、401（k）取引を推進し、顧客セグメント上で最上位に位置づけ顧客の囲込みを図りたい。米国の預金金利自由化の過程で定期預金が投資信託へ本格シフトした。その背景に、リスク商品に対する投資を躊躇していた資産家が401（k）取引を契機にリスク商品へ積極的に分散投資をはじめた点を要因として指摘する報告がある。こうしたクラスの顧客データベースの充実は、CRM戦略推進上、最も重要視すべき領域である。定期的な情報提供が求められている制度特性を活かし、労働金庫らしい生涯総合取引を実現すべく、長期に安定的な資産ポートフォリオの提案を目指したい。これらの手法を念頭に置きながら、401（k）情報データを、先行して構築が進む次世代システムが有するデータベースと組み合せて、将来的には総合的に各種分析や判断に利用できるように整備し、これまで以上に顧客満足度を高める職域推進の実現に向けて活用したい。こうした401（k）取引の展開は、企業の財務体質の強化につながることも期待できるため、企業と労働組合双方にとってメリットを生む取引であり、職域個人のたとえば退職後のつなぎ資金として等、老後の生活を安定的に支える一助として貢献できよう。こうした顧客志向に即した401（k）取引への取組みが、これからの労働金庫が、職域と退職後の地域をつなぐ道を探ることにつながると確信したい（図表6－6参照）。

　つまり、勤労者や労働組合の立場では、自らの職場の実態や課題を十分に理解し、どのような制度を選択すべきか、あるべき方向性の決定に向かってすみやかに議論を開始し、企業経営者との話合いや交渉の準備に備える必要が待ったなしで迫っている。とりわけ、専従組合員数の多い大企業・中堅企業に比べ、中小企業では、こうした環境変化への対応が遅れ気味のケースが多く労使双方の課題となっている。新しい企業年金制度を決定する場合、必ず「労使合意」や労働組合のない企業では従業員代表を含む過半数の従業員との合意が原則となるため、いま、働く者の権利である「年金・退職金」制

図表6－6　マーケティング発想に基づく企業型401（k）とFP推進

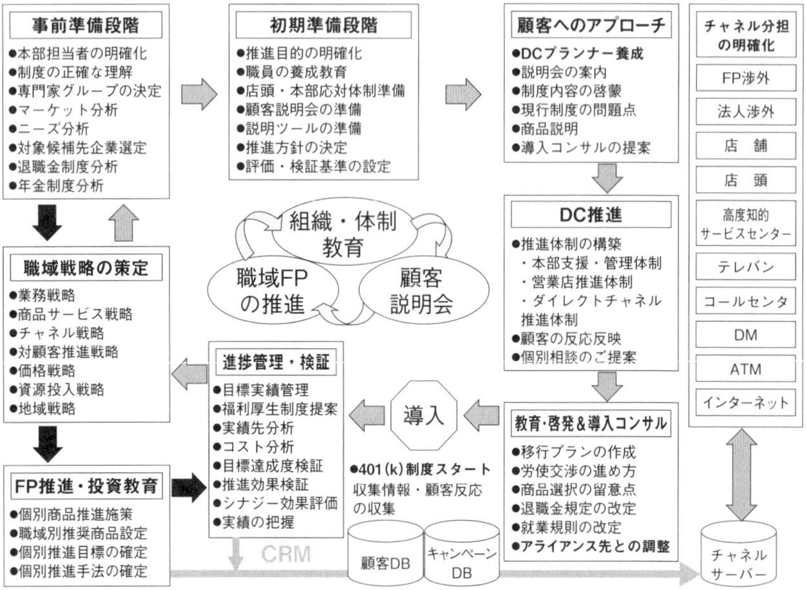

度や豊かでゆとりある老後の生活を守るために、労働組合や勤労者一人ひとりの絆があらためて求められている。こうした事情を労働金庫や生活協同組合、全労済、勤労者福祉団体が理解して、総合的な福祉プランの構築を目指す体制ができることを切望したい。

## (3) リテール戦略の課題

従来の年金分野における新商品・サービス開発の目的は、他行が新型年金商品・サービスを開発した場合、他行に追随して開発、他行に当行の顧客をとられないための防衛措置、他行預金の転預工作を行うための戦略的位置づけ、年金先のメイン化推進策、クロスセルによる預金低額先の底上げ、などである。さらに、営業戦略の位置づけとしては、顧客取引の脱落防止策、取引成長策、メイン化推進策等に大別できよう。

こうしたなかで現状の労働金庫が直面するリテール戦略推進上の課題を列挙する。
・労働金庫における営業の基本は「Face to Faceの相談業務対応」である。ところが1日何件の訪問件数をこなすかが、営業目標のようになってしまい「コンニチワ　即　サヨウナラ」といった顧客への相談業務・提案能力が欠如しがちな営業スタイルが問題となっている。
・渉外活動上、集配金業務に費やされる時間が多く、あわせて、キャンペーンのノルマ達成のために、何度も訪問して契約をとるという、顧客ニーズ不在のプロダクト・アウト型「お願いセールス」が会員に通用しなくなってきている。
・規制緩和が進み、新商品・サービスが続々発表され、競合する金融機関と異なる営業手法を確立しなければ、金利競争による体力勝負では経営基盤を維持できない環境が顕在化している。
・個人顧客の金融機関に対する眼が厳しさを増す一方、顧客自身も生活防衛スタンスを前提としながらも、自分のライフスタイルに適合した、資産ポートフォリオ提案能力を有する金融機関を選択するようになってきた。特に高齢者層のなかでも年金中心の生活を送る層にとっては、預金金利の低水準での推移と社会保障コストや諸税率のアップが暮らしぶりに深刻な影響を与えている。
・メイン顧客向けに、年間数回、各種のイベントキャンペーンを実施しているが、従来型のイベントキャンペーンに対し、顧客からマンネリ化しているとの声が強い。特に、優良会員に対する一方的なセールスの実施は、会員ニーズを吸収しきれずCS（Customer Satisfaction）を下げる結果になりかねない事態に陥っている。
・高齢社会が進行するなか、個人金貸出産の高齢者へのシフトが顕在化しはじめ、それに対応するためのキーワードの一つが年金推進である。特に、401（k）に関しては、現役組の層に対し正確な説明とアドバイスができる能力を身につけ、職域リテール戦略として推進することにより、

営業コストを低減すると同時に顧客のメイン化を図り、貸出案件を含むリテンション向上策に結びつける必要性が高まっている。

つまり、金融機関サービスの基本である金利、期間、手数料、決済機能、その他諸々の付加価値サービス等の組合せに、投資信託や株式、保険、信託等の垣根を越えた商品サービスが加わるなかで、今般の401（k）がもつ商品性を契機として、伝統的な金融業の枠を超えて顧客に対し総合的なファイナンシャルサービスを提供できる時代が訪れた。401（k）制度の導入が個人のライフスタイルの多様化や高齢少子化社会への対応等、異なるライフステージ、顧客ニーズに適応しながら、労働金庫として社会に貢献できるビジネスプロセスの中核を担う制度として展開できれば、それは労働金庫の会員にとどまらず企業側の活動にも創意工夫をもたらすことにより、高齢社会を支えるために有効に機能できることにつながろう。すなわち、制度が導入されることにより、「個人部門の資金がよりいっそう証券市場に流入し、証券市場の活性化をつうじて、企業活動が活性化し、その効果が勤労者の賃金の上昇や雇用の安定的な確保につながり、最終的に景気回復の大きな要因となる」としたハッピーなシナリオに発展することを望むものである。

現在、これら諸問題を解決するためにいかにして経営戦略の転換を図るべきか、具体的な処方箋を練ることが喫緊の経営課題となり、401（k）の議論にとどまらず、労働金庫におけるリテール戦略全体の課題として、全国労働金庫協会「労金業態におけるこれからのビジネスモデルの具体化に向けて（案）」（平成25（2013）年5月）の議論のなかで検討がなされている。厳しい経営環境のなかではあるが、確実かつ継続的に顧客満足を確保する経営が、ひいては労働金庫が勤労者自主福祉金融機関として高齢社会における真の貢献を果たすことにつながることを期待したい。

## 4　NPOバンクと労働金庫

### (1)　設立理念と活動実態

　地域コミュニティ活性化の担い手として、NPO法人の活動に期待が寄せられて久しく労働金庫においてはNPO事業サポートローン[8]や助成プログラムなどを通じてNPO活動を支援している。ただしNPOの現状は、財政面をはじめ、運営基盤は脆弱な団体がほとんどであり、行政からの補助金や支援を拠り所としながら、自立できないケースが多い。多くのNPOは、担保とすべき資産が乏しいため、一般的に金融機関の貸出姿勢は消極的である。こうした社会的な背景のなかにあって、NPO法人やワーカーズコレクティブ（労働者生産協同組合）等の非営利団体の活動をファイナンス面からサポートすべく、全国にNPOバンクが設立されている。その経営実態は、貸金業法を根拠法として、広く環境問題や少子高齢社会が抱える福祉・介護問題、過疎化対策などに関心をもつ一般市民から寄付や出資金を集め、NPO法人やワーカーズコレクティブが行う事業に貸出を行い、地域のなかで資金を出資者に見えるかたちで循環させようとしている。

　平成10（2008）年12月１日に施行された「特定非営利活動促進法」により、全国にNPO法人が設立され、その数は、平成23（2011）年５月31日現在で、都道府県認可のNPO法人35,713団体、指定都市認可のNPO法人9,829団体の合計45,542団体となっている[9]。また、その活動は、同法第２条第１項別表に掲げられた、保健・医療又は福祉の増進を図る活動、社会教育の推進を図る活動、まちづくりの推進を図る活動、学術、文化、芸術又はスポーツ

---

[8] 地域の福祉向上を目指すNPO法人の活動を支援することを目的に、(1)運転資金　(2)つなぎ資金（委託金や助成金などが支給されるまでの資金）　(3)設備資金NPO法人専用の貸出制度「ろうきんNPO事業サポートローン」を取り扱っている（中央労働金庫HPより）。
[9] http://www.NPO-homepage.go.jp/ （内閣府HPより）。

の振興を図る活動、環境の保全を図る活動、など多岐にわたる。このように法律が施行されて10年以上が経過するなか平成23（2011）年6月15日に「特定非営利活動促進法の一部を改正する法律」（平成23年法律第70号）が成立し、平成24（2012）年4月1日に施行されたところである。今日、NPO法人の増加により、その活動を支えるための資金需要は拡大するなか、寄付や行政の助成による資金調達には限界がある。とりわけ、行政の委託事業による介護事業や環境保全事業をはじめとする、コミュニティビジネスの増加に伴い、これらの事業に取り組むNPO法人は設備資金やつなぎ資金を必要とするようになるなか、民間金融機関の法人向け貸出の審査基準では、担保不足などの点で貸出条件を満たすことができないケースが多く、資金調達が想定どおりにいかない点が指摘されている。さらに、地域や目的を明確にした資金循環に関心をもつ市民が増えてきたという社会的な背景がある。すなわち、自分たちのお金が、身近な暮らしや困った人たちを救済するために活かされるように地域で循環することを希望する市民がふえるといった社会的な要請に応えるという理由により、NPOバンク[10]が設立されることとなった。

　日本におけるNPOバンクの始まりは、平成6（1994）年に設立された未来バンク事業組合である。未来バンク事業組合は、(1)環境破壊や公共事業の資金源に郵便貯金が財政投融資という形で使われている、(2)戦争などの資金源となっている米国国債の4割近く（当時）を日本の政府や銀行が購入している、という問題意識から、「環境破壊をやめたい」「戦争に加担したくない」といった市民の想いの受け皿となることを目的として誕生した。また、金融機能の東京一極集中や金融機関の担保主義により、市民が望んでいる福祉やまちづくりなどの活動分野、さらにはその担い手となるNPO法人やNGOなどの市民活動に資金が回ってこないという問題を解決するために、全国各地でNPOバンクが誕生している。米国では、貧困地域や社会的に恵まれない

---

[10] 三村聡、馬場英朗、木村真樹「NPOバンクの経営諸課題」愛知学泉大学コミュニティ政策学部紀要13号（平成22（2010）年）。

階層の人々に対して、起業資金や住宅取得資金などを貸し出しするコミュニティ開発金融機関（CDFI: Community Development Finance Institution）が存在し、NPO法人などの市民活動に対する貸出も行っている。さらにCDFIを支える仕組みとして、公的なファンドによる資金の投入と、民間の投資を呼び込むための免税制度がある[11]。

それに対して、日本にはコミュニティ投資を促進するための助成制度や優遇税制が不十分である。その結果、低利の貸出を行うNPOバンクでは、運営資金を捻出することができず、専従スタッフを置かないところがほとんどであり、消耗品費や事務所家賃を確保することも容易ではない。また、NPOバンクの設立理念の底流に流れる思想は、ホームレスの救済を起点として、地域の資金を地域に活用する米国CRA法[12]（Community Reinvestment Act）に通ずる点がある。すなわち、NPOバンクでは、市民から拠出された資金を、市民の視点で、地域に必要とされる非営利事業に貸出するという姿勢を重視している点である。

したがって、多くのNPOバンクでは、出資配当や利子分配を行わず、貸出先も地域貢献活動を支援する非営利団体が中心となっている。一方で、NPOバンクは、名称こそ「バンク」ではあっても、その設立根拠は、貸金業法である。つまり、預金業務や為替業務を営めるわけでなく、法律上、NPOバンクは貸金業に該当するため、都道府県に登録を行う必要がある。また、組織形態については、NPO法人は出資を受け入れることができないため、多くのNPOバンクでは法人格をもたない任意組合（民法667条）の形態をとっている。こうしてNPOバンクは、もっぱら貸出業務を行い、その性格は低金利でかつ少額貸出であり、貸出業務の原資となる資金は一般市民からの出資金により支えられているため、その組織運営は厳しくボランティ

---

11　小関隆志「NPO融資によるコミュニティ投資の可能性」（平成19（2007）〜21（2009）年度研究報告資料）。

12　由里宗之『地域社会と協働するコミュニティ・バンク』PP172〜197　ミネルバ書房（平成21（2009）年）。

アによる場合が多い。しかし、情報公開制度のない任意組合では団体運営の健全性が確保されないおそれもあり、出資者保護の点で問題がある。

(2) 協同組織金融との比較

NPOバンクの設立理念と基本的な性格について触れたが、こうした考え方は、すでに協同組織金融機関の設立理念にその類似性を見出すことができよう。まず、労働金庫設立の目的と利用者についてみると、労働金庫法第1条では、「この法律は、労働組合、消費生活協同組合その他労働者の団体が、協同して組織する労働金庫の制度を確立して、これらの団体の行う福利共済活動のための金融の円滑化を図り、もって健全な発達を促進するとともに、労働者の経済的地位の向上に資することを目的とする」とし、協同組織を形成する会員は、原則として労働組合や消費生活協同組合などの団体であり、会員である団体（団体会員）自身およびその組合員（構成員）が利用でき、ただし、労働者個人も会員（個人会員）になることができると規定している。

このように、労働金庫や信用金庫の協同組織性の根源には、社会的に比較的弱いといわれる立場の勤労者や企業を主な対象として、彼らに対して円滑に金融機能・サービスを提供することを目的とする（労働金庫は労働組合や生活協同組合、信用金庫は中小企業や個人事業主）という明確な理念がみてとれる。すなわち、労働金庫は、勤労者の行う福利共済活動が起点であり、勤労者の組織化された団体が、構成員である勤労者に対して、生活資金不足が発生した際に生活資金の貸出を行うことにより、勤労者を困窮から守ることを第一義的な目的とする相互扶助の精神に基づく活動の実践と、勤労者の日常生活に必要な物資を共同購入するなどして廉価に提供し、余暇・保養施設などを建設して勤労者の暮らしに潤いをもたらす活動を実践してきた歴史を有している。こうした設立理念にみる共通性を、東海地区に拠点を置くコミュニティ・ユース・バンクmomoのHPに掲げた設立理念にみてとることができる[13]。その共通項とは、①社会的に比較的弱いといわれる立場の勤労

者や企業を主な対象とする点、②資金が不足する弱者のための貸出でその原資である出資は配当を一義的な目的としない点、③経済的に優位な事業者ではなく、信用力に乏しい経済的弱者が多い（地域の地場産業や商店街の個人事業主など）ため、経済的に弱い事業者が、互いに助け合いながら、自らの存立基盤を確固たるものに築き上げる（地域社会の持続可能性の追求）などの点である。NPOバンクは、こうした協同組織金融機関が長い歴史のなかで育んできた経営理念にみる共通性や類似点を、学ぶべき点は大いに参考にしていくべきであると考える。

次に、NPOバンクと金融業との相違性について確認すると、NPOバンクは、貸金業法に基づき運営されているために、その原資は預金ではなく、活動に賛同する人たちの出資金によってまかなわれている点が根本的に異なる。協同組織金融機関も出資金を募ることにより資本を充実させ、メンバーズ（会員）をふやしてきた。現在では、信用力を高める（自己資本比率規制）ための指標として用いている。ただし、出資金を直接、貸出の原資に充てることはない。したがって、NPOバンクでは貸出金利がきわめて低く貸出金利息による収入や金融業でいう利鞘の確保が人件費などのコストを勘案すると現実的に困難であるため、出資者への出資配当や貸出金利から生まれる新たな出資、利子配分は制限され、もちろん、預金の利子に当たる概念はないといえる。一方で、貸出審査の際のポイントは、「組織」面では、団体の理念、経営者の資質・経歴、ソーシャルキャピタル、スタッフ・ボランティア、組織の責任体制、法令順守・法的リスクを審査する。こうしたポイント

---

[13] 「わたしたちの預貯金は、（中略）地域が本当に必要としているまちづくりなどの市民による事業にはなかなか回っていきません。その結果、わたしたちの街はどんどん元気を失っているように感じられます。（中略）地域に住むわたしたちのお金を、自分たちの暮らしに生かされる形で循環させるために、わたしたちは「コミュニティ・ユース・バンクmomo（モモ）」を設立します。momoは、「こんな街や未来にしたい」という想いが込められた市民のお金を、地域に根ざした社会性の高い事業に貸出します。出資する人、貸出を受ける人momoに関わるすべての人が「お金の地産地消」を通してつながり、次世代を担う青年たちとともに、自分の住みたい街や未来を選択していきます」。

は、先に述べた理念に基づくものであり、一般の金融機関と異なり、社会性や地域性を重視したNPOバンクならではの独自性発揮の拠り所となっている。さらにNPOバンク貸出で高い難易度を求められる点が、「事業」面と「財務」面での審査能力である。事業面の審査では、資金需要と用途、事業に関する知識・経験・情報、製品やサービス、マーケティング力など、一般の金融機関と同じような視点が重視される。また、財務面の審査に関しても、財政状態、収支計画、会計業務、返済計画、連帯保証人について、綿密な審査が行われる（図表6－7参照）。こうした点は、個人への貸出を基本とする労働金庫についても同様なことがいえる。

　つまり、一般の金融機関では、貸出審査の際に自動審査システムが導入されており、伝統的な不動産担保を主体とした担保徴求を行う分、事業内容に係る審査に時間をかけない傾向があるといっても過言ではない。また、NPOバンクや労働金庫では、貸出に際してこうした金融機関の審査で可否を判断する基準として用いられる指標がない、あるいは数値化しにくいケースが想定される。そこでは、事業内容の吟味や将来の継続性などについてよりいっそう、正確に審査や精査をする必要がある。金融庁が求める「リレーションシップバンキング」で重要視している「目利き」能力の向上による、返済可能性の見極めに加えて、貸出先事業の社会貢献の可能性面での審査を必要としている。ここで、費やすコストは、既存の金融機関の貸出審査にかけるコストを超えるケースが多いことは明らかである。

### (3) 労働金庫の支援体制

　NPOバンクの貸出により、地域のコミュニティビジネスに資金が供給され、その活動が、ひいては地域に資金循環をもたらすことにつながれば、まさにそれがNPOバンクの目指す理想の実現である。実際に、NPOバンクによる貸出活動は、環境や農業、まちづくりなどさまざまな分野に広がっている。そして、NPOバンクが市民活動や地域社会において果たす役割は、貸出を通じた資金提供のみならず、貸出活動を通じて出資者等の市民に地域へ

図表6-7 コミュニティ・ユース・バンクmomoの貸出審査の流れ

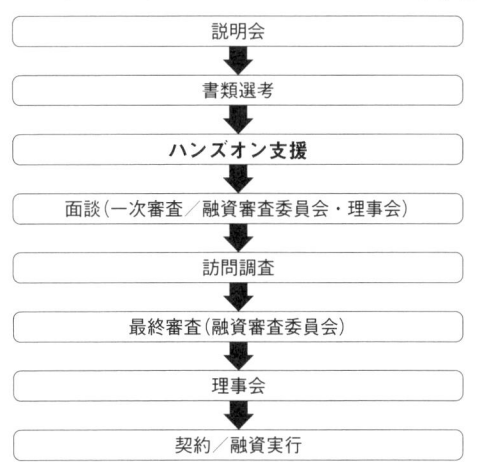

```
説明会
  ↓
書類選考
  ↓
ハンズオン支援
  ↓
面談(一次審査／融資審査委員会・理事会)
  ↓
訪問調査
  ↓
最終審査(融資審査委員会)
  ↓
理事会
  ↓
契約／融資実行
```

の関心を高めてもらい、貸出先の活動を広く社会に知ってもらう活動へと発展を遂げつつある。さらに、経営スキルが不足することの多いNPO法人や市民活動にとって、貸出審査を通じて自分たちの事業について説明し、資金計画を立案することは、自分たちの組織運営を見直す良い機会となる。

　この方向性は労働金庫が目指す地域社会における「生活応援運動」や「しあわせ創造運動」[14]と軸を一にしている。つまり、NPOバンク自身が、安定的かつ継続的に事業を続けていくためには、NPOバンク自身のサステナビリティ（事業継続性）に関して、新たな手立てを模索する必要性があろう。それは、NPOバンク自身の自立経営を意味する。そのためには、量的な課題としては、活動の輪を広げることによる出資者の拡大と、貸倒れの減少による低金利ながらも安定的な利息収入の向上による、事務所費用やスタッフ人件費の確保が指摘されている。こうした活動を労働金庫が労働組合や生活協同組合などとともに資金面や組織・人材面で支えることは、大きな意義が

---

14　http://kyusyu.rokin.or.jp/company/pdf/201009.pdf　（九州労働金庫HPより）。

あると考えられる。

　また、質的な課題として、バンクというと資金部分にのみ注目が集まりがちであるが、労働金庫をはじめ営利を目的としない協同組織金融機関が存在する日本においては、むしろソーシャル・ファイナンスを通して地域づくり、人材育成（担い手づくり）にどのようにかかわっていくか、という点にNPOバンクの存在意義があるのではないか。すなわち、コミュニティ・ユース・バンクmomoでは単に資金を貸し付けるということではなく、お金を通じて出資者と貸出先がつながり続ける（お金に意思をもたせる）ことを大切に考えており、さらに将来的には、全国のNPOバンクが連携しあい、NPO法人やワーカーズコレクティブの活動を資金面のみならず、情報交流や経営ノウハウなどの提供を行うソーシャル・ファイナンスやソーシャルビジネスの仲介機関として、専門的な役割を目指そうとしている。こうした組織のつながりを支えることが、これまで労働金庫が職域や地域で培ってきた信頼とネットワークをさらに拡大・強化することにつながるよう、将来に向けた可能性を追求していくことが期待される。

## 5　人材教育

### (1)　福祉金融のスペシャリスト

　労働金庫は、早くから消費者信用講座や多重債務予防を目的としたクレ・サラ（消費者金融）の金利問題を考える教育啓発活動を全国展開している。先に貸金業法の改正について述べたとおり、平成17（2005）年12月7日には、全国労働金庫協会が、貸金業法の規制と監督を強化するための提言をまとめ、クレ・サラ被害と多重債務問題を撲滅する運動を展開するためのネットワークとして「クレ・サラ（消費者金融）の金利問題を考える連絡会議」を、日本弁護士連合会、日本司法書士会連合会、日本消費者協会、連合などと連携して発足、平成19（2007）年には同協会とすべての労働金庫に「多重債務対策本部」を設置して、多重債務の予防と救済の両面から活動を進めて

いる。また、主に多重債務予防の観点から、会員職場内や学校等においてクレ・サラ問題や悪質商法等に関するセミナーを継続的に開催している。こうした労働金庫が展開する、勤労者の生活を支える福祉金融機関とした活動にこそ、協同組織の理念を具現化した労働金庫の存在意義を見出すことができる。今後とも、勤労者や市民の悩み事に応える金融機関として、ファイナンシャルプランニングや年金相談などの金融のプロとしての相談業務はもとより、労働相談、貧困問題、環境問題、医療・ケア相談、NPO活動などの分野で専門的な知識を有するスペシャリストを育成すべきであろう。また、労働金庫の理念や協同組織性をふまえた共助や相互扶助の精神を日常活動で実践することを目標とした、労働金庫職員と会員がともに参加して受講できる教育体系を構築すべきであると考える。

　それは、たとえば「勤労者福祉大学校」とでも呼ぶ専門家養成のための教育機関である。すなわち、国連が平成24（2012）年を「国際協同組合年」と定め、国連事務総長が世界の国々に対して「協同組合は、そのさまざまな形態において、女性、若者、高齢者、障害者および先住民族を含むあらゆる人々の経済社会開発への最大限の参加を促し、経済社会開発の主たる要素となりつつあり、貧困の根絶に寄与するものであることを認識し、持続可能な開発、貧困の根絶、都市と農村地域におけるさまざまな経済部門の生計に貢献することのできる企業体・社会的事業体としての協同組合の成長を促進し、新興地域における協同組合の創設を支援するためにさらなる行動をとるよう求める」宣言を行った。わが国においても労働金庫や生活協同組合をはじめとした協同組織が、さまざまな行動を展開した。こうした協同組織のグローバル展開の潮流を絶やすことなく、労働金庫が勤労者福祉の観点から、活動を継続・進化するための機関を関係機関・団体と連携して設置してゆくことが望まれる。もちろん、そこでは理論と実践が調和するよう、日常の労働金庫活動の強化につながる実務的な視点もきわめて重要になると考える。

## (2) 実践型教育の必要性

　全国労働金庫協会が平成23（2011）年度に実施した「第1回労働者福祉運動実践講座」[15]のカリキュラム骨子を参考として掲げる（図表6－8参照）。
　ろうきん研修所富士センター[16]で開催されたこのプログラムの目的は、会員における生活応援運動を支援するにあたって必要とされる知識（労働者福祉運動と協同組織や労働組合とのかかわり等）を身につけ、会員との協同取組を企画立案し、実践することができる職員を養成することとし、対象は、労働組合と協同取組を行うことのできる30歳代の中堅職員、そして特徴は3期（回）にわたるインターバルトレーニングで構成されている。参加者は事前課題を与えられ、労働金庫の理念や協同組織性について初心に帰り自習すると同時に担当している会員との関係や直面する課題を整理する。そして初回の講座に参加、まずここで学んだ教育内容を各金庫に持ち帰り復習、そして実際に担当する会員へ出向き、会員に対して関係強化に向けた新たな実践的活動の提案を行う。2回目では、その結果を持ち帰り検証し、会員の反応や進捗状況についてグループディスカッションを重ねて知恵を出し合う。そして再び金庫へ持ち帰り、上席や本部の支援を受けながら、会員への企画提案を具体的に実践展開して、その活動結果をまとめ第3回目の講座に臨む。そこでは、会員の課題がどのくらい解決できたか、会員からの評価や支店長の評価も得たうえで成果報告会を開催する。最後に、講師団がコメントを加えて実践活動の振返りと今後に向けた活動のポイントを示唆するというプログラムからなっている。現在、全国労働金庫協会のあり方についても議論がなされているが、協同組織や労働金庫の運動は、人により支えられているという大原則に立ち返ると、これからの人材育成の巧拙が、未来の労働金庫を決

---

15　同協会の依頼により、拙者が本講座全日程のコーディネーターを担当した。
16　富士山の裾野に位置する「ろうきん研修所富士センター」は、さまざまな研修ニーズに対応できる大中小七つの研修室と、最大96名収容できる宿泊室機能やグラウンド、体育館を有し、全国の労働金庫職員研修をはじめ、労働組合や企業研修、大学教員による研究会、近隣の学校による利用など幅広く利用されている。住所は静岡県駿東郡小山町竹之下599。

定づけるといえる。その意味からも同協会の最も重要な機能・役割の一つが、ろうきん研修所富士センターのさらなる有効活用を核とした、高度な教育提供機能であろう。

図表6-8　第1回 労働者福祉運動実践講座

| \<スクーリングⅠ\> | | | |
|---|---|---|---|
| 日 | 時間割 | 科目 | 講師・担当 |
| 1日目 | 14:40-15:00 | オリエンテーション | 協会 総務統括部 |
| | 15:00-15:30 | ◆本講座のねらいと進め方 | |
| | 15:30-17:30 | ◆講演<br>・協同組織について考える | 外部講師 |
| 2日目 | 08:40-12:00 | ◆労組の変遷と労金の関わり<br>・労働金庫の生い立ちと労働金庫の果たしてきた役割を考える<br>◆講演 | 外部講師 |
| | 13:00-17:00 | ・労働者福祉運動と労働金庫の関わり<br>・協同取組の実践事例 | 会員講師 |
| 3日目 | 08:40-12:00 | ◆事例研究<br>・生活応援運動実践事例の分析・検証<br>◆労働金庫はどうあるべきか | 外部講師 |
| | 13:00-17:00 | ・現在における協同組織としての労働金庫とは<br>・「井の中の蛙」から脱し、真の労働者福祉運動を目指す眼を養う | |
| 4日目 | 08:40-12:00 | ◆会員との協同取組における必要なスキル<br>・分析力、企画力、提案力<br>・コーディネート力<br>・コミュニケーション力 | 外部講師 |
| | 13:00-17:00 | | |
| 5日目 | 08:40-11:10 | ◆第Ⅱ回に向けて<br>・会員の組織強化につなげるために<br>・実践してみよう | 外部講師 |
| | 11:10-11:30 | ◆まとめ | 協会 総務統括部 |
| | 11:30 | 閉講 | |

<スクーリングⅡ>

| 日 | 時間割 | 科目 | 講師・担当 |
|---|---|---|---|
| 1日目 | 14:40-15:00 | オリエンテーション | 協会 総務統括部 |
| | 15:00-15:30 | ◆スクーリングⅡのねらいと進め方 | |
| | 15:30-17:30 | ◆中間点検（グループ）<br>・実践状況の確認 | 外部講師 |
| 2日目 | 08:40-12:00 | ◆実践内容の徹底検証（全体）<br>・グループの実践内容から見えてきたもの<br>・協同取組を通して意識の変化につながったのか<br>・調査→分析→企画→実践→点検→定着 | 外部講師 |
| | 13:00-17:00 | | |
| 3日目 | 08:40-12:00 | ◆協同取組展開に必要な戦略思考<br>・マーケティング戦略や職域戦略を学び、比較する眼を持つ | 外部講師 |
| | 13:00-17:00 | | 金庫講師 |
| 4日目 | 8:40-11:10 | ◆講演<br>・運動と経営のバランス<br>・意見交換 | 外部講師 |
| | 11:10-11:30 | ◆振り返り<br>・次の一手検討 | 協会 総務統括部 |
| | 11:30 | 閉講 | |

<スクーリングⅢ>

| 日 | 時間割 | 科目 | 講師・担当 |
|---|---|---|---|
| 1日目 | 14:40-14:50 | オリエンテーション | 協会 総務統括部 |
| | 14:50-15:20 | ◆振り返り<br>・スクーリングⅢのねらいと進め方 | |
| | 15:30-17:30 | ◆実践内容総括（グループ）<br>・達成状況を点検<br>・相互に比較分析、ノウハウ共有 | |
| 2日目 | 08:40-12:00 | ◆実践内容総括（全体）<br>・会員の評価と労金の分析結果のギャップを考察する<br>・これまでの取組みを体系化する | 外部講師 |
| | 13:00-17:00 | | |
| 3日目 | 08:40-12:00 | ◆労働組合と労働金庫の展望<br>・労働者福祉運動のあるべき姿とは<br>・意見交換 | 外部講師 |
| | 13:00-17:00 | ◆労働者福祉運動モデルの構築<br>・生涯福祉支援プラン | |

| | | | |
|---|---|---|---|
| 4日目 | 08：40-11：10 | ◆今後の展望と発展に向けて<br>・労福協や全労済、生協との連帯による活動 ほか | 外部講師 |
| | 11：10-11：30 | ◆振り返り<br>・決意表明 | 協会 総務統括部 |
| | 11：30 | 閉講 | |

## まとめ

　少子高齢社会や格差社会の広がり、財政の悪化や長引く景気の低迷、さらには東日本大震災からの復興や地球環境問題など、混迷する時代のなかで、明確な答えや突破口が見出しにくい今こそ、労働金庫は設立時の理念をふまえた新たなビジネスモデルを構築すべきタイミングを迎えている。そのために第6章では、団体主義に基づく会員労働組合との新たな関係構築、職域と住域をつなぐための仕組みづくり、生活協同組合や労働者福祉協議会、NPO組織など勤労者や市民の生活や福祉向上を目指す関係団体とのさらなる連携強化、プロフェッショナル人材の育成による他の金融機関が真似のできない生涯にわたる総合的な勤労者自主福祉金融の構築など、これまでの経験や多業態の動向をふまえて持論を展開した。こうしたプランを、新たなビジネスモデルを策定するうえでの、たたき台の一つになれば幸いである。そして労働金庫が、これまで以上に、しっかりと労働者福祉運動の道を歩み続けていくことを期待している。

## 結　語

　本書の目的は、これまで労働金庫が果たしてきた社会的使命と今日的な存在意義を明らかにすることであった。そのために、社会経済の情勢や金融機関を取り巻く環境の変化をふまえ、まず、設立経緯に関わる歴史と理念を振り返ることにより社会的使命を再考した。次に金融自由化のプロセスを追いながら、同時に財務諸表を用いた構造分析により経営課題を抽出して解決の糸口を探った。そして、職員の意識や金融庁など外部からの指摘をふまえつつ、新たなビジネスモデルの必要性に言及し、これを労働金庫の今日的な存在意義と位置づけた。この結論に至るプロセスでは、財務分析に基づく経営実態の解明、全国合併論議の分析からみた運動論の解明、次世代システムの開発・稼働からみたマーケティング戦略の解明という三つの視角からのアプローチを試みた。その結果、労働金庫は、金融の自由化以降、規制緩和の潮流に洗われながらも、バブル経済とその崩壊、金融機関の再編と13金庫体制の確立、リーマンショックなど、時々の時代の変化に対応しながら、会員・利用者の負託に応えるために理念を常に意識した経営戦略を展開し、労働者自主福祉運動を堅持してきた確証を得た。

　その具体的な証左が、たとえば、労働金庫と勤労者福祉諸団体による多重債務者と自己破産者を減らすためのクレ・サラ活動の展開であり、それを受けて本書では「改正貸金業法」全面施行を消費者金融の新たな局面としてとらえ、有担保ローンを含む健全な個人金融を育成するために「労働金庫版リレーションシップバンキング」が必要であるとの仮説を立て、勤労者の暮らしと個人金融のあるべき方向性を提起した。さらに、「金融の自由化とは何か」「金融機関は誰のためのものか」という、金融機関の公共性を考慮したガバナンスのあるべき姿については、労働金庫の経営理念が「労働金庫は働く人たちのためのものである」という明快な答えを、財務諸表の分析結果や全国合併の論議から抽出・検証した。それをふまえて、労働金庫の独自性で

ある会員制度に裏付けられた団体主義をベースとして、マーケティング戦略やファイナンシャルプランニングの観点から労働金庫の商品サービスと勤労者の暮らしの連関性を示すことにより、新しい時代にふさわしい労働金庫と会員とのリレーションシップのあり方を明らかにした。加えて、生活協同組合や全労済、労働者福祉協議会やNPOなど、同じ協同組織や非営利セクターとの連携強化の重要性と必要性について提起した。

　また、個人金融における金融自由化や規制緩和の着地点を「利用者利便の最大化」と定義づけ、協同組織としてのコモンボンド（Common Bond）のあり方と、厳しい役務損益の状況から利用者利便に資する経営努力を重ねる実態を解明した。それにより、労働金庫が、金融自由化や規制緩和を意識しながらも、金融機関都合ではなく、顧客第一主義の経営を貫いていることを検証できたと確信している。すなわち、今日のような不確実な時代において、協同組織金融が、ますます重要な意味をもつ時代になっているのではないか、という問いに対しては、急速に進む少子高齢社会や格差社会など、混迷を深めるわが国の社会や国民生活を支えるためには、先人たちが築き上げてきた協同組織性がもつ相互扶助、共助の精神、そしてコモンボンド（Common Bond）を時代の趨勢にあわせて発展的に継承することが大切であるとの結論に達した。そして、労働金庫の「理念」が、労働金庫の存在意義と社会的使命を支える拠り所として受け継がれるならば、労働金庫は、勤労者はもとより広く市民の暮らしを守り続ける勤労者自主福祉金融機関として未来にわたって輝き続けるとの確信を得ることができた。それが本書の意義であり、今後のさらなる労働金庫の輝きを希求して本書の結びとする。

## 謝　辞

　著者が社団法人全国労働金庫協会に入庫したのは昭和58（1983）年4月であった。配属は労働金庫連合会資金部の預金係として2年間在籍し、当時は全国に47あった労働金庫からの労働金庫連合会への定期預金の受入れや、コールレートに連動して日々金利が動く金庫短期資金などの取扱いが主な業務であった。上司に連れられて大蔵省中小金融課へ業務報告書や諸資料を届ける業務、譲渡性預金規程の作成、富士通や日立製作所におけるコンピュータ研修など、慌ただしいフレッシュマン生活を送った。なかでも、静岡県駿東郡小山町にある、ろうきん富士センターで受けた新入職員研修は、労働金庫の存在意義と勤労者自主福祉金融の重要性を学ぶうえで得がたい経験であり、30年を経たいま本書を執筆する大きな動機となった。

　社団法人（現在は一般社団法人）金融財政事情研究会を経て大学教員となった現在まで、いわば"ろうきんウォッチャー"として、常に何らかのかたちで労働金庫業態との関係を維持する幸運を得た。まず、出版部時代に『労働金庫読本』の企画・提案を行い、当時の船後正道理事長の監修で刊行できた。拙者のエディターとしてのデビュー作である。その後、全国労働金庫協会が実施した次期システム構築検討プロジェクト、全国合併検討プロジェクト、労働金庫連合会が実施した世代システム構築プロジェクトにアドバイザーとして参画できる機会を得た。また、労働金庫業界に向けた通信教育テキスト作成にかかわるなど思い出は数多い。とりわけ、全国労働金庫協会が主催する研修や各種講座では、20年以上講師を担当し、全国の金庫を訪問する機会を得ている。近年では、岡山大学に勤務する関係で、中国労働金庫、四国労働金庫、九州労働金庫が実施する会員向けのセミナーや職員研究会へお招きいただいている。

　こうした活動を続けるなかで、自らが感じた問題意識と研究テーマを、折に触れて日本金融学会や日本NPO学会などで報告し、あるいは大学の紀要に書き溜めてきた。その内容をまとめたのが本書である。

日本金融学会での報告やグローバルな視点を含む協同組織金融のあり方については、早稲田大学晝間文彦先生、駒澤大学齊藤正先生、横浜市立大学藤野次雄先生、九州大学川波洋一先生、龍谷大学三谷進先生、北九州大学前田淳先生、名城大学前田真一郎先生ならびに高山晃郎先生、拓殖大学山村延郎先生、松山大学掛下達郎先生、関西大学馬場英朗先生をはじめ多くの先生方にご指導を賜った。

　また、これまで、金融論や資本市場論の観点からは、青山学院大学（前東京大学）小林孝雄先生、早稲田大学大村敬一先生、横浜国立大学名誉教授の倉澤資成先生、京都大学川北英隆先生、中央大学大野薫先生、武蔵大学におられた丸純子先生、愛知学泉大学におられた明瀬政治先生にご指導をいただいてきた。さらに、マーケティング論と経営戦略論、バンキングシステム論の観点からは、早稲田大学の永井猛先生ならびに山田英夫先生、元住友銀行の菅恭二氏、HMFコンサルティング（前金財総研）本田伸孝氏、元福岡シティ銀行藤木和彦氏、バース田村隆行氏にご指導を仰いだ。

　そして、労働金庫業界では、全国労働金庫協会石橋嘉人理事長をはじめ、労働金庫連合会雨宮義明副理事長、中国労働金庫金尾博行理事長、静岡県労働金庫加藤幸博理事長、四国労働金庫小川俊理事長、九州労働金庫谷村昌昭総合企画部長、総合事務センター弘中政孝部長、労働金庫研究所多賀俊二氏、そして貸金業法の改正とクレ・サラ対策の分野では勝又長生氏、財務諸表分析をはじめ労働金庫業界全体の方向性については櫻井清作氏、労働者福祉運動論からの人材育成については今村隆氏、労働金庫におけるNPO活動については漸井淳氏、労働金庫における確定拠出年金制度については星幸蔵氏はじめ、全国の労働金庫関係者の皆様からご指導を仰いでいる。

　本書が上梓に至ったのは、ひとえに金融財政事情研究会の出版部の皆さんの温かいご理解と編集指導の賜物と感謝している。

　この場をお借りして心より厚く御礼申し上げる。

平成26（2014）年5月

　　　　　　　　　　　　　　　　　　　　　　　　三村　　聡

## 【参考文献】

浅子和美・永井敏彦・河口晶彦・嶋倉収一（1994）「日本の株価：ノート」『ファイナンシャルレビュー』大蔵省財政金融研究所

有沢広巳監修、中村隆英編集（1990）『傾斜生産方式と石炭小委員会（資料・戦後日本の経済政策構想、第2巻）』復刻版 東京大学出版会

飯村眞一（2001）「米国商業銀行業界の決算状況」（平成13春号）『資本市場クオータリー』野村資本市場研究所

池尾和人（2001）「戦後日本の金融システムの形成と展開，そして劣化」財務省財務総合政策研究所「フィナンシャル・レビュー」

石崎純夫編著（1987）『コンピュータバンキング』金融財政事情研究会

伊東勇夫（1960）『現代日本協同組合論』御茶の水書房

井上有弘（2003）「信用金庫の規模の経済性と合併効果―生産関数の推計と合併事例による分析―」『信金中金月報』

今井一男（1983）『金融行政私話』日本評論社

岩坪加紋（2003）「平均費用における労働金庫の合併効果」

鵜飼博史（2006）「量的緩和政策の効果：実証研究のサーベイ」日本銀行ワーキングペーパーシリーズ

大蔵省（1984）「金融の自由化及び円の国際化についての現状と展望」

大蔵省（1992）「金融制度および証券取引制度の改革のための関係法律の整備等に関する法律」

大蔵省国際金融局年報編集委員会（1984～1992）『大蔵省国際金融局年報』（第8回～第16回）金融財政事情研究会

岡本利吉（1962）「大正期の思い出」労働金庫研究創刊号　全国労働金庫協会

大来洋一・エルビラ・クルマナリエバ（2006）「傾斜生産方式は成功だったのか」GRIPS Policy Information Center Research Report: I

小関隆志おぜき（2005）「コミュニティ投資と非営利組織の役割―アメリカ・イギリス・日本の現状―」『経営論集』明治大学経営学研究所

小原鐵五郎監修（1988）『信用金庫読本（第5版）』金融財政事情研究会

粕谷宗久（1993）『日本の金融機関経営――範囲の経済性，非効率性，技術進歩』東洋経済新報社

亀有信用金庫『亀有信用金庫90年史』（2011）

貨幣博物館資料（2012）「貨幣の散歩道第53話　戦後インフレと新円切り替え」日本銀行金融研究所

鎌倉治子（2005）「金融システム安定化のための公的資金注入の経緯と現状」国立国会図書館・調査及び立法考査局財政金融課『調査と情報』第477号

川北英隆・白須洋子・山本信一編著（2010）『総合分析 株式の長期投資』中央経済社
川波洋一・上川孝夫編（2004）『現代金融論』有斐閣
菅野泰夫（2010）「バーゼルⅢとオルタナティブ投資状況調査」大和総研金融・公共コンサルティング部
企業年金連合会（2010）「第3回確定拠出年金制度に関する実態調査 調査結果」
木下俊彦（1993）「累積債務問題の推移と世界的資金供給システムの再構築の方向と展望」『ファイナンシャルレビュー』大蔵省財政金融研究所
近畿労働金庫（2001）『ろうきん50年・近畿のあゆみ』
銀行局金融年報編纂委員会（1984〜1991）『銀行局金融年報』（第33回〜第40回）金融財政事情研究会
銀行経理問題研究会編（2003）『銀行経理の実務』（第6版）金融財政事情研究会
金融制度調査会（1984）「金融の自由化及び円の国際化についての現状と展望」
金融制度調査会（1987）「専門金融機関制度のあり方について」
金融制度調査会（1989）「協同組織形態の金融機関のあり方について」金融制度第一委員会
金融制度調査会（1989）『新しい金融制度について』
金融庁（2002）「金融再生プログラム」
金融庁（2003）「リレーションシップバンキングに機能強化関するアクションプログラム」
金融庁（2009）「金融審議会金融分科会第二部会協同組織金融機関のあり方に関するワーキング・グループ中間論点整理報告書」
金融庁（2009）「金融検査マニュアル（中小企業融資編）」年12月（HP）
金融庁（2011）「地域密着型金融」
黒田東彦（2013）「量的・質的金融緩和と金融システム―活力ある金融システムの実現に向けて」日本金融学会特別講演
厚生省（1961）『厚生白書（昭和35年）』
国民金融公庫（1959）『国民金融公庫10年史』
国立社会保障人口問題研究所（2008）「日本の市区町村別将来推計人口」
小平裕（1995）「労働金庫の組織の非効率性について」『労働金庫における「適切な合併」の経済効果等に関する研究』首都圏労金経営研究所
後藤新一（1981）『昭和銀行合併史』金融財政事情研究会
後藤新一（1968）『本邦銀行合同史』金融財政事情研究会
小西大（1998）「銀行の合併と経営効果」『金融の安定性と金融制度』全国銀行協会連合会

近藤康男（1962）『新版協同組合の理論』お茶の水書房
齋藤正（2009）『地域経済を支える地域・中小企業金融』自治体研究社
澤山弘（2005）「NPO・コミュニティビジネスに対する創業貸出—行政や市民金融（「NPOバンク」）との協働も有益—」『信金中金月報』
産別会議第3回定期大会・生協対策部設置理由書（1948）
鹿野嘉昭（2001）『日本の金融制度』東洋経済新報社
重頭ユカリ（2007）「ヨーロッパにおける協同組織金融機関の再編とソーシャル・ファイナンス」『協同組合研究』
下平尾勲編著（2003）『現代の金融と地域経済』新評論
信用金庫研究会（2011）『信用金庫便覧（2010年版）』金融財政事情研究会
菅沼正久（1969）『協同組合経済論』日本評論社
杉本時哉（1979）『労働金庫　3兆円資金の大銀行』教育社
鈴木正明（2007）「NPOバンクの現状と課題」『調査季報』国民生活金融公庫総合研究所
昭和大蔵省外史刊行会（1967）『昭和大蔵省外史　上巻』財経詳報社
全国銀行協会・社団法人東京銀行協会（1965）『銀行協会20年史』
全国信用金庫連合会（1991）『全国信用金庫連合会40年史』
全国信用金庫連合会（1971）『全国信用金庫連合会20年史』
全国労働金庫協会（2002）『全国労働金庫協会50年史』全国労働金庫協会
全国労働金庫協会「協同組合原則に関する資料」"ロッチディール原則"「理念」研修資料
全国労働金庫協会（2008）「労金の全国合併（『日本労金』設立）の提案（案）（会員討議資料）」
全国労働金庫協会（2009）『第77回通常総会議案書』
全国労働金庫協会（2009）『労働金庫便覧（2008年版）』全国労働金庫協会
全国労働金庫協会（2000）『ろうきんの理念』
全国労働金庫協会（2008）「労金の全国合併（『日本労金』設立）の提案（案）（会員討議資料）」
全国労働金庫協会（2001）『全国労働金庫経営分析表（平成12年度）』
全国労働金庫協会（2002）『全国労働金庫経営分析表（平成13年度）』
全国労働金庫協会（2003）『全国労働金庫経営分析表（平成14年度）』
全国労働金庫協会（2004）『全国労働金庫経営分析表（平成15年度）』
全国労働金庫協会（2005）『全国労働金庫経営分析表（平成16年度）』
全国労働金庫協会（2006）『全国労働金庫経営分析表（平成17年度）』
全国労働金庫協会（2007）『全国労働金庫経営分析表（平成18年度）』

全国労働金庫協会（2008）『全国労働金庫経営分析表（平成19年度）』
全国労働金庫協会（2009）『全国労働金庫経営分析表（平成20年度）』
全国労働金庫協会（2010）『全国労働金庫経営分析表（平成21年度）』
全国労働金庫協会（2011）『全国労働金庫経営分析表（平成22年度）』
全国労働金庫協会（2006）「全国労働金庫合併検討委員会」（非公開）
多賀俊二（2005）「NPOバンクの基本問題と協同組織金融機関」『生活協同組合研究』生協総合研究所
多賀俊二（2008）「貸金業法改正後のNPOバンク」『地方自治職員研修』公職研
田中優（2008）『おカネが変われば世界が変わる――市民が創るNPOバンク』コモンズ
千野忠男監修・野村総合研究所著（1998）「米銀の21世紀戦略」金融財政事情研究会
筒井義郎（2004）「労働金庫の経営効率性」『信金中金月報』
東京労働金庫（1993）『東京労働金庫40年史』
禿河徹映監修（1993）『新労働金庫法詳解』全国労働金庫協会（非売品）
飛田紀男（2004）「終戦直後の金融・銀行」Bulletin of Toyohashi Sozo College
内閣府ホームページ
日本銀行調査局（1996）『わが国の金融制度』日本銀行
日本生活協同組合連合会（1951）「生協連情報」
原薫（2001）『現代インフレーションの諸問題1985－99年の日本経済』八朔社
兵庫労働金庫（1953）機関誌「労働金庫」
兵庫労働金庫調査室編（1970）『労働金庫運動史』
福岡県労働金庫（2001）『福岡県労働金庫五十年のあゆみ』
藤野次雄（2002）「協同組織金融機関の意義と課題」『信金中金月報』
船後正道監修　近藤進編（1986）『労働金庫読本』社団法人金融財政事情研究会
堀敬一（1998）「銀行業の費用構造の実証研究」『金融経済研究』第15号
堀内昭義（2004）「銀行危機と金融システムの再構築―貸出取引関係の可能性―」日本金融学会関東部会発表論文
堀江康煕（2001）『銀行貸出の経済分析』東京大学出版会
本田伸孝・三森仁（2012）『住宅ローンのマネジメント力を高める』金融財政事情研究会
松村善四郎（1972）『協同組合論』未来社
三村聡（2006）「全国労働金庫合併検討委員会」提出資料（非公開）
三村聡（2008）『リテールファイナンス・ビジネスの研究』BKC
三村聡・本田伸孝（1999）『金融マーケティング戦略』社団法人金融財政事情研究

会
三村聡、馬場英朗、木村真樹（2010）「NPOバンクの経営諸課題」愛知学泉大学コミュニティ政策学部
宮越龍義（1993）「信用金庫における範囲の経済性と規模の経済性―地域別検証―」『経済研究』成城大学
宮村健一郎（1992）「信用金庫の費用と規模の経済性」『東洋大学経営論集』東洋大学
宮本佐和子・服部孝洋（2010）「個人金貸出産動向平成22（2010）年第2半期」『資本市場クオータリー』野村資本市場研究所
村本孜（1994）『制度改革とリテール金融』有斐閣
村本孜監修（2010）『中小企業のライフサイクルと地域金融機関の役割』近代セールス社
森静朗監修 常葉睦郎（1984）『地域協同金融の現状と課題』全国協同出版
八代尚宏（2003）『規制改革―法と経済学からの提言―』有斐閣
家森信善（2013）『金融経済研究特別号』「金融危機下での中小・地域金融」日本金融学会
由里宗之（2009）『地域社会と協働するコミュニティ・バンク―米国のコミュニティ銀行・クレジットユニオンとNPO―』ミネルヴァ書房。
由里宗之（2000）『米国のコミュニティ銀行―銀行再編化で存続する小銀行―』ミネルヴァ書房。
吉田暁（2002）『決済システムと銀行・中央銀行』日本経済評論社


■統計・関連情報（引用した機関名とホームページのアドレス）（50音順）
NTTデータ　http://www.nttdata.com/jp/ja/industries/finance/lineup.html
沖縄県労働金庫　http://okinawa-rokin.or.jp/
企業年金連合会　http://www.pfa.or.jp/jigyo/tokei/nenkin/index.html
九州労働金庫　http://kyusyu.rokin.or.jp/
近畿労働金庫　http://www.rokin.or.jp/
金融庁　http://www.fsa.go.jp/policy/kashikin/
グリーンコープ　https://www.greencoop.or.jp/
グリーンコープ生協ふくおか　http://www.greencoop.or.jp/town/01fukuoka_honbu.html
厚生労働省　http://www.mhlw.go.jp/toukei_hakusho/toukei/
国土交通省　http://www.mlit.go.jp/statistics/index.html

財務省　https://www.mof.go.jp/statistics/
四国労働金庫　http://www.shikoku-rokin.or.jp/
静岡県労働金庫　http://shizuoka.rokin.or.jp/
信金中央金庫　http://www.shinkin-central-bank.jp/
生協総合研究所　http://ccij.jp/
全国信用金庫協会　http://www.shinkin.org/
全国信用組合中央協会　http://www.shinyokumiai.or.jp/
全国労働金庫協会　http://all.rokin.or.jp/
総務省　http://www.soumu.go.jp/menu_seisaku/toukei/
大和総研　http://www.dir.co.jp/research/report/japan/
多摩らいふ倶楽部　https://www.tamalife.co.jp/
中央労働金庫　http://chuo.rokin.com/
中国労働金庫　https://www.chugoku.rokin.or.jp/
東海労働金庫　http://tokai.rokin.or.jp/
東京海上日動リスクコンサルティング　http://www.tokiorisk.co.jp/risk_info/
東北労働金庫　http://www.tohoku-rokin.or.jp/
東洋経済新報社　http://toyokeizai.net/
内閣府　http://www.esri.cao.go.jp/
長野県労働金庫　http://www.nagano-rokin.co.jp/
新潟県労働金庫　https://www.niigata-rokin.or.jp/
ニッセイ基礎研究所　http://www.nli-research.co.jp/report/
日本貸金業協会　http://www.j-fsa.or.jp/
日本銀行　http://www.boj.or.jp/statistics/index.htm/
日本自動車工業会　http://jamaserv.jama.or.jp/newdb/index.html
日本生活協同組合連合会　http://jccu.coop/info/
日本総研　http://www.jri.co.jp/report/
野村総合研究所　https://www.nri.com/jp/news/info.html
北陸労働金庫　http://hokuriku.rokin.or.jp/index.html
北海道労働金庫　http://www.rokin-hokkaido.or.jp/
労働金庫連合会　http://www.rokinren.com/

# 事項索引

## 数字
2・26事件 ……………………………… 17
5・15事件 ……………………………… 16
13金庫体制 …………………………… 71
2025年問題 …………………… 160, 240, 248

## A〜Z
BeSTA: Banking application
　engine for STandard
　Architecture ……………………… 188
BIS規制 ………………………………… 58
BPR（Business Process
　Re-engineering）………………… 244
Common Bond ………………………… 77
CRM（Customer Relationship
　Management）…………………… 173
DBプレーヤー ……………………… 194
MCIF ………………………… 168, 169
PBO: Projected Benefit
　Obligation（退職給付債務）…… 262

## あ
新しい金融制度 ……………………… 59
アベノミクス ………………………… 77
異次元緩和 …………………………… 77
インフレ・ターゲット政策 ……… 102
イン・ユニオン・ブランチ …… 172, 249
営業経費改革 ……………………… 149
エリアマーケティング …………… 173
岡本利吉 ……………………………… 7
岡山県勤労者信用組合 …………… 39
オリンピック景気 ………………… 36

## か
会員構成比 ………………………… 106
会員数の推移 ……………………… 104
会員労働組合等との新たな関係
　作り ……………………………… 241
賀川豊彦 …………………………… 7, 12
確定給付企業年金法 ……………… 259
確定拠出年金法 …………………… 259
家計メイン（住域取引）………… 180
掛川信用組合 ………………………… 4
貸出金の推移 ……………………… 121
貸出先別貸出金 …………………… 127
貸出残高（口数、金額）………… 126
間接構成員構成率 ………………… 109
間接構成員の数 …………………… 108
関東大震災 ………………………… 11
企業としての存続 ………………… 141
協同組合による金融事業に関す
　る法律 …………………………… 34
共働社 ………………………………… 6
協同組織金融機関 ………………… 59
共働店 ………………………………… 6
銀行法 ……………………………… 14
金融機関応急措置法 ……………… 31
金融恐慌 …………………………… 14
金融緊急措置令 …………………… 29
金融検査マニュアル ……………… 68
金融事業整備令 …………………… 19
金融審議会 ………………………… 160
金融政策論争 ……………………… 103
金融制度調査会答申 ……………… 57
金融制度の劣化 …………………… 75

| | |
|---|---|
| 金融統制団体令 | 18 |
| 金融の自由化及び円の国際化についての現状と展望 | 56 |
| 金融の自由化と円の国際化 | 54 |
| 金輸出解禁令 | 15 |
| 勤労者自主福祉 | 255 |
| 勤労信用組合 | 42 |
| グランドデザイン | 141 |
| クレ・サラ対策 | 87 |
| クレ・サラ（消費者金融）の金利問題を考える連絡会議 | 276 |
| 傾斜生産方式 | 28 |
| コープこうべ | 7 |
| 国際決済銀行 | 58 |
| 国民所得倍増計画 | 36 |
| 国家総動員法 | 19 |
| コミュニティ・ユース・バンクmomo | 272 |
| コモンボンド（Common Bond） | 77, 82, 83 |

**さ**

| | |
|---|---|
| 産業組合中央金庫 | 13, 25 |
| 産業組合法 | 5, 10, 24 |
| しあわせ創造運動 | 255, 275 |
| 市街地信用組合 | 9 |
| 市街地信用組合協会 | 16 |
| 市街地信用組合法 | 16, 20, 21, 22, 24 |
| 自己破産・多重債務者対策（クレ・サラ対策） | 51 |
| 資産負債構造改革（資金利鞘の改善） | 144 |
| 次世代システム | 188 |
| 品川弥二郎 | 3 |
| 出資金 | 111 |

| | |
|---|---|
| 準市街地信用組合 | 10 |
| 生涯総合取引制度 | 61 |
| 生涯総合取引制度の実現 | 241 |
| 証券3原則 | 58 |
| 商工組合中央金庫 | 25 |
| 消費生活協同組合法 | 32, 38 |
| 昭和の金融恐慌 | 12 |
| 「職住一致」取引推進 | 248 |
| 職住二元取引 | 180 |
| 諸比率および諸効率 | 138 |
| 庶民金庫 | 25 |
| 庶民銀行 | 9 |
| 諸利回り | 136 |
| 新規貸出金 | 121 |
| 新憲法（日本国憲法） | 27 |
| 信用金庫法 | 35, 43 |
| 信用金庫法案 | 35 |
| 信用金庫法の第1条 | 44 |
| 水産業協同組合法 | 32 |
| スプレッドバンキングシステム | 194 |
| 生活応援運動 | 177, 275, 278 |
| 生活協同組合金融機関確立要綱案 | 38 |
| 世界恐慌 | 15 |
| 全国合併構想 | 78 |
| 全国労金一本化基本構想（案） | 58, 61, 79 |
| 全国労働金庫協会 | 43 |
| 全国労働金庫経営分析表 | 102 |
| 戦時補償特別措置法 | 30 |
| 専門金融機関制度 | 59 |
| 相互救済基金制度 | 44 |
| 相互扶助 | 238 |
| 相互扶助精神 | 45 |
| 租税特別措置 | 22 |

損益総括と余剰金処分 ……………… 134

**た**
第一次オンラインシステム ………… 191
第三次オンラインシステム ………… 192
貸借対照表（資産の部）……………… 132
貸借対照表（負債及び会員勘定
　の部）………………………………… 134
退職給付債務（PBO: Projected
　Benefit Obligation）………………… 262
退職者友の会 ………………… 247, 249
大政翼賛会 …………………………… 18
第二次オンラインシステム ………… 192
大日本産業報国会 …………………… 18
高橋是清蔵相 ………………………… 17
多摩らいふ倶楽部 ………………… 251
団体主義 ………………………… 46, 238
地域密着型金融の取組み …………… 90
中小企業等協同組合法 ………… 32, 34
貯蓄メイン（職域取引）…………… 180
提案型セールス（オンリーワン）… 244
データベースマーケティング …… 173
統制三法 ……………………………… 17
特定非営利活動促進法 …………… 269

**な**
中ノ郷質庫信用組合 …………… 7, 12
日米円・ドル委員会報告書 ………… 56
日本銀行券預入令 …………………… 29
日本銀行震災手形割引損失補償
　令 …………………………………… 11
日本勤労者福祉銀行 ……… 58, 61, 79
日本の非軍事化と民主化 …………… 27
日本版ビッグバン …………………… 67
日本労働金庫 ………………………… 78

日本労働総同盟 ……………………… 40
農業協同組合法 ……………………… 32
農林中央金庫 ………………………… 25

**は**
バブル ………………………………… 66
非営利の原則 ………………………… 46
東日本大震災 ………………………… 13
兵庫県勤労信用組合 ………………… 42
平沢計七 ………………………………… 8
平田東助 ………………………………… 3
ファイナンシャルプランニング … 166
福岡県エフコープ ………………… 255
不倒神話 ……………………………… 69
プライム …………………………… 195
プロダクト・アウト型ビジネス … 243
ペイオフの全面解禁 ………………… 73
ペイオフ問題 ………………………… 68
米国CRA法 ………………………… 271
平成景気 ……………………………… 64
ポスト第三次オンラインシステ
　ム …………………………………… 192
ホットスタンバイ方式 …………… 194

**ま**
マーケット・イン型ビジネス …… 243
目利き …………………………… 93, 95

**や**
役務利益改革 ……………………… 146
有限責任信用組合労働金庫 …… 6, 12
ユニティシステム …………… 82, 188
預金金利の自由化 …………………… 57
預金積金口数 ……………………… 113
預金積金残高 ……………………… 115

## ら

- リスク低減とガバナンス改革 ......... 151
- 理念 ...................................... 48, 63
- 理念講座 ........................................ 50
- 量的緩和政策 .................................. 73
- リレーションシップバンキング
  .................................................. 90, 95
- 臨時金利調整法 ............................ 140
- ろうきん確定拠出年金定期預金
  ............................................. 142, 261
- 労金業態におけるこれからのビジネスモデルの具体化に向けて（案）....................................... 268
- 労金次世代システム ....................... 82
- ろうきん21世紀への改革とビジョン .............................................. 61
- ろうきんの理念 ....................... 48, 63
- 労働基準法 ...................................... 27
- 労働金庫基本理念 ........................... 48
- 労働金庫中央事務センター .......... 193
- 労働金庫版リレーションシップバンキング ............................. 95, 97
- 労働金庫法 ...................................... 43
- 労働金庫法の第1条 ....................... 44
- 労働金庫連合会 .............................. 44
- 労働組合法 ...................................... 27
- 労働者福祉運動実践講座 ............. 278
- 労働者福祉中央協議会 ................... 83
- ロッチデール原則 ............................. 6

## わ

- ワーカーズコレクティブ ............ 276
- 我が国金融業の個人向け金融サービス ..................................... 161
- 我が国金融業の中長期的な在り方 .................................................. 160
- ワン・トゥ・ワン ....................... 168

## 労働金庫
──勤労者自主福祉金融の歴史・理念・未来

平成26年7月2日　第1刷発行

　　　　　　　　　　　著　者　三　村　　　聡
　　　　　　　　　　　発行者　小　田　　　徹
　　　　　　　　　　　印刷所　株式会社太平印刷社

〒160-8520　東京都新宿区南元町19
発 行 所　一般社団法人 金融財政事情研究会
　　　編集部　TEL 03（3355）2251　FAX 03（3357）7416
　　販　　売　株式会社きんざい
　　　販売受付　TEL 03（3358）2891　FAX 03（3358）0037
　　　　　　　　URL http://www.kinzai.jp/

・本書の内容の一部あるいは全部を無断で複写・複製・転訳載すること、および磁気または光記録媒体、コンピュータネットワーク上等へ入力することは、法律で認められた場合を除き、著作者および出版社の権利の侵害となります。
・落丁・乱丁本はお取替えいたします。定価はカバーに表示してあります。

ISBN978-4-322-12559-7